C000178374

Nouvelle Description De Vienne, Capitale De L'autriche: Précédée D'un Précis Historique Sur Cette Ville Et Suivie De Ses Environs...

Johann Pezzl

Nabu Public Domain Reprints:

You are holding a reproduction of an original work published before 1923 that is in the public domain in the United States of America, and possibly other countries. You may freely copy and distribute this work as no entity (individual or corporate) has a copyright on the body of the work. This book may contain prior copyright references, and library stamps (as most of these works were scanned from library copies). These have been scanned and retained as part of the historical artifact.

This book may have occasional imperfections such as missing or blurred pages, poor pictures, errant marks, etc. that were either part of the original artifact, or were introduced by the scanning process. We believe this work is culturally important, and despite the imperfections, have elected to bring it back into print as part of our continuing commitment to the preservation of printed works worldwide. We appreciate your understanding of the imperfections in the preservation process, and hope you enjoy this valuable book.

VIENNE,

de l'imprimerie de J. E. Akkermann.

DL 804
P4
181
†

MF 78

AVANT-PROPOS.

L'accueil favorable que le public, et surtout les étrangers venus à Vienne, ont accordé aux trois premières éditions de cette Description de Vienne, en a motivé la quatrième; elle est encore de beaucoup augmentée; car outre un bon nombre d'additions et de rectifications de moindre importance, elle est enrichie d'une vingtaine d'articles tout à fait nouveaux; et nommément l'histoire de Vienne, dévenue si intéressante dans les dernières années, y est continuée jusqu'à la fin de l'an 1817.

a 2

Pour plus grande commodité des voyageurs on a même trouvé à propos, de joindre à la Description de la capitale une notice abregée des Environs de Vienne, laquelle leur indique les endroits remarquables, et qui valent la peine d'y faire des excursions.

Quant au plan topographique de Vienne, comme il est difficile d'en donner un qui convienne à tous les lecteurs, on l'a retranché de la présente édition, en laissant au lecteur le choix de celui qui lui plaira par préference, parmi le grand nombre des plans de cette capitale, qui se vendent à la même adresse.

Vienne au mois de Mars 1818.

TABLE DE MATIÈRES.

Précis historique de la ville de Vienne.   page 1

Description de la ville de Vienne.   .   . 53

§. I. Situation géographique de Vienne.   . 53

   Etendue.   55

   Produit annuel du loyer des maisons de
      la Ville et des faubourgs.   .   .   . 56

   Rivières.   57

   Climat.   59

   Observations météorologiques.   .   . 60

   Situation naturelle.   61

§. II. La ville. — Les fortifications.   .   . 62

   Les portes.   63

   Les places publiques et les monuments
      qui s'y trouvent.   65

   Paroisses; couvents.   72

   Édifices remarquables.   73

§. III. Le Palais Impérial (Bourg).   .   . 79

   Le trésor Impérial-Royal.   .   .   . 84

   Le manège.   86

§. IV. Églises et couvents. — L'église de
    St. Etienne. . . . . . page 87
    L'église de St. Pierre. 93
    L'église et l'abbaye des Ecossois. . . 95
    L'église de St. Michel, avec le collège des
    Barnabites. 95
    L'église et le couvent des Augustins —
    Monument de l'Archiduches. Christine. 96
    L'église et le couvent des Capucins, avec
    le caveau I. R. 101
    L'église sur le Hof. 102
    L'église et le couvent des Dominicains. . 102
    L'église de l'Université. . . . 103
    L'église et le couvent des Franciscains ou
    Cordeliers. 104
    L'église des Italiens. 104
    L'église de St. Anne. 105
    Les églises moins considerables de la
    ville. 105
§. V. Les Faubourgs. 107
§. VI. Églises et couvents des faubourgs. 109
§. VII. Édifices remarquables des faubourgs. 112
§. VIII. Les grandes charges de la Cour. 116
    Les gardes du corps. . . . 118
    Le grand gala au jour de l'an. . 120
    Les ordres du chevalerie et leurs fêtes. 121

§. IX. Les départements suprêmes d'état et du pays. . . . . . page 131

§. X. Etablissements pour la sûreté et la commodité publique. — Le pavé. . . 137

Les lanternes publiques. . . . 138

Le nettoyement de la ville. . . . 139

La police et ses directeurs de districts. Medecins pour les pauvres. . . 140

La garde de police. 141

Maison de travail. 142

Maison de force. 144

Maison de police. 145

Fiacres; voitures de remise: porte-chaises. 145

Les auberges. 147

Traiteurs. 148

Bièreries. Caves. 149

Les Caffés. 150

Fripiers. Ventes à l'encan. . . 151

La petite poste. 152

Bains publics. 153

Etablissement pour l'art de nager. . 155

L'aqueduc au faubourg Mariahülf. . 155

§. XI. Etablissements de bienfaisance. — L'institut pour les pauvres. . . 156

Etablissement pour affaires de bienfaisance. 158

Mont de piété. . . . . page 159

Maison des enfants trouvés. . . . 160

La maison des orphelins. . . . 163

La maison d'accouchement. . . . 166

L'institut pour les sourds et muets. . 169

L'institut pour les enfans aveugles. . 170

L'institut pour les enfans malades. . 170

L'hôpital des bourgeois. 171

Fondations pour dotation de filles: . 172

Associations pour pensions de particuliers. 173

Etablissement pour faire révivre les
morts-apparents. 174

L'association de dames nobles pour l'avan-
cement de ce qui est bon et utile. . 176

Primes pour les domestiques. . . 176

§. XII. Les hôpitaux. — L'hôpital général. 177

Les petites maisons. 181

L'hôpital des frères de miséricorde. . 182

L'hôpital des religieuses Elisabéthines. 183

L'infirmerie pour les prêtres séculiers. 184

L'institut pour les necessiteux parmi les
commerçants. 184

Maisons des incurables. . . . 185

L'hôpital des juifs. 185

L'hôpital des prisonniers. . . . 185

§. XIII. L'état de la religion. . . page 186

La fête-Dieu. 187

Protestants; grecs; juifs; turcs. . . 188

§. XIV. Etablissements pour les sciences et
l'éducation. — L'université. . . 190

Le seminaire archiépiscopal. . . . 195

L'institut pour les prêtres séculiers. . 196

Le convict. 196

Les gymnases. 197

Les écoles normales et triviales. . . 198

L'école normale des Protestants. . . 199

L'académie de commerce et d'économie,
(dite l'académie réale). . . . 199

L'académie Thérèsienne. . . . 201

Le collège de Loewenbourg. . . 203

L'académie I. R. medico-chirurgique de
Joseph II. 204

L'académie orientale. 206

Le pensionnat de filles dans la ville. . 207

Le pensionnat de filles à Herren-Als. . 209

Le pensionnat des Salesiennes. . . 209

L'école de Ursulines. 209

L'école vétérinaire, avec l'infirmerie pour
les bestiaux. 209

La société économique. 211

L'institut polytechnique. . . . 212

§. XV. Bibliothèques. — La bibliothèque
Impériale-Royale. . . . page 214

La bibliothèque de l'université. . . 220

Bibliothèques de particuliers. . . 221

§. XVI. Collections en faveur des sciences —
Le cabinet Impérial d'histoire naturelle. 224

Le cabinet d'histoire naturelle de l'université. 224

Le cabinet Impérial de physique, de méchanique, d'histoire naturelle et d'astronomie. 224

Le cabinet Impérial des antiques et des
médailles. 226

Le jardin botanique de l'université. . 230

Le jardin botanique des plantes indigènes. 230

Collections de quelques particuliers sur
l'histoire naturelle. . . . 231

§. XVII. L'académie des beaux arts. . 232

§. XVIII. Collections en fait des arts. — La
galerie I. R. de tableaux. . . 234

La collection d'Ambras. . . . 237

La collection de tableaux et d'estampes
de la famille de Lichtenstein. . 238

La collection d'estampes et de dessins du
Duc Albert de Saxe-Teschen. . 240

La collection de tableaux du Comte de Lamberg. . . . . . page 241

La collection de tableaux du Prince Esterhazy. 242

La collection de pièces d'arts du Comte de Fries. 242

La collection de tableaux du Comte de Schoenborn et du Comte Czernin. . 243

La collection d'estampes du Comte de Harrach, du Prince de Paar et de Mr. van der Null. . . . 243

La collection de médailles du Baron de Hefs. 243

Les marchands d'estampes. . . . 244

La société de Musique. 244

§. XIX. Etablissements militaires. — Conseil de guerre. 244

Commandement général. . . 245

Garnison. 245

L'école des ingénieurs et des cadets. . 246

Le corps de bombardiers. . . 249

La fonderie des cânons. . . . 249

La fabrique I. R. des armes à feu. . 251

Les arsenaux I. R. 251

L'arsenal des bourgeois. . . 253

Les casernes. 255

L'hôtel des Invalides. . . . page 256

La médaille et la croix militaire. . . 257

La milice bourgeoise. . . . 260

§. XX. Le commerce. 261

Classes de commerçants. . . . 263

Le tribunal mercantil et de change, pour
la basse Autriche. 266

§. XXI. Les fabriques — La fabrique I. R.
de porcelaine. 267

La fabrique I. R. de glaces à Neuhaus
près de Fahrafeld. . . . 270

Fabriques de particuliers à Vienne. . 270

Dépôts de fabriques provinciales. . 274

La foire. 276

§. XXII. Les fonds publics. . . . 277

La bourse. 280

Les billets d'échange et d'anticipation. 281

Espèces de monnoies qu'on frappe dans
les états autrichiens. . . . 282

Espèces en or. Espèces en argent. Espèces en cuivre. 283

Espèces de monnoies étrangères, qui ont
cours en Autriche. . . . 284

La banque nationale d'Autriche. . 284

§. XXIII. Spectacles. Amusements publics —
Les théatres de la Cour. . . 287

Les théatres des faubourgs.   .   .   page 289
Théâtres de société.   291
La Redoute.   .   .   .   .   :   .   291
Le jeu de paume.   292
Salles à danser. Bals de société.   .   .   293
Feu d'artifice.   293
Les assemblées.   294
§. XXIV. Promenades. Jardins.— Le glacis.
    Le Belvedère.   296
    Les jardins des princes deSchwarzenberg
    et de Lichtenstein   297
L'Augarten.   297
Le Prater.   299
La Brigitten-Aue.   303
§. XXV. Population. Classes des habitans.
    Assemblage de nations. Langues.
    Chevaux. Chiens.   304
§. XXVI. Inspection des morts. Feuille jour-
    nalière des morts.   307
Cimetières.   309
Funérailles.   310
Maladies dominantes.   311
Listes des naissances.   311
Liste des morts: 312
Liste des mariages.   313

§. XXVII. Consommation. Importation des provinces. Denrées. Logements. page 313

Consommation de l'année 1816. . . 313

Consommation de l'année 1817. . . 314

§. XXVIII. Censure des livres. . . . 319

Libraires, Imprimeurs et Bibliothèques d'abonnement. 320

Feuilles publiques : la Gazette de Vienne ; l'Observateur Autrichien ; les Feuilles patriotiques. 321

Feuilles et ouvrages périodiques. . . 324

§. XXIX. La poste. 325

§. XXX. Le canal. 328

TABLE DE MATIÈRES
des Environs de la Ville de Vienne.

I. Schoenbrunn. . . . . . page 333
II. Hetzendorf. 346
III. Laxembourg. 340
IV. Erlaa. 351
V. Meidling, Hietzing et Penzing. . . 351
VI. Herren-Als. 352
VII. Heiligenstadt. 352
VIII. Petzleinsdorf. 353
IX. Dornbach. 353
X. Le Kahlenberg. 357
XI. Le Reisenberg, ou la Montagne de
Cobenzl. 338
XII. Le Himmel. 359
XIII. Kloster-Neubourg. . . . 359
XIV. La Montagne de Gallitzin. . . 361
XV. Hütteldorf. 361
XVI. Hadersdorf. 362

XVII. Medling, Lichtenstein, le Briel.   page 363

XVIII. Schoenau.   365

XIX. Bruck sur Leytha.   366

XX. Baden.   367

XXI. Voeslau.   369

XXII. Le Schneeberg (Mont aux neiges).   . 371

   Première Route.   373

   Deuxième Route.   373

   Troisième Route.   374

FIN DE LA TABLE.

DESCRIPTION
DE LA
VILLE DE VIENNE.

PRÉCIS HISTORIQUE

SUR

LA VILLE DE VIENNE.

Oʀ n'a point de notices authentiques sur l'origine et sur l'époque de la première fondation de Vienne ; il paroit cependant qu'encore avant l'apparition des Romains dans ces contrées, les Wᴇɴᴅᴇɴ ou Wɪɴᴅᴇɴ avoient établi un village au même endroit, où est situé aujourd'hui Vienne. Lorsque les légions romaines avancèrent jusqu'au Danube, pour faire la conquête du Noricum et de la Pannonie, elles trouvèrent à la frontière des dites provinces ce village, qu'ils appelerent dans leur langue Vɪɴᴅᴏʙᴏɴᴀ, dénomination qu'elles doivent avoir dérivée du nom déja existant de l'endroit (Wɪɴᴅᴇwon, c'est-à-dire, demeure des Winden). Le terrein élevé, sur lequel Vindobona

A

étoit située tout près du Danube, leur sembloit
un poste avantageux pour tenter ou pour empêcher, selon les circonstances, le passage du
fleuve; ils y établirent donc un camp, dont ils
firent peu après un cantonnement régulier (CAS-
TRA STATIVA), et y mirent en garnison la treizième
légion double, qui dès lors avoit là continuellement son cantonnement sous tous les Empereurs,
du tems d'Auguste jusqu'à celui de Vespasien,
et après elle la dixième legion : ce qui est prouvé
par plusieurs medailles et pierres, trouvées encore dans ces derniers tems en creusant au Hohen-Markt, et qui portent l'inscription : Leg. XIII.
et Leg. X. gem. De pareils cantonnements romains
se formèrent à l'ordinaire de petites villes, ce
qui paroit avoir été aussi le cas de Vindobona,
qui sous la domination des romains jouissoit
d'une parfaite tranquillité jusqu'au règne de
Gallien.

Sous cet Empereur plusieurs nations barbares
attaquoient les provinces romaines, s'en empa-
roient, ou les ravagoient au moins; c'étoit aussi
le sort de la Pannonie supérieure : les Marcomans
passèrent le Danube et s'emparèrent de ce pays,
que Gallien leur céda par la paix bientôt après
conclue, et qui mit aussi Vindobona en leur pou-

voir. Mais l'Empereur Probus chassa les barbares de la Pannonie, et mérita singulièrement bien de cette province par le soin qu'il prit, d'y transplanter le premier des vignes de la Grèce.

Dans la suite, lorsque l'Empire romain venoit d'être déchiré par des factions, qui firent qu'on élut en même tems plusieurs Empereurs, la Pannonie et avec elle Vindobone, changea souvent de Souverains.

Au cinquième siècle l'Empire romain, déja partagé en celui d'Occident et celui d'Orient, fut de nouveau attaqué par plusieurs peuples barbares.

Ces peuples étoient les Alans, les Herules, les Vandales, les Goths, les Huns etc. qui tour-à-tour ravagoient la Pannonie. Les Empereurs romains se voyant alors hors d'état de défendre cette province, firent une convention avec les Ruges ou Rugiens (race de Goths qui, venus des côtes de la baltique, s'étoient établis sur la rive gauche du Danube), par laquelle ils leur cédèrent la Pannonie. Sous la domination des Rugiens, Vindobone fut aussi appelée FAVIANA et FABIANA; quelques uns dérivent ce nom de Fava, Roi des Rugiens, d'autres de celui d'un romain Fabianus, qui avec sa cohorte faisoit pendant quelque tems la garnison de cet endroit. Quoiqu'il en soit; du

A 2

nom Faviana on fit dans la suite celui de Viana et enfin celui de Vienne.

Les Rugiens furent chassés par une autre race de Goths, et ceux-ci à leur tour par les Huns et les Avares. Vindobone resta sous le joug de ces barbares jusqu'à l'apparition de Charlemagne.

La religion chrétienne paroît avoir pris racine dans ces contrées au quatrième siècle, ou au commencement du cinquième, car à la fin de ce siècle il y avoit déja un évêque à Lorch, endroit dans le voisinage de la ville d'Ens d'aujourd'hui, et cet évêque fut même en 502 élevé à la dignité d'archévêque. A l'etablissement de cette religion contribua beaucoup St. Séverin, moine d'Afrique, qui fonda aux environs de Vienne des églises et des couvents, et mourut en 482.

En 791 Charlemagne fit une expédition contre les Huns et les Avares; il descendit le Danube, chassa partout ses ennemis, et les repoussa jusqu'au delà du fleuve Raab, dans le royaume d'Hongrie. De cette manière l'Autriche et Vienne furent réunis à l'empire des Francs. Charlemagne prit un soin particulier d'affermir et de propager la religion chrétienne; il dota plusieurs évêchés, et bâtit à Vienne une église en l'honneur de St. Pierre.

Cet Empereur avoit partagé son empire en certains districts, à chacun desquels étoit préposé un comte, (Graf) qui y administroit la justice, les affaires militaires, et qui soignoit l'ordre public en général; aux frontières de l'empire Charlemagne avoit formé des districts plus grands, pour mettre les comtes y établis en état de repousser les attaques des voisins malveillants; un tel district s'appeloit un Marggraviat ou Comté de frontière, et les magistrats y établis se nommoient Marggraves. L'Autriche fut érigé en Marggraviat en 984; le Comte Leopold de Babenberg y fut nommé Marggrave, et cette dignité resta héréditaire dans sa famille.

Par rapport à Vienne, il n'y eut dans toute cette époque aucun événement mémorable jusqu'au tems du Marggrave Henri II., surnommé Jasomirgott, qui en 1144 posa les premiers fondements de l'église de St. Etienne, laquelle, faute d'emplacement convenable dans la ville même, il construisit hors d'elle, mais tout près de la muraille. Les Marggraves d'Autriche avoient dans ces tems residé d'abord à Medling, et puis sur le Kahlenberg (où dans la suite fut fondé le couvent des camaldolites); le Marggrave Henri II. construisit le premier vers l'an 1150 un bourg

ou chateau dans la ville de Vienne, sur la même
place où se trouve aujourd'hui la chancellerie de
guerre, pour laquelle raison cette place fut appelé le Hof (la Cour); il forma le premier la
rue, appelée aujourd'hui la Wollzeile; il ag-
grandit l'église de Maria-Stiege, et fonda en 1155
le couvent des bénédictins écossois.

Sous le même Marggrave, l'Empereur Frédéric I. réunit en 1156 la haute Autriche à la basse
Autriche, déclara ces deux provinces réunies
Duché, lui accorda des privilèges extraordinaires, et créa le Marggrave Henri II. Duc de la haute
et basse Autriche.

Dans ce tems l'enceinte de la ville de Vienne
étoit la suivante: du coin appelé Paylerthor vers
la Jungfergasse, la maison de Trattner, par la
rue des serruriers vers la Brandstadt, le Lich-
tensteg, et le Haarmarkt; puis remontant vers
le Lazenhof, Gamingerhof, sur le Katzensteig
jusqu'au bureau du sel d'aujourd'hui; de là derrière l'écrivisse bleue, jusqu'a la colline de la
Fischerstiege; puis derrière le Passauerhof et
Maria-Stiege en longeant l'éminence au dessus
du tiefe Graben jusqu'au coin du Hof, et de là
par la Naglergasse en revenant au Paylerthor.

Le Duc Leopold VII., nommé le glorieux, qui

prit le gouvernement en 1198, fit son possible, pour rendre la ville de Vienne plus florissante: il la déclara ville de commerce, et lui donna une espèce de droit d'étape, en vertu duquel tous les vaisseaux qui descendoient le Danube, n'osoient passer outre avec leurs marchandises; il établit le premier une espèce de magistrat, formé de 24 bourgeois, »qui dévoient veiller au bon ordre dans les ventes et achats, et en général soigner avec attention tout ce qui pouvoit contribuer à la gloire et à l'avantage de la ville.« Il donna à la ville plusieurs ordonnances tant pour l'administration civile, que pour celle de la police, qui avoient pour but, d'enrichir les bourgeois, et de les garantir contre les supercheries des étrangers.

Ce même Duc Leopold construisit vers l'an 1200 un nouveau palais sur la même place, où se trouve aujourd'hui encore le palais Impérial, et en 1221 l'église de St. Michel, laquelle il déclara paroisse du palais.

Sous le Duc Frédéric II., qui prit le gouvernement en 1230, la ville de Vienne éprouva de grands troubles. Quelques hommes mécontents et rémuans aigrirent les habitans de la ville contre leur Souverain, sous prétexte de sa cruauté

et de son avarice, au point, que ceux-ci tramèrent une conjuration formelle, et demandèrent
à l'Empereur Fréderic II. un autre Souverain.
L'Empereur, qui pour des tracasseries de famille étoit irrité contre le Duc, le mit au ban de
l'Empire, fit occuper son pays, vint en personne
à Vienne, déclara la ville en 1237 ville libre Impériale, et lui accorda plusieurs priviléges; il y
fonda aussi une école latine, qui peut-être regar-
dée comme la première origine de l'université.
Mais après l'éloignement de l'Empereur, le Duc
réconquit son pays, et reprit en 1240 per famine
aussi la ville de Vienne.

Frédéric mourut en 1246; avec lui s'éteignit
la famille de Babenberg, et l'Autriche échut à
l'Empereur en qualité de fief d'Empire devenu
vacant. Le Pape Innocent IV., alors regnant, qui
dans ce même tems avoit une querelle des plus
vives contre l'Empereur, craignant, que celui-ci
ne s'appropriat les pays Autrichiens à lui même,
et ne devint par là d'autant plus puissant, somma tous les Princes voisins, de s'emparer de
l'Autriche; mais ceux-ci avoient leurs motifs pour
ne pas profiter de l'invitation du Pape, et l'Autriche resta sans Souverain jusqu'en l'an 1451.
Enfin les états du pays se réunirent, et résolu-

rent de demander pour leur Souverain un des parents du dernier Duc; mais le Roi Venceslas de Bohême leur proposa son fils Ottocar, et envoya sans delai celui-ci en personne avec une armée, avec beaucoup d'argent et de présents en Autriche, où la crainte de son armée et sa libéralité lui ouvrirent le chemin jusqu'à Vienne; arrivé là il prodigua de nouveau les présents, accorda tout ce qu'on lui démandoit, et se mit par là en possession de la capitale, et bientôt après de tout le pays.

Ottocar réunit le palais et l'église de St. Michel, situés jusqu'ici au faubourg, à la ville, bâtit les maisons de la rue appelée aujourd'hui le Kohlmarkt, fît construire plusieurs bâtimens entre le palais et la porte des écossois d'aujourd'hui, et entoura ce nouvel accroissement de la ville de murailles, de fosses et de tours fortifiées.

Pendant ce tems là Rodolphe d'Habsbourg fut élu Empereur. Il somma Ottocar de rendre l'Autriche, la Styrie, la Carinthie et la Carniole, tous pays dont il s'étoit injustement emparé; Ottocar devenu entretems Roi de Bohême refusa d'obéir; en consequence Rodolphe marcha en 1276 avec une armée en Autriche; il arriva le 18 Octobre devant Vienne, et commença sans délai le siège de la place. Ottocar ne se 'sentant pas capable de résister à l'Empereur par la force, entama une négociation, vint lui même au camp devant Vienne, et y céda le 25 Decembre les provinces allemandes à Rodolphe, qui prit aussitôt possession de Vienne.

En 1283 Rodolphe investit son fils Albert I. du Duché d'Autriche, et mit par là la maison d'Habsbourg sur le trône de l'Autriche. Albert trouva d'abord nécessaire, de remédier aux désordres dans l'administration civile, introduits pendant les derniers tems de troubles; mais les habitans de Vienne, et même plusieurs membres des états du pays, envisagèrent ces mesures comme une violation de leurs privilèges, éclatèrent en invectives publiques contre leur Souverain, tramèrent une conspiration contre lui, s'attroupèrent dans les places publiques, et menacèrent de le forcer dans son palais. La revolte alla au point, que le Duc se vit dans la nécessité d'abandonner son palais, et de se réfugier sur le Kahlenberg, l'ancienne résidence des Souverains du pays; mais en même tems il fit cerner la ville de Vienne par ses troupes et lui couper tout approvisionnement. Delà naquit la famine dans la ville, qui fut enfin obligée d'envoyer des députés au Duc, et d'implorer sa clemence. Albert se réconcilia sans tarder avec la capitale, mais il profita de l'occasion pour abolir plusieurs privilèges du peuple qui étoient en contradiction avec les droits du Souverain.

Le Duc Rodolphe IV., qui prit le gouvernement en 1358, fonda en 1365 l'université de Vienne : savoir, aux écoles publiques latines, où s'enseignoient déja les belles lettres et la philosophie, il ajouta encore des chaires pour la jurisprudence et la médecine ; il auroit ajouté une autre pour la théologie, mais l'Empereur Charles IV. l'empêcha, de crainte, que cela n'entrainat des conséquences défavorables pour l'université de Prague, tout récemment fondée par lui. Ce n'étoit que son successeur, le Duc Albert III. qui obtint en 1384 la permission du Pape, de joindre aussi la faculté de la théologie à l'université d'ici, pour laquelle on fit venir deux docteurs de Paris.

Sous le Duc, et puis élu Empereur des Romains, Frédéric III., les bourgeois de Vienne excitèrent beaucoup de troubles : en prétextant, qu'il diminuoit et supprimoit leurs privilèges , ils se révoltèrent d'abord contre leur bourguemestre et le senat de la ville, en se permettant plusieurs violences contre eux. Lorsque Frédéric en 1462 vint en personne à Vienne, ils fermèrent les portes; après une réconciliation apparente, et après que l'Empereur avoit éloigné sa cavalerie armée, ils firent une nouvelle révolte, assiégèrent Frédéric pendant deux mois dans son palais, et faillirent le forcer par la famine à se livrer lui même entre leurs mains, lorsqu'enfin le Roi de Bohême arriva à son secours et mit fin au siège.

En 1480, sous le Pape Sixte IV. l'établissement d'un évêché à Vienne, demandé déja par plusieurs Ducs, eut enfin lieu, lequel événement fut publiquement et solemnellement celèbré; la nomination de l'évêque fut réservée au Souverain.

En 1484 le Roi Mathias d'Hongrie fit, sous divers prétextes ridicules, une invasion en Autriche, s'empara en peu de tems de toutes les places de cette province, et assiégea enfin Vienne. Les habitans firent une résistance courageuse, mais au bout de quatre mois ils furent forcés de capituler faute de vivres, et parce que Frédéric, nullement soutenu par les états de l'Empire, ne pouvoit venir à leur secours. Mathias prit possession de la ville, y fixa sa demeure ordinaire, ravit par la force aux bourgeois aisés leurs richesses, et mourut à Vienne en 1490.

Pendant ce tems Maximilien, fils de l'Empereur,

fût élu Roi des Romains. Sitôt qu'il apprit la mort du Roi Mathias, il leva une armée en Souabe, descendit avec elle le Danube, prit possession de l'Autriche, et établit son camp à Kloster-Neubourg. Le commandant hongrois quitta Vienne; les bourgeois occupèrent les portes de la ville, et envoyèrent une députation à Maximilien, qui avec son avant-garde courut à Vienne, fut introduit sous les acclamations publiques dans la ville, y reçut l'hommage de la nation, et se mit de cette sorte en pleine possession de son pays héréditaire.

Maximilien mourut en 1519. Il avoit le premier pris pour toujours le titre d'Archiduc d'Autriche. Dans son testament il avoit établi un gouvernement provisoire de l'Autriche, jusqu'à l'arrivée d'un de ses petits fils Charles ou Ferdinand; mais il se forma une faction qui, à l'aide de la populace corrompue par l'argent, chassa ce gouvernement légitime, et se mettant à sa place, domina très arbitrairement.

Entretems Charles, Roi d'Espagne et Archiduc d'Autriche, fut élu Empereur des Romains, et céda à son frère Ferdinand les provinces autrichiennes. Celui-ci arriva en 1552 en Autriche, s'établit d'abord à Neustadt, punit les usurpa-

teurs du gouvernement par la mort et l'exil, et
se procura la possession tranquille du pays.

En 1526 le Roi Louis de Hongrie, beau-frère
de Ferdinand, perdit la vie à la bataille de Mo-
hacz, sans laisser d'héritier mâle. Ferdinand
avoit des prétentions fondées à la succession en
Hongrie, et il fut en effet couronné à Presbourg
Roi de Hongrie; mais une partie des magnats
de ce Royaume élut Roi le Woywode de Transylvanie, Jean Zapolya, et le fit couronner à Stuhl-
weissenbourg. Zapolya se sentant trop foible pour
se soutenir contre Ferdinand, s'adressa au sultan Soliman, à qui il promit une large contribution, si ce dernier lui garantissoit la possession de la Hongrie, événement qui occasionna
le premier siège de Vienne par les Turcs.

Soliman saisit avec expressement les proposi-
tions de Zapolya. A la tête d'une armée d'environ 300,000 hommes il marcha lui même en Hongrie; presque toutes les places fortes du pays
tombêrent en peu de tems entre ses mains, partie par trahison, partie par découragement des
commandants; après ces conquêtes faciles il s'a-
vança vers Vienne.

Ferdinand n'avoit pas plus de 8000 hommes en
état de servir, et la ville de Vienne étoit dans

un état de défense très mauvais : une muraille
de six pieds d'épaisseur, un fossé sans eau et
quelques vieilles tours, voilà toute sa fortification. On se hâta de l'améliorer tant qu'il étoit
possible : on rasa les maisons situées trop près
de la muraille ; on éléva des remparts de terre,
entourés de palissades ; on ota les toits de bois
des maisons ; on dépava les rues ; on renvoya
les femmes, les enfants et les vieillards de la
ville, qui fut bien approvissionnée ; on mit le
feu aux faubourgs, qui avoient alors 800 maisons
avec plusieurs eglises. La garnison, y compris
les bourgeois capables à porter les armes, montoit à 20,000 hommes, dont les troupes étoient
en partie du pays, en partie des troupes de l'Empire germanique. Le 26 Septembre 1529 la ville
fut cernée par l'armée turque. L'opération principale des ennemis contre la ville étoit de creuser des mines, et toutes les fois qu'ils en faisoient sauter une, ils montoient à l'assaut ; cependant tout fut en vain, et le 14 Octobre Soliman leva le siège, qui n'a couté à la ville qu'à
peu près 1500 hommes. Pour mieux parer à des
attaques pareilles à l'avenir, la ville fut réguliè-
rement fortifiée les années suivantes par des bastions et autres ouvrages, à la construction des-

quels ont contribué aussi quelques états et villes libres de l'Empire.

Lorsque Luther commença sa réformation en Allemagne, elle eut bientôt des adhérens en Autriche et à Vienne. L'Empereur Ferdinand étoit d'abord un adversaire zelé et sévère de la réformation, mais dans la suite il relacha de cette sévérité. Son successeur, l'Archiduc et puis Empereur Maximilien II. accorda à ses sujets protestans plusieurs privilèges en matière de religion. L'Empereur Rodolphe se montra plus sévère. Sous l'Empereur Mathias éclatèrent de grands troubles en Autriche, à cause de l'exercice libre de religion, et pour le même objet une révolte ouverte en Bohême. Sous l'Archiduc et puis Empereur Ferdinand II. les protestans autrichiens appelèrent à leur secours les protestans de Bohême: le chef de ces derniers, le comte Mathias de Thurn, marcha en effet avec une armée en Autriche, et assiégea Ferdinand dans la capitale. Durant ce siège les habitans protestans de Vienne forcèrent le palais, et démandèrent en menaçant à Ferdinand son assentiment à leurs prétentions. Dans le même moment qu'ils étoient dans l'appartement de l'Empereur, parut subitement sur la place du palais une troupe de 500 cuirassiers, qui par le canal d'alors du Danube avoient pénétré dans la ville. La vue de cette troupe découragea les mutins; ils offrirent de présenter leurs plaintes en règle, demandèrent un sauf-conduit pour rétourner, et le comte de Thurn leva aussitot le siège de Vienne.

En 1620, après la bataille de Prague, gagnée contre le parti protestant, Ferdinand abolit le libre exercice de religion, que Mathias et Rodolphe avoient accordé aux protestans de Vienne.

En 1622 Ferdinand donna l'université de Vienne aux Jesuites, mais non sans l'opposition la plus vive de la part du recteur, des doyens des facultes et de tous les professeurs.

Sous Leopold I. en 1670, tous les juifs furent bannis de Vienne, et cela sous peine de mort; la ville des juifs fut appelée ville de Leopold (Leopoldstadt). En 1679 une peste cruelle tua dans Vienne et dans les faubourgs plus de 100,000 personnes.

Dans ce tems le comte hongrois Emmeric Toekely avoit tramé une révolte dans sa patrie, et moyennant la promesse d'un fort tribut, demandé l'assistance du grand Sultan. L'Empereur Leopold fit plusieurs efforts pour conjurer l'orage, mais en vain. On eut la nouvelle de grands ar-

B

mements qui se faisoient à Constantinople, et en conséquence on prit les mésures nécessaires pour mettre Vienne en état de défense. Au printems de l'an 1683 une armée turque marcha en effet par la Hongrie vers l'Autriche, et les premiers jours du Juillet les Tartares avoient déja passé les frontières. Le 8 Juillet l'Empereur s'étoit retiré avec sa famille à Linz, et comme les Tartares faisoient des courses jusqu'aux environs de Linz, il partit pour Passau. Outre la Cour près de 60,000 hommes avoient quitté Vienne. La garnison de la place montoit à 13,000 hommes de troupes réglées, auxquelles se joignirent les bourgeois, les étudiants, les garçons de metiers, et autres gens capables à porter les armes, ce qui avec la garnison faisoit en tout le nombre de 20,000 défenseurs de la ville, dont le commandant général fut le comte de Stahremberg. Le 13 Juillet parut l'avantgarde turque sur le Wienerberg, et en même tems on vit s'élever, dans tous les environs, des tourbillons de flammes et de fumée, tous les endroits ouverts étant incendiés par les barbares. Le même jour le commandant fit bruler et détruire autant que possible les faubourgs, parce que pendant le premier siège leurs restes avoient beaucoup nui à la ville. Le

14 Juillet Vienne fut tout à fait cernée, et les turcs établirent leur camp depuis la forêt de Laa, (Laaerwaeldchen) jusqu'à Nussdorf, en forme de demi-lune autour de la ville. Le siège dura jusqu'au 12 Septembre, et fut commandé par le grand vizir lui-même. Cette fois-ci les Turcs avoient beaucoup plus de canons que la première fois; ils faisoient un feu violent contre les ouvrages, jettoient grand nombre de bombes et de boulets rouges dans la ville, et la mettoient en grand danger par la quantité des mines, après l'explosion desquelles ils montoient toujours à l'assaut. Les assiégés faisoient une résistance des plus courageuses, et repoussoient toutes les attaques des ennemis avec fermeté et bravoure.

Pendant que le siège traînoit, le Duc Charles de Lorraine rassembloit aux environs de Krems toutes les troupes Impériales; le Roi de Pologne, Jean Sobiesky, les Electeurs de Bavière et de Saxe, et quelques autres Princes de l'Empire amenoient en personne leurs troupes pour aider à délivrer Vienne. Cette armée combinée étoit composée de 27,000 hommes de troupes Impériales, 11,000 Bavarois, 26,000 Polonois, 20,000 hommes de troupes de Saxe et d'autres Princes d'Empire; elles se rassemblèrent le 7 Septembre près

B 2

de Tulln, et avancèrent sur le Kahlenberg. Le 12 Septembre de grand matin l'armée chrétienne descendit de la montagne; les Turcs continuoient avec une partie de leur armée le siège, et avec le reste ils marchèrent à la rencontre des Chrétiens. La bataille s'engagea, et fut surtout très opiniâtre près de Nussdorf et de Dornbach; enfin on eut le dessus sur les barbares qui abandonnèrent tout, et prirent la fuite vers la Hongrie; à 7 heures du soir l'armée combinée étoit devant les portes de la ville et en possession du camp ennemi.

Le 14 l'Empereur Leopold rétourna à Vienne; il remercia en personne ses alliés, et recompensa tous les individus tant de l'état militaire que du civil, qui s'étoient distingués durant le siège. On prit aussi tout de suite les mesures necessaires, pour remettre en bon état les ouvrages de fortification qui avoient été détruits.

En 1688, le 5 Juin, samedi avant la Pentecôte, la ville de Vienne fut pour la première fois éclairée par des lanternes publiques.

En 1698 l'Empereur de Russie Pierre I. arriva incognite, dans la suite de son ambassadeur Le Fort, à Vienne, dans l'intention de continuer le tour de l'Europe, entrepris pour sa propre instruction; mais c'étoit ici, qu'il reçut la nouvelle de la grande révolte des Streliz à Moscou, qui l'y fit rétourner sur le champ pour l'étouffer.

Au commencement de l'année 1701 commença l'impression de la gazette de Vienne.

En 1704 les faubourgs de Vienne furent entourés de la ligne, qui subsiste encore, et cela parcequ'en Hongrie avoit éclaté une nouvelle révolte, tramée par le Prince de Transilvanie François Ragoczi, dont les partisans faisoient des courses jusqu'aux faubourgs de Vienne, qu'ils menacèrent de bruler; ces invasions se firent au mois de Mars et de Juin de la dite année, et ce fut la ligne nouvellement établie, qui garantit les faubourgs de la destruction.

La guerre pour la succession de l'Espagne, qui avoit éclatée au commencement du 18me siècle, absorboit des sommes immenses, qu'on ne trouvoit qu'avec de grandes difficultés et de grandes pertes, et cela fit, que par les soins et avec l'assistance du Roi des Romains d'alors, l'Archiduc Joseph, en 1704, fut établie la banque de Vienne. On nomma directeur le Prince Adam de Lichtenstein; on assura 5 pour 100 d'intérêts, et pour garantir aux gens y intéressés leurs capitaux, la ville de Vienne et puis aussi le collège

des états du pays se chargea du remboursement.
La banque eut bientôt du crédit ; plusieurs riches
seigneurs y déposèrent de grands capitaux, et
après la garantie prise par la ville et les états,
les bourgeois aisés les imitèrent, de sorte qu'au
mois de mars elle se trouvoit en mesure, d'avancer trois millions d'écus pour les frais de la
guerre, et de payer au même mois tous les intérêts échus à cette époque. En 1706 cette même
banque fut tout à fait mise sous l'administration
de la ville, et delà elle a pris la dénomination de
la banque de la ville de Vienne.

Le 5 Mai 1705 mourut à Vienne l'Empereur
Leopold I., et Joseph I. lui succéda. Il fonda dans
le cours de la même année l'académie des beaux
arts, existante actuellement, et déja projettée
par Leopold. Elle fut ouverte avec solemnité le
18 Décembre 1705.

L'Empereur Joseph I. continua avec énergie la
guerre de succession, mais il mourut le 17 Avril
1711. Alors son frère Charles rétourna de l'Espagne, fut elu le 12 Octobre 1711 Empereur des
Romains sous le nom des Charles VI., et arriva
le 26 Janvier 1712 à Vienne.

En 1713 la peste éclata encore à Vienne, et
tua 8644 personnes. Ce fut la dernière apparition

de ce fléau en Autriche; lequel jusqu'à cette époque s'étoit renouvellé presque tous les dix ans, parce que par l'esprit d'ignorance de ces tems là on négligeoit toujours de prendre les mesures nécessaires de précaution.

En 1718 l'Empereur Charles VI. fonda à Vienne l'école des ingenieurs, qui y subsiste encore.

En 1722 le Pape Innocent XIII. éleva l'évêché de Vienne à la dignité d'archévêché, laquelle élévation fut célébrée l'année suivante avec beaucoup de solemnites.

En 1740, le 20 Octobre mourut ici l'Empereur Charles VI., le dernier descendant mâle de la maison d'Habsbourg. Après sa mort sa fille Marie Thérèse, mariée en 1736 au Duc de Lorraine François Etienne, prit les rênes du gouvernement, et reçut le 22 Octobre l'hommage solemnel des états d'Autriche.

Charles VI. avoit à la vérité fait la Sanction pragmatique, en vertu de laquelle, après sa mort, ses descendants femelles devoient entrer en pleine possession de tous les états héréditaires de l'Autriche, et la plupart des cours de l'Europe avoient reconnu cette Sanction; mais après son décès quelques unes d'entre elles changèrent subitement d'avis, et formèrent des pré-

tentions sur plusieurs provinces autrichiennes.
La France surtout vouloit profiter du moment,
pour executer son ancien plan d'abaisser la maison d'Autriche. Dans cette intention elle gagna
l'Electeur de Bavière, et le poussa à faire la
guerre à Marie Thérèse, pour realiser ses vues
sous le nom d'allié de l'Electeur. En 1741 une
armée combinée bavaro-française pénétra en Autriche, prit Linz, et fit mine d'avancer jusqu'à
Vienne. On prit donc dans cette ville les mesures de soutenir un siège: on rétablit les fortifications; on remplit les arsenaux de munitions;
on pourvit la ville de vivres; on leva des
corps de volontaires. La famille Impériale se
rendit, partie à Presbourg, partie à Graetz. Cependant le danger passa bientôt: l'armée enne-
mie, en laissant Vienne tranquille, prit la route
de la Bohême, et au commencement de Decembre toute la famille Impériale retourna à la
capitale.

En 1746 l'Impératrice fit la première fondation
pour l'éducation de la jeune noblesse, laquelle
reçut le nom du collège Thérèsien, et fut établie
dans la Favorite, où elle à été dérechef rétablie.

En 1752 la lotterie existante actuellement, ou
ce qu'on appele le Lotto di Genova, fut intro-

duite à Vienne et dans toutes les provinces héréditaires allemandes; mais en même tems il fut sévèrement prohibé de mettre quelque argent aux loteries étrangères. L'entrepreneur étoit Ottavio Cataldi.

En 1754 l'Impératrice Marie Thérèse fit faire, par le célèbre Gerard van Swieten, une réforme générale des écoles publiques à l'université de Vienne, et construisit l'édifice actuel de l'université. Elle fonda dans la même année l'école militaire, qui dans la suite fut changée en l'académie des ingénieurs.

En 1769 fut établie l'école vétérinaire et l'infirmerie des bestiaux; en 1770 fut établie l'académie de commerce; et en 1771 les écoles normales. Dans la même année furent construits les chaussées et les trottoirs entre la ville et les faubourgs, et le glacis plein d'immondices changé en une belle prairie.

En 1772 fut établie la petite poste.

En 1775 on ouvrit l'Augarten pour l'amusement du public.

En 1780 le 29 Novembre mourut l'Impératrice Marie Thérèse, et son co-regent et successeur, l'Empereur Joseph II. prit le gouvernement de tous ses états héréditaires.

Depuis le seizième siècle subsistoit à Vienne l'usage, que tans toutes les maisons bourgeoises le second étage étoit à la disposition de la Cour, qui donnoit ces quartiers à ses employés et gens de service. L'Empereur Joseph II. abolit au mois de février 1781 tout-à-fait cet usage, bien au gré de tous les propriétaires de maisons, contre un dédommagement proportionné en argent.

Au mois de Novembre de l'an 1781 arriva à Vienne la Princesse Elisabeth de Würtemberg-Montbeillard, destinée épouse du Prince hérédi-taire de Toscane, l'Empereur aujourd'hui régnant, et peu de jours après arrivèrent le grand Duc et la grand Duchesse d'alors de Russie, sous le nom du Comte et de la Comtesse du Nord; ces der-niers continuèrent au commencement de l'année 1782 leur voyage en Italie.

En 1782 l'Empereur Joseph commença à sup-primer un grand nombre de couvents tant de religieux que de religieuses, comme aussi plu-sieurs églises et chapelles, qui avoient été fondées sous les règnes des Ferdinands et Leopold I. On donna aux religieuses une pension à vie. Les religieux devinrent pretres séculiers, dont on employa les plus capables dans les paroisses, et le reste fut pensionné. Les couvents furent en partie changés en bureaux et dépôts d'état, partie vendus à l'encan.

Dans la même année 1782 le Pape Pie VI. prit la résolution, qui étonna tout le monde, de se rendre en personne à Vienne, pour conférér de vive voix avec Joseph II. sur les réformes en matières ecclésiastiques, que cet Empereur avoit déja entreprises, ou pourroit encore entreprendre; c'est ce que le Pape disoit à Joseph dans la lettre, par laquelle il lui annonçoit sa visite. L'empereur reçut cette annonce avec des marques du plus vif plaisir; Pie partit de Rome avec une suite peu nombreuse, et arriva le 22 Mars à 3 heures après midi en bonne santé à Vienne: l'Empereur étoit allé quelques postes à sa rencontre, et introduisit lui même l'auguste voyageur dans son palais. Comme c'étoit justement le tems de la semaine sainte et de la pâque, le St. Père alla visiter les églises et les Sts. sépulcres, d'après l'usage des pays catholiques, et célébra au jour de pâque une messe solemnelle à St. Étienne, après laquelle il donna du haut du balcon de l'église sur le Hof la bénédiction au peuple y rassemblé. Il donna encore souvent sa bénédiction du balcon de son appartement au palais, au peuple, qui accouroit en foule de

toutes les provinces voisines à Vienne. Au reste
l'Empereur Joseph fit son possible, pour rendre
au St. Père son séjour ici agréable et intéressant:
ils étoient souvent et pendant long-tems ensemble; l'Empereur fit voir au Pape les édifices ré-
marquables, les bibliothéques, les galeries de
tableaux, les collections d'art et d'histoire naturelle, les instituts publics, les manufactures et
fabriques etc. etc. Ce qu'ils traitèrent ensemble
sur les affaires, appartient à l'histoire de ces
deux augustes Princes. Le 22 Avril Pie VI. se
mit en route pour retourner à Rome, et l'Empereur l'accompagna jusqu'à Maria-Brun., où ils
se quittèrent.

En 1783 l'Empereur fit une nouvelle réparti-
tion des paroisses tant pour la ville que pour les
faubourgs: on fixa le nombre des paroisses de
la ville à neuf, et celui pour les faubourgs à
dixneuf; mais depuis cette époque plusieurs changemens ont déja eu lieu. L'hôpital général, et le
seminaire général pour les jeunes prêtres, furent
également établis cette année.

Les confreries, dont il y avoit 56 dans la ville
et 53 dans les faubourgs, furent abolies, et à leur
place établi l'institut de l'amour du prochain où
l'institut pour les pauvres, tel qu'il existe encore.

Le tribunal suprême de la Cour, le tribunal de la ville et du pays, le tribunal de l'université et le tribunal du consistoire, furent supprimés, et le tout réduit à deux tribunaux, le tribunal des nobles (Landrecht), et le magistrat comme tribunal des roturiers, lequel à raison de la multiplicé des affaires et travaux, a obtenu une augmentation en individus y employés.

L'usage de sonner les cloehes à l'approche et durant les orages, a été aboli, parce que l'expérience a prouvé, que cet usage a causé plus de mal que de bien.

Enfin dans la même année 1783 les deux chapelles, l'une pour les lutheriens et l'autre pour les réformés, furent achevées et mises à l'usage de ces deux confessions.

Avec l'année 1784 commença le nouvel ordre des enterrements, c'est-à-dire, qu'on transporta tous les morts aux cimetières établis hors de la ligne.

Le 30 Juin de cette année, l'Empereur actuellement régnant, alors grand Prince de Toscane, arriva à Vienne, et fixa son séjour ici.

En 1785 le 7 Novembre l'académie medico-ehirurgique Josephine militaire fut solemnellement ouverte.

En 1788 le 6 Janvier fut célébré à la Cour avec la plus grande magnificence le mariage de François II. avec sa première épouse Elisabeth de Würtemberg.

Le 8 Janvier de cette année commença la guerre contre les tures. La première campagne ne repondit pas aux espérances du public; la seconde fut plus heureuse: le 12 Octobre arriva la nouvelle de la prise de Belgrad; le 14 on chanta à l'église de St. Étienne le Te Deum, auquel assista l'Empereur, et le même soir toute la ville fut soudainement illuminée de la manière la plus brillante.

Le 17 Janvier de l'année 1790 l'épouse de l'Archiduc François accoucha d'une Princesse, mais mourut le lendemain des suites de l'accouchement.

Le 20 Janvier de la même année mourut l'Empereur Joseph II., étant révenu de la première campagne contre les tures attaqué d'une maladie mortelle, qu'il avoit cependant trainée jusqu'à ce jour la, avant de succomber.

Le 12 Mars arriva le frère aîné de Joseph, le grand Duc Leopold de Toscane, et prit le gouvernement des états héréditaires autrichiens; il fut suivi par sa famille au mois de mai. Le 15 Septembre arrivèrent le Roi et la Reine des deux

Siciles avec leurs deux Princesses ainées, les-quelles furent mariées le 19 de ce mois aux deux Archiducs aînés, François et Ferdinand. Peu de tems après Leopold partit pour Francfort, où il fut élu et couronné Empereur Romain, sous le nom de Leopold II. Son règne fut de courte du-rée, il mourut le 1 Mars 1792, et le 15 Mai de la même année sa veuve l'Impératrice Louise.

Après la mort de Leopold, son fils aîné Fran-çois prit le gouvernement des Etats Autrichiens, et fut couronné Empereur Romain, sous le nom de François II. le 14 Juillet à Francfort sur le Mein. Il étoit dès long-tems d'usage à Vienne, qu'au retour du nouvel Empereur, de Francfort, le magistrat, les bourgeois et les marchands en gros, lui faisoient ériger trois arcs de triomphe, l'un près du Stubenthor, l'autre sur la place de Stock im Eisen, et le troisième sur le Kohl-markt; chose qui se pratiqua encore au retour de l'Empereur Leopold II. Mais à l'arrivée de l'Empereur François II. on éxécuta un autre plan: ce fut depuis long-tems le voeu de tout le public, de voir ôter les boutiques mesquines près de l'église de St. Étienne, qui couvroient la vue de ce temple, et y obstruoient la rue. On emploia donc cette fois-ci l'argent destiné à la constru-

ction des arcs de triomphe et de leur illumination, à la démolition de ces boutiques, moien-
nant quoi la ville obtint une nouvelle place publique.

En 1792 commença la guerre contre la France.
Pour ne pas charger de nouveaux impôts les sujets, qui avoient été forcés à des contributions
extraordinaires pendant la guerre à peine finie
contre le turcs, l'Empereur François II. prit la
résolution, de faire le sacrifice de son bien particulier, pour parer pendant deux ans aux frais
de la guerre. Les bourgeois de Vienne, touchés
de cette généreuse résolution, adoptèrent une
mesure, qui honora également le Souverain et
son peuple : toutes les corporations et métiers
de Vienne portèrent des dons gratuits en argent
comptant à leur Souverain, et outre cela les métiers donnèrent leurs antiques coupes d'argent,
pour les faire fondre à la monnoie et en frapper
des espèces. Plein de réconnoissance pour ces
dons patriotiques, l'Empereur convoqua le 7 Avril
1793 les officiers bourgeois et les préposés
des métiers dans la grands salle d'audience au
palais : là il leur donna de ses propres mains et
avec les expressions les plus paternelles, en mémoire de leur attachement et fidélité, une su-

perbe coupe d'argent, ornée de son portrait, dont le couvercle porte l'inscription suivante: » En mémoire perpétuelle de l'attachement distin- » gué de tous les métiers bourgeois, maîtres et » garçons à Vienne, à lui et à leur patrie, et en » preuve de son attachement réciproque et de » sa reconnoissance, François II. consacre cette » coupe à tous ses bourgeois cheris.« 1793. Après cela les dits officiers et préposés des métiers furent régalés d'un magnifique dîner dans la salle de redoute, pendant lequel ils eurent une visite de l'Empereur et de l'Impératrice, en présence desquels le bourguemestre but, de la coupe tout à l'heure reçue, à la santé de leurs Maje- stés I.R. et de toute la maison d'Autriche. Après le répas la coupe fut transportée avec solemnité à l'arsenal de la bourgeoisie, ou elle est déposée pour toujours.

Depuis cette époque les dons gratuits en ar- gent, en denrées, en bijoux etc. n'ont cessé d'être faits par tous les pays héréditaires et sur- tout par la ville de Vienne; toutes les classes de la nation, les riches et les pauvres, la no- blesse, la bourgeoisie, les employés, le clergé, même les enfants des écoles et les domestiques, s'efforçoient de contribuer par des dons, aux

C

dépenses de la guerre contre un ennemi, qui menaçoit de renverser tout l'ordre social, toute la sûreté des personnes et des propriétés, et de dévaster toute l'Europe. Même après que le Souverain fut forcé d'exiger des contributions extraordinaires pour la guerre, la ville de Vienne n'a jamais cessé de faire des dons gratuits, dont la somme totale monte à plusieurs millions.

Au printems de l'année 1797 l'armée française, après la conquête rapide de toute l'Italie supérieure, pénétra dans les provinces allemandes autrichiennes; elle s'étoit déja avancée jusqu'en Styrie, et menaçoit d'aller à Vienne. Ce fut dans ce moment qu'on ordonna une lévée générale dans la ville et dans le pays. La capitale fit avec la meilleure volonté et une célérité étonnante son possible pour l'armement général. Le 17 Avril la levée commença la marche.

Le lendemain, savoir le 18 Avril, on signa les préliminaires de la paix à Leoben. Huit jours après toute la levée rentra en parade à Vienne, et dans la suite chaque homme, qui avoit porté les armes à cette occasion, eut une medaille d'argent.

En 1804, le 11 Août, l'Empereur tint grande conference d'état, à laquelle assistèrent les Princes de sa maison, les principaux ministres et les premiers dignitaires de la cour. Dans cette assemblée le Monarque se déclara Empereur héréditaire d'Autriche. Cette déclaration fut communiquée aux états de toutes les provinces héréditaires comme aux cours étrangères; et dans peu arrivèrent les felicitations des dites provinces, comme la réconnoissance formelle de la dignité Impériale héréditaire d'Autriche par les cours étrangères. A Vienne cet acte fut publié au son de trompes sur plusieurs places de la ville et des faubourgs. Le 8 Décembre l'Empereur alla en grand cortège à St. Etienne, où l'on chanta le Te Deum, et on frappa une médaille, dont l'avers porte le portrait de l'Empereur, avec l'inscription: Franciscus Romanorum et Austriae Imperator; le révers, les mots: Hilaritas publica VI. id. Dec. 1804, et autour d'eux l'inscription: ob Austriam hereditaria Imperatoria dignitate ornatam.

En 1805 une nouvelle guerre contre la france éclata, qui prit aussitôt une tournure très malheureuse: une grande armée française penctra en Autriche, et s'empara de Vienne même, le 13 Novembre. L'Empereur étoit allé à l'armée combinée d'Autriche et de Russie en Moravie,

et on ne prit aucune mesure à défendre la capitale, pour ne pas l'exposer à la ruine. Le Comte
Rodolphe de Wrbna, fut nommé par le Souverain grand commissaire du pays, et ce fut lui,
qui prit toutes les mesures possibles pour le
bien de la capitale. Il se forma une milice de
10000 bourgeois et autres habitans qui, conjointement avec la garnison française, veilla à l'ordre
et à la tranquillité de la ville.

Le 26 Decembre on signa la paix à Presbourg,
et le 1 Janvier 1806 les ratifications furent échan-
gées à Vienne. Le 12 les troupes étrangères quittèrent la ville, et le 15 l'Empereur François adressa, du château de Felsberg, aux habitans de
Vienne une proclamation pleine de reconnoissance pour leur loyauté et leur attachement.

Le 16 l'Empereur arriva au pont du Danube:
le grand commissaire, le bourguemestre avec la
cavalerie bourgeoise, les états, les premiers
seigneurs de la cour l'y attendoient; il entra en
ville comme en triomphe; on chanta le Te Deum
à St. Etienne, et un peuple immense l'accueillit
avec les marques les plus vives de joie.

En 1807, le 24 Novembre, on consacra la statue de l'Empereur Joseph II. On éléva des tribunes pour la cour, la noblesse, les ministres,

étrangers, le haut clergé, les officiers d'état, les étrangers de distinction etc. La statue fut entourée des gardes du corps et d'un bataillon de grenadiers. Sur un signal donné l'enveloppe de la statue tomba; les trompettes et timbales rétentirent et furent accompagnés d'un vive l'Empereur! et la solemnité fut terminée par une triple décharge des grenadiers et des canons rangés sur les bastions.

En 1808, le 6 Janvier, furent célébrés les troisièmes nôces de l'Empereur avec Marie Louise, Archiduchesse d'Autriche, fille de son oncle, l'Archiduc Ferdinand. A cette occasion fut fondé l'ordre des chevaliers de Leopold; on fit de grands avancements dans l'état civil et militaire; on distribua des titres, des ordres, des charges et dignités; et les fêtes publiques furent terminées le 10, par un grand bal aux salles de redoute.

En 1809 nouvelle guerre contre la France. Le 10 Avril les troupes autrichiennes passèrent sur plusieurs points les frontières du pays. La grande armée, sous l'Archiduc Charles, prit la direction de Ratisbonne, et c'est aux environs de cette ville, que se donnerent, depuis le 18 jusqu'au 22 Avril, des combats meurtriers contre l'armée française sous le commandement de l'Empereur

Napoleon, et dont le resultat fut la marche de l'Archiduc sur la rive gauche du Danube et delà vers la Bohême. Alors l'ennemi s'avança en force vers l'Autriche et enfin vers la capitale. Cette fois-ci on prit la résolution de mettre Vienne en état de siège, et on en fit quelques préparatifs dès le 7 Mai.

Le 8 Mai arrivèrent quelques bataillons de troupes reglées pour servir de garnison. Le 9 les français entrèrent sans resistance dans le faubourg Mariahülf, et l'Empereur Napoleon prit son quartier général à Schoenbrunn. Le 10 on tira les premiers coups de canon contre les ennemis, qui se montroient dans les rues des faubourgs aboutissant au glacis; le 11 les français commencèrent à leur tour à tirer sur les bastions, et la canonade dura toute la journée; mais au lieu de faire un siège en regle, l'ennemi prit le parti de réduire la capitale par un bombardement, qui commença ce même jour quelques minutes après 9 heures du soir, et à 10 heures le feu prit déja dans plusieurs maisons. A minuit un corps ennemi passa le bras du Danube près du Lusthaus, et s'avança par le Prater vers la Leopoldstadt; il se donna un combat assés vif à l'issue du faubourg Jaegerzeil, où l'on avoit construit un rempart et un abattis d'arbres du Prater. Après ce combat les troupes reglées sortirent de la ville, et brulèrent derrière elles les ponts au Tabor et au Spitz; il ne resta que les bourgeois et les étudians armés avec quelques milices.

Cependant le bombardement continuoit. A 24 heures du matin on fit dire aux avantpostes ennemis, de cesser le feu, parcequ'on vouloit capituler sur la reddition de la ville; à 6 heures une députation des états et du magistrat se rendit à Schoenbrunn auprès de l'Empereur Napoleon, et la capitulation fut conclue. Huit grands bâtiments avoient été incendiés par le bombardement, outre plusieurs pièces de moindre importance; le nombre des bombes jettées alla à 2000.

Le 13 à 9 heures du matin, le corps du maréchal Oudinot prit possession de la capitale; les soldats furent logés aux faubourgs; les généraux, les officiers et autres employés de l'armée dans la ville, et les propriétaires des maisons étoient obligés de les nourrir à leurs dépens.

Quelques jours après la reddition de la ville l'Archiduc Charles arriva avec son armée au Marchfeld. L'Empereur Napoleon transfera son quartier à Ebersdorf, et fit faire des préparatifs pour passer le Danube. Le 22 Mai se donna la bataille d'Aspern ou d'Esslingen; la canonade y fut si terrible, que les vitres dans la ville en tremblerent. Les français furent forcés de repasser le Danube, et transporterent 15000 blessés dans la ville et les faubourgs. Outre ces malades le nombre de troupes augmenta tellement dans la capitale, qu'il en résulta un manque très sensible de vivres.

Cependant les français travailloient à construire de nouveaux ponts sur le Danube près d'Ebersdorf, et de fortifier l'isle de Lobau. Le 5 Juillet ils firent filer des troupes de l'autre coté; la nuit suivante presque toute l'armée passa, et le 6 se donna la grande bataille de Wagram. On voyoit des clochers et des toits de la ville les deux armées combattantes, et la canonade étoit encore si forte, que les vitres des maisons en tremblerent. Vers les 5 heures de soir l'armée autrichienne commença la retraite, et l'armée française la suivit sur la route de Moravie.

Le 12 Juillet on conclut un armistice; et le 14 Octobre la paix fut signée à Schoenbrunn.

Le 16 Octobre les français commencerent à faire sauter une grande partie des fortifications de Vienne, ce qui par intervalles dura plus de 14 jours, et fit des dommages sensibles à la ville, chaque explosion des mines agissant comme un tremblement de terre. Le 20 Novembre Vienne et ses environs furent évacués par les troupes étrangères, et le 26 une garnison autrichienne rentra dans la capitale.

Le 27 l'Empereur François arriva dans une simple caleche de voyage : toute la capitale fut aussitot en mouvement ; on se porta en foule au palais, pour saluer son Souverain, et le soir la ville et tous les faubourgs furent illuminés.

Au mois de Fevrier 1810 la nouvelle se repandit dans la capitale, que l'Empereur Napoleon avoit démandé en mariage l'Archiduchesse Louise, Princesse aînée de l'Empereur François d'Autriche, et bientôt on vit faire à la cour des préparatifs pour cette fête auguste. Le 4 Mars arriva à Vienne le maréchal Berthier, Prince de Neufchâtel, en qualité de grand-ambassadeur ; le 5 il fit son entrée solemnelle et la demande formelle de la dite Princesse ; le 6 il y eut grande redoute ; le 8 se fit l'acte de rénonciation de la part de l'Archiduchesse ; le 9 il y eut grande fête des ordres de chevalerie et distribution de décorations des dits ordres : le 11 se donna la bénédiction nuptiale à l'auguste epouse et à son oncle, l'Archiduc Charles, auquel Elle fut fiancée par procuration et au nom de l'Empereur Napoleon ; après cette fonction, grand diner à la cour et illumination magnifique de la ville et de tous les faubourgs.

Le 13 Mars la jeune Impératrice des français partit de Vienne pour la France.

L'année 1814 fut une des plus mémorables pour la Monarchie autrichienne, et surtout pour la ville de Vienne. Quoique en 1812 l'Empereur Napoleon sur sa retraite de Moscou avoit perdu deux tiers de son armée, il fit tout de suite de tels efforts, qu'au printems de 1313 il put entrer bientot en campagne, et arracha la victoire aux Russes joints aux Prussiens, d'abord près de Lutzen et puis près de Bautzen. Alors il se conclut un armistice, et l'Autriche offrit sa médiation. On ouvrit un Congrès de paix à Prague, qui fut bientot rompu par la mauvaise volonté des negociateurs français. Sur celà l'Autriche fésant cause commune avec les alliés, décida le sort de la guerre. Les français furent chassés de la Silésie, rejettés au delà de l'Elbe, et battus dans une action sanglante près de Kulm en Bohême. Le 17, 18 et 19 Octobre se donna la grande bataille de Leipsic à laquelle l'Empereur François assista en personne, et qui renversa la prépondérance française. Napoleon se hata de passer le Rhin. Les alliés traverserent ce fleuve au mois de Decembre, pousserent devant eux les armées françaises, les défirent encore dans quatre batailles, et prirént enfin possession de Paris le 31 Mars 1814. Napoleon abdiqua.

Cette importante nouvelle arriva peu de jours après à Vienne, et le 12 Avril le Landgrave de Furstenberg fit son entrée en courier avec 107 postillons. — Le 15 Juin on publia la paix conclu avec le Roi de France Louis XVIII., et le lendemain l'Empereur François fit son entrée triomphante dans cette antique residence de son illustre maison, avec une pompe et avec des éclats de joie universelle, qui n'ont eu rien de pareil dans les annales de l'Autriche.

L'Empereur etoit parti de Paris le 2 Juin, et arrivé le 14 à Schoenbrunn. Le matin du 16 il se rendit au Theresien, où le cortége de l'entrée etoit rassemblé; à 10 heures il monta à cheval, et la marche commença dans l'ordre suivant : un détachement de la cavalerie bourgeoise l'ouvrit; celui-ci fut suivi d'un régiment de Cuirassiers, de gens de cour et de trompettes à cheval, de la livrée de la cour, des pages et ecuyers tranchants à pied, des Etats de la basse Autriche, des chambellans et conseillers intimes, tous à cheval. Venoit ensuite la famille mâle I. R. le Duc Albert de Saxe, les frères de S. M. et le Prince héréditaire avec leurs adjutants à cheval; enfin l'Empereur-Roi François en uniforme de Feldmaréchal; après lui les grands dignitaires de la cour, les capitaines des gardes et l'adjutant général, la garde noble allemande, hongroise, et celle des Etats de Bohême, à cheval, le tout en grand gala; encore un régiment de cavalerie, et enfin un second détachement de la cavalerie bourgeoise. — Toutes les cloches de la ville et des faubourgs sonnoient, une canonade continuelle se fit entendre des bastions.—La marche avança du Theresien à la porte d'Italie, où etoit erigée une porte triomphale, à laquelle S. M. fut complimentée et haranguée par le magistrat de la capitale. — Delà ou s'achemina par plusieurs rues vers la cathedrale de St. Etienne, où le Monarque fut reçu par la cour, le clergé, l'université et le magistrat, et où l'on chanta le Te Deum, après lequel la marche continua dans le même ordre par quelques autres rues au palais. Une foule innombrable du peuple remplissoit toutes les places, rues, croisées et jusqu'aux toits des maisons, et fit retentir l'air de cris de joie. C'etoit le spectacle le plus imposant, favorisé par le plus beau tems. — Le soir la ville et les faubourgs furent richement illuminés, et montroient partout des tableaux patriotiques; on distingua surtout les hôtels des frères de l'Empereur, du Duc Albert, celui des Etats de la basse Autriche, l'hôtel de ville, les maisons de Lichtenstein, Erdödy, Fries etc.

Entretems toutes les provinces de l'Empire d'Autriche resolurent d'envoyer des députations brillantes à Vienne, afin de porter au Monarque leurs remerciments pour son dévouement personnel dans cette guerre décisive, pour la conclusion de la paix, pour l'anéantissement du joug étranger, et l'espoir fondé d'un long repos, ainsi que du retablissement de la prosperité nationale. En consequence il vint des députés de la noblesse, du clergé et du tiers état de la Hongrie, de la Bohême, de la Gallicie, Moravie, Styrie, haute Autriche, et Carinthie. Cet exemple des provinces non conquises fut suivi par celles, lesquelles par la force des armes furent pour quelque tems arrachées à la patrie commune, mais qui par le renversement du despotisme français rentrerent sous la domination autrichienne: le Tirol, la Carniole, la Lombardie, le Littoral et Venise députerent également à Vienne.

Après l'arrivée de l'Empereur on apprit, que bientôt l'Empereur de Russie, le Roi de Prusse et autres Souverains alliés alloient arriver à Vienne, où se formeroit un grand Congrès, pour établir le systême politique de l'Europe, et sur-tout celui de l'Allemagne sur un pied qui ne permettroit plus à un voisin ambitieux de le renverser.

Au commencement du Septembre on vit déja arriver plusieurs Princes d'Allemagne, comme aussi plusieurs députés au Congrès.

Le 22 Septembre à midi arriva le Roi de Würtemberg. L'Empereur etoit allé à sa rencontre jusqu'à Schoenbrunn. — Le même jour au soir arriva le Roi de Danemarc, que l'Empereur reçut au grand pont du Danube. On salua chacun de ces deux Souverains de 101 coups de canon.

Le 25 Septembre entre midi et une heure l'Empereur de Russie et le Roi de Prusse firent leur entrée solemnelle; l'Empereur François avec sa famille mâle et quantité de généraux etoit allé à cheval jusqu'au Tabor pour les recevoir. La marche se fit par la Jaegerzeile et la porte de la tour rouge, droit au palais; elle fut ouverte par plusieurs regiments de Cavalerie et d'Infanterie; venoient ensuite les trois Monarques à cheval, suivis par un grand cortége de noblesse et genéraux. On avoit tiré pendant cette marche plus de 1000 coups de canon.

Le 27 Septembre arriva l'Impératrice de Russie; le 28 le Roi et la Reine de Bavière. — En général, il n'y avoit pas une des maisons regnantes en Allemagne, dont on ne comptoit un ou plusieurs membres à Vienne. Les personnes les plus marquantes etoient le Grand-Duc Constantin et deux Grand-Duchesses de Russie, un frère et un des cousins du Roi de Prusse, le Prince royal et le Prince Charles de Bavière, le Prince royal de Würtemberg, un frère du Roi de Saxe, l'Electeur de Hesse, les Grand-Ducs de Bade, Hesse, Nassau, Weimar etc. le Duc de Wellington, Lord Castlereagh, et le Prince Hardenberg de Prusse.

C'est alors qu'il se commença une serie de fêtes publiques en l'honneur des illustres Etrangers: la première fut un grand feu d'artifice au Prater et le même soir illumination de la ville et des faubourgs; puis redoute masquée pour 10000 personnes dans les salles de redoute et le manège; après redoute parée pour 4000 personnes; fête populaire à l'Augarten avec differents spectacles et grand bal; le grand Oratorium: S a m s o n executé par 700 amateurs; le 18 Octobre anniversaire de la bataille de Leipsic: toute la garnison de Vienne celebra un Te Deum au Prater, après quoi elle eut un grand repas près du Lusthaus et dans la plaine de Simering, lequel fut honoré par la présence de tous les Souverains alors à Vienne; plusieurs soupers et bals chés les Ministres autrichiens et étrangers; encore une redoute parée et une autre masquée; enfin grand Caroussel au manège.

Cependant les transactions du Congrès trainoient en longueur, plus qu'on ne l'avoit supposé d'abord, ce qui prolongea aussi le sejour des Souverains étrangers jusques dans l'année suivante.

Aux premiers jours du mois de Mars 1815 rétentit soudain le bruit, que Napoleon, en dépit de son abdication solemnelle de l'année passée, avoit quitté l'isle d'Elbe, et débarqué le 1 Mars en France, qu'il avoit marché sans resistance jusqu'à Paris, où il arriva le 20 Mars, et se fit de nouveau proclamer Empereur des Français. Presque toute l'armée abandonna son legitime Roi Louis XVIII., qui se refugia aux Pays-bas. —

Les Monarques encore réunis à Vienne publie-
rent tout de suite une déclaration, par laquelle
ils désapprouverent cette nouvelle usurpation
de Bonaparte, et offrirent leur assistance au
Roi. On ordonna sans delai aux armées d'Autriche, de Russie et de Prusse, de se mettre en
marche vers la France, ce qui se fit également
de la part des autres Princes alliés. Vers les
derniers jours de Mai les Souverains quitterent
Vienne.

L'Empereur François alla de même de Vienne
au quartier général de Heidelberg, et peu de
jours après les armées alliées entrerent de nouveau en France. Napoleon avoit rassamblé sa
plus grande force sur la Sambre, et eut d'abord
quelque avantage sur les troupes angloises et
prussiennes; mais le 18 Juin il fut totalement
défait près de Waterloo par Wellington et Blü-
cher. — Il revint à Paris, où il fut forcé d'abdiquer de nouveau. Les troupes angloises et
prussiennes attaquerent Paris qui capitula. Le
6 et 7 Juillet les dites troupes prirent de nouveau possession de la capitale de France, et
le 8 Louis XVIII. y rentra.

L'Empereur François etoit entretems, conjointement avec l'Empereur Alexandre et le Roi de

D

Prusse, à la tête de troupes autrichiennes et russes, avancé par l'Alsace et la Lorraine dans l'intériéur de la France, et le 10 Juillet ces trois Souverains arrivèrent une seconde fois à Paris.

Les évenements et transactions qui eurent alors lieu à Paris, appartiennent à l'histoire politique du tems.

L'Empereur François quitta Paris le 29 Septembre 1815; il passa par la France méridionale et par la Suisse à Insbruck, où il arriva le 19 Octobre. De là il alla à Venise et dans la suite à Milan. Il sejourna longtems dans ces deux villes, pour organiser les provinces y appartenantes, lesquelles dès lors furent de nouveau réunies à l'Empire Autrichien sous la dénomination du Royaume Lombardo-Venitien. — De Milan l'Empereur passa au printems de 1816 derechef à Venise, de là à Trieste et Fiume, et repassa puis à Insbruck, où à la fin de Mai il prit l'hommage solemnel du Tirol. Enfin il continua son voyage par Salzbourg, réuni de même à ses Etàts, et par la haute Autriche à Vienne, où, après une absence de plus d'une année, il arriva le 16 Juin 1816.

Le 10 Novembre de la même année furent célébrées les quatrièmes nôces de l'Empereur avec

Charlotte Auguste, Princesse Royale de Bavière. L'auguste épouse etoit arrivée le 9 à Schoen-brunn, et le 10 Elle fit son entrée solemnelle à Vienne. La bénédiction nuptiale se donna à l'église des Augustins, après quoi il y eut pré-sentation des Ministres, de la noblesse etc. puis grand cercle à la cour, enfin banquet public à la salle de redoute, et spectacle gratis dans tous les théatres. Les sommes autrefois dépensées pour diverses fêtes, furent cette fois-ci consacrées à un acte de biénfaisance: on distribua au delà de 200,000 florins aux pauvres de la capitale.

Le 18 Octobre 1817 on célébra à la maison des Invalides l'anniversaire de la grande bataille de Leipsic donnée en 1813, par laquelle l'Alle-magne, ou pour mieux dire, l'Europe entière fut délivrée du joug français. Cette fête, à laquelle as-sisterent plusieurs des Archiducs, tous les géné-raux démeurant à Vienne, et la majeure partie de la garnison de la capitale, fut singulièrement illustrée par la circonstance suivante: on décora d'une manière brillante la grande salle de la mai-son, et on y plaça un grand tableau relatif à cette même victoire de Leipsic; il représente les trois Souverains alliés, qui furent présents à la dite bataille, savoir les Empereurs François

et Alexandre et le Roi Frédéric Guillaume, entourés de leurs aides de camp, tous en grandeur
naturelle, sur une colline, le visage tourné
vers le champ de bataille; à une distance convenable s'approche vers eux en galop le Prince
Charles de Schwarzenberg, commandant des armées alliées, pour leur porter la nouvelle de la
victoire plenière remporté sur les français; il
est suivi par plusieurs généraux autrichiens, tous
en portraits fort ressemblants. Au loin on voit
la ville de Leipsic, entourée de nuages de fumée. — Ce tableau, peint par Krafft, est travaillé d'une manière supérieure, et couvre par
sa grandeur toute une muraille. — Vis-à-vis de
celui-ci sera placé sous peu un second tableau
du même artiste, représentant la bataille
d'Aspern, si glorieuse pour les armées autrichiennes. Ce deux tableaux restent pour jamais
dans la maison des Invalides, et meritent l'attention de tout étranger.

DESCRIPTION

DE LA

VILLE DE VIENNE.

§. I.

SITUATION GÉOGRAPHIQUE DE VIENNE... ETENDUE...
PRODUIT ANNUEL DU LOYER DES MAISONS DE
LA VILLE ET DES FAUBOURGS... RIVIÈRES...
CLIMAT... OBSERVATIONS MÉTÉOROLOGIQUES...
SITUATION NATURELLE.

VIENNE en basse Autriche, est située à 34 degrés
2 m. 30 s. de longitude orientale, et à 48 d. 12 m.
36 s. de latitude septentrionale, sur une modique
éminence, à la rive droite du Danube, dont
l'élevation sur le niveau de la Méditerranée est
ici de 65 toises à peu près.

Dans les premiers tems de son existence, cette
ville n'occupoit que le terrein entre ce qu'on
appele aujourd'hui le Fischmarkt, Salzgries, tie-

fen Graben, Hof, Graben, Brandstatt et le Lich-
tensteg. Peu à peu elle s'agrandit, devint enfin
la capitale du pays, et depuis l'Empereur Maximilien I. elle a toujours été la résidence des Souverains de l'Autriche.

Aujourd'hui on comprend sous le nom de
Vienne non seulement la ville proprement dite,
mais encore les faubourgs, qui vont au nombre
de 33, et dont l'existence présente ne date que
de l'an 1684; car bien qu'il y en avoit trois ou
quatre avant cette époque, ils furent brûlés en
1683 à l'approche de l'armée turque, et leurs
restes tout-à-fait détruits par les ottomans.

Les faubourgs forment une espèce de cercle
autour de la ville, et sont entourés par la ligne,
espèce de boulevard, composé d'un fossé et d'un
rempart muré de 12 pieds de hauteur. Cette
ligne a été construite en 1703, pour mettre
Vienne à l'abri des incursions des Coroutzes ou
insurgés hongrois; elle entoure la ville du côté
méridional, en forme d'arc, partant de la rive
du Danube au dessus de la ville, et la joignant
au dessous, ce qui donne une périphérie de 7080
toises; du côté du nord c'est le Danube qui
forme le boulevard de la ville; et les deux faubourgs situés sur une île de ce fleuve, conjoin-

tement avec le Prater, la forêt appelée le Stadt-
gut, et la grande douane le Tabor, donnent encore une périphérie de 6720 toises: par conséquent la périphérie de tous les faubourgs donne
une dimension de 13800 toises, ou à peu près
3¼ milles allemands.

La forme tant de la ville que des faubourgs
en général est une ovale, dont la longueur depuis la ligne de St. Marc jusqu'à la ligne de Nussdorf, est de 3200 toises, et la largeur depuis
l'extrémité de la Jaegerzeil jusqu'à la ligne de
Mariahilf, de 2400 toises, ce qui donne pour
l'étendue de la ville et de tous les faubourgs,
mais à l'exclusion du Prater, une surface de
6720,0000 toises quarrées à peu près.

Entre la ville et les faubourgs se trouve le
glacis, ou ce qu'on appele communément l'esplanade, terrein de la largeur de 600 pas, sur
lequel on a construit des chaussées pour les voitures, et des trottoirs pour les piétons, qui me-
nent des portes de la ville aux entrées des faubourgs. Ce terrein est une belle prairie, embellie depuis l'année 1781 d'une quantité d'allées
d'arbres.

La ville est située au centre des faubourgs, et
le centre de la ville même c'est à peu près l'église

de St. Pierre. Sa surface au dedans des remparts est d'environ 350000 toises quarrées.

La ville contient 1376 maisons et édifices de toute espèce, sans y compter les églises; le nombre des édifices et maisons dans les faubourgs monte à peu près à 5630; il est cependant impossible de donner exactement la quantité des maisons, parce qu'en plusieurs de ces faubourgs on continue toujours de bâtir. Tous les édifices et maisons tant de la ville que des faubourgs sont numerotés, à l'exception des églises; et les dénominations des places publiques comme celles des rues sont écrites aux maisons des coins.

Les maisons de la ville sont d'une construction très solide, de 4 à 5 étages, pourvues d'escaliers de pierre, et couvertes de tuiles et de cuivre. Dans les faubourgs elles ne sont pour la plupart que de 2 à 3 étages; le plus grand nombre d'entre elles est encore couvert de bardeaux, mais depuis plus de 50 ans toutes les maisons de nouvelle construction doivent être couvertes de tuiles, et cela pour mieux parer aux incendies.

Produit annuel du loyer des maisons de la ville et des faubourgs.

Le produit du loyer des maisons dans la ville

et les faubourgs, monta en 1789 à la somme de 2897275 florins, ce qui donne, en comptant 5 pour 100, un capital de 61945506 florins.

En 1801 le loyer tant de la ville que des faubourgs alloit déja à près de 4½ millions de florins.

En 1810 à 6 millions. Plusieurs sortes d'impôts necessités par les longues guerres, et la cherté toujours croissante des denrées ont peu à peu fait tellement hausser le loyer, qu'actuellement on le peut évaluer à près de 9 millions par an. Il faut encore observer, que les bâtiments de cour et d'état, les bâtiments destinés aux établissements publics (qui font à peu près un sixième de la ville) les couvents etc. n'entrent pas dans ce compte, et que les maisons seigneuriales, habitées par leurs propriétaires, sont mises à un taux très modique.

L'impôt mis sur les maisons dans la ville, est le sixième du produit du loyer et en outre un septième sur le dit sixième; dans les faubourgs c'est le septième du produit des loyers; mais outre cet impôt ordinaire, on a été forcé pendant les dernières guerres de mettre plusieurs charges nouvelles sur les maisons.

Le premier fleuve de l'Europe le Danube, après avoir traversé la Souabe, la Bavière et

l'Autriche, forme, à la distance d'une demi lieue
au dessus de Vienne, près le village de Nussdorf, plusieurs bras, qui à une distance à peu
près égale au dessous de la ville tous se réunis-
sent. Le plus considérable de ces bras est éloigné d'une demi heure de la ville; un plus petit
coule entre la ville et le faubourg Leopoldstadt,
et c'est sur celui-ci que passent presque tous les
bâtiments, qui descendent ou montent la rivière.

Le pont principal, qui mène de la ville à la Leopoldstadt, est appelé Schlagbrücke ou Schlacht-
brücke; il forme quatre rangs de passage : deux
pour les piétons, et deux pour les voitures, dont
l'une est pour celles qui sortent de la ville et
l'autre pour celles qui entrent. Outre ce pont il y
a encore un autre au faubourg Rossau, un troisième au faubourg des Weissgaerber (tanneurs)
et un quatrième au faubourg Erdberg. Tous ces
ponts sont construits de bois, mais d'une manière bien solide.

La petite rivière la Vienne prend sa source à
trois lieues de la ville, dans la forêt dite de
Vienne (Wiener-Wald); elle vient du côté méridional, traverse plusieurs faubourgs, où elle
fait mouvoir quelques moulins, passe sur une
partie de l'esplanade, où elle a deux ponts de

pierre d'une construction extrèmement forte, et se jette dans le Danube entre la ville et le faubourg des Weissgaerber.

L'Alserbach (la rivière l'Als) vient des montagnes derrière Dornbach, traverse les faubourgs Alsergasse , Lichtenthal et Rossau, et se jette là dans le Danube. C'est un ruisseau très mince, mais des pluies abondantes le font quelquefois tellement grossir, qu'il cause de ravages aux dits faubourgs.

Le climat de Vienne est assez variable, et l'air y change souvent et bien subitement, non seulement d'un jour à l'autre, mais même d'une heure à l'autre, en passant avec une rapidité frappante du chaud au froid, et du froid au chaud. L'air est plus sec qu'humide. Presque tous les jours entre 10 et 11 heures du matin se lève un vent plus ou moins fort, qui cependant sert fort bien à purifier l'atmosphère de la ville. Les vents dominants sont ceux d'ouest, de nord-ouest et sud-est. Le vent d'est est frais, il donne des jours sereins; le vent d'ouest amène pour la plupart des pluies, le vent du nord des orages et du froid, le vent du sud rend l'air tiede et cause encore de la pluie. Presque toute pluie refroidit tout à coup l'air à un degré très mar-

qué; cependant aucune n'est suffisante à hume-
eter pour long-tems les rues dans la ville et les
chemins autour d'elle; en peu d'heures après
une pluie, les nuages de poussière récommen-
cent à se lever de tous côtés; en général la poussière domine à Vienne dans toutes les saisons
d'une manière assez incommodante.

Observations météorologiques faites à l'observatoire de l'université.

Vents	1814.	1815.	1816.	
Nord	24	10	13	
Nord-est	10	11	12	
Est	2	1	9	
Sud-est	92	87	83	
Sud	17	14	16	
Sud-ouest	9	2	7	jours.
Ouest	56	72	75	
Nord-ouest	127	135	129	
Pluie	98	103	88	
Neige	28	30	30	
Brouillards	78	61	81	
Orages	16	31	25	
Etat ordinaire du Barométre	28	28	28	degrés.

La temperature ordinaire de l'air est en été de 20 à 24 degrés au dessus, et en hiver de 7 à 9 degrés au dessous du o.

La situation physique de Vienne est très saine; ses environs sont beaux, fertiles, et d'une variété pittoresque: il y a peu de capitales qui jouissent des environs si avantageux. Au nord de la ville se trouvent les îles du Danube, couvertes de bois d'un verd frais et ombrageant; à l'occident se présente le Kahlenberg, couronné de ses édifices, d'où se traîne vers le midi une chaîne de montagnes garnies de vignes et de forêts; vers l'orient une vaste et fertile plaine jusqu'aux frontières de Hongrie; vers le midi une contrée embellie par des prairies, des maisons de plaisance, et de douces collines, qui terminent de ce côté l'horizon.

Le point de vue le plus avantageux pour voir d'un seul coup d'oeil la ville et presque tous les faubourgs, c'est la terrasse devant le palais superieur du Belvedère.

Mais pour jouir de la vue la plus étendue tant sur la ville de Vienne que sur tous ses environs, il faut monter sur la tour de St. Etienne, ou se rendre au Kahlenberg.

§. II.

LA VILLE... LES FORTIFICATIONS... LES PORTES... LES PLACES PUBLIQUES ET LES MONUMENTS QUI S'Y TROUVENT... PAROISSES; COUVENTS... ÉDIFICES REMARQUABLES.

La ville de Vienne est d'une figure ovale; elle est entourée d'un large fossé sans eau, et d'un rempart muré, haut de 40 à 50 pieds. Ce rempart avoit été garni de 11 bastions et de quelques ouvrages extérieurs, lesquels ont été construits après les deux sièges faits par les turcs. Depuis cette époque les fortifications ont été entretenues en très bon état; mais en 1809 les français, alors en possession de cette capitale, en firent sauter une grande partie, savoir les bastions, les ouvrages extérieurs, et même quelques parties de la courtine, depuis le Franzthor jusqu'au delà du Schottenthor. On a rétabli en 1810 une partie de la courtine, et y pratiqué une nouvelle porte, pour faciliter la communication entre la ville et les faubourgs. A la place des fortifications devant le palais Impérial il sera formé une grande place publique, ornée des deux cotés de jardins; on y travaille dès l'année 1817, et le tout sera achevé en 6 ans. Le reste des fortifications détruites sera arrangé de manière, que la ville aura une enceinte de murailles, mais sans fortifications.

Au reste le rempart, ou comme on l'appele communement, le bastion, fait une promenade des plus fréquentées de Vienne pendant toute l'année, même en hiver, quand la triste saison et les mauvais chemins ne permettent pas des promenades lointaines; mais surtout parceque l'accès au bastion est très commode, parcequ'on y est à l'abri des chevaux, des voitures, et de la poussière, et parcequ'on y jouit d'une belle vue sur les faubourgs et la contrée voisine de la ville. Depuis l'année 1798 la Bourg-Bastey ou la place de parade, est plantée d'arbres, au milieu desquelles se trouve un pavillon, et au bout une boutique de caffetier. Dans la belle saison cette boutique s'ouvre chaque soirée, la place est illuminée et garnie de plusieurs centaines de chaises, qu'occupe le beau monde, pour prendre des rafraîchissements d'été.

Les portes de la ville sont onze, 1. le Bourg-Thor; 2. le Josephs-Thor; 3. le Schotten-Thor, 4. le Neu-Thor; 5. le Fischer-Thor; 6. le Schanzl-Thor; 7. le Rothenthurm-Thor; 8. le Mauth-Thor; 9. le

Stuben-Thor; 10. le Koerner-Thor; 11. le Frans-Thor. Vers la fin de 1817 on a pratiqué une nouvelle porte pour les piétons de la rue Seilerstatt sur le glacis et la Vienne vers le faubourg Ungargasse. Par le Bourg-Thor on part pour la Bavière et l'Allemagne occidentale, par le Koener-Thor pour l'Autriche intérieure et l'Italie; par le Stuben-Thor pour la Hongrie et la Turquie; par le Rothenthurm-Thor pour la Moravie, la Bohême, et le nord de l'Europe.

D'après une ancienne ordonnance magistrale, la ville est partagée en quatre Viertel (Quartiers) savoir, le Stubenviertel, le Koernerviertel, le Widmerviertel et le Schottenviertel; les rues, les maisons et la bourgeoisie sont classés d'après ces quartiers.

Le nombre des rues tant grandes que petites de la ville monte à 110, et il seroit à tous égards à souhaiter, qu'une ville si prodigieusement peuplée eut les rues plus droites et plus larges. Il n'y a qu'une seule rue, depuis l'église des Augustins jusqu'au Schotten-Thor, qui traverse la ville d'est à l'ouest presqu'en ligne droite, la Koernerstrasse la traverse également depuis le Koerner-Thor jusqu'au Rothenthurm du sud au nord, mais dans une direction beaucoup moins droite.

On compte dans la ville huit grandes places publiques, et une dizaine de moins grandes.

La place principale et la plus régulière c'est le Hof (la Cour), ainsi nommée, parceque les anciens Margraves d'Autriche y avoient leur résidence; cette place a 71 toises en longueur, sur 52 de largeur, et est decorée d'une colonne dédiée à la St. Vierge, érigée par l'Empereur Leopold I. en 1667; la colonne est de bronze, de la hauteur de 24 pieds, et placée sur un piedestal de marbre; elle porte l'image de la St. Vierge, également de bronze, avec le dragon sous ses pieds; aux quatre coins du piedestal se trouvent quatre anges, terrassant quatre monstres infernaux. La colonne et les figures font en tout le poids de 205 quintaux de bronze. Le tout est environné d'une balustrade de marbre; les frais de ce monument montoient au tems de sa construction à 22233 fl. cependant considéré comme ouvrage de l'art il n'est pas d'un grand prix.

Les deux fontaines de cette place ont été decorées de nouvelles statues en 1812. Le groupe sur la fontaine à droite, représente le dévouement de la nation autrichienne à son Souverain et à la patrie: la Monarchie autrichienne, en la figure d'une femme majestueuse, la couronne

E

Impériale sur la tête, et tenant à la main gauche
un rouleau, sur la marge duquel on lit: F r a n-
c i s c u s P r i m u s, serre dans les bras un cito-
yen, qui, mettant trois doigts de sa droite sur
le rouleau, fait serment de sa fidelité, et met
la gauche sur son coeur; à ses pieds sont les
emblêmes des sciences et des arts; l'inscription
porte: I n f i d e u n i o, i n u n i o n e s a l u s. —
Le groupe sur la fontaine à gauche représente
l'agriculture. Un paysan a sous ses pieds une
charrue; le genie tutelaire de l'Autriche, éle-
vant sa droite vers le ciel, lui assure la récompense de son industrie d'en haut; l'Inscription
porte: A u s p i c e N u m i n e F a u s t u s. — Sur
le coté opposé du piedestal on lit: 1812. S u b
c o n s u l e a W o h l l e b e n. — Ces groupes sont
de plomb, et travaillés par F i s c h e r; ils ont
été faits au dépens de la Ville.

La place, dite le Hohe-Markt (le haut marché),
fait un quarré oblong avec une pente assez sensible. Elle est également ornée d'un monument
publique, erigé par l'Empereur Charles VI. en
1732, et représentant un temple soutenu de
quatre colonnes, dans lequel se célèbre le mariage de St. Joseph avec Marie, auxquels le grand
prêtre donne la bénédiction nuptiale; au dessus

du temple on voit le St. Esprit, en forme d'une colombe, environné de rayons dorés: à chaque colonne est placé un génie en grandeur naturelle. Le tout est d'un marbre brun foncé; le temple a été travaillé par le Baron Fischer, les statues par un Venitien, nommé Antoine Conradini, et ces dernières valent beaucoup moins que le premier. Tout près de ce monument se trouvent des deux cotés deux fontaines avec des bassins de marbre, dont les eaux viennent du village d'Ottakring.

Sur cette place se trouve aussi la Schranne, ou la prison pour les délits criminels. Comme quelques uns de ces délits sont punis par l'exposition du délinquant au pilori, en ce cas on dresse sur la place, vis-à-vis de la Schranne, une espèce d'échafaud, sur lequel le malfaiteur, avec une table au cou, qui marque son délit, est exposé aux yeux du public.

La place, dite Graben, presqu'au centre de la ville, n'est proprement qu'une rue large et spacieuse; on la compte cependant parmi les places publiques. Ici se trouve la colonne de la St. Trinité, posée par l'Empereur Leopold I. en 1693, en vertu d'un voeu religieux qu'il avoit fait pour faire cesser la peste, qui en 1679 ravageoit Vienne. Cette colonne est d'un marbre blanc du pays de Salzbourg; elle a la hauteur de 66 pieds, et en bas une forme triangulaire. A la façade principale se trouve une masse de pierres en forme de montagne, sur laquelle est placé l'image de la foi, et à ses pieds l'image de la peste, terrassée par un ange armé d'un flambeau. Au dessus du piedestal on voit l'Empereur Leopold à genoux, les yeux tournés vers le ciel, et à côté de lui sont écrites en lettres dorées sur une table de cuivre les paroles qu'il est censé de proférer. Aux coins du piedestal sont les armes de la Monarchie Autrichienne. Du milieu du piedestal s'élève une piramide triangulaire, entourée de nuages, sur lesquels sont représentés les neufs choeurs des anges, et à la cîme de la piramide on voit la St. Trinité dans la forme usitée, assise sur des nuages dorés. La partie la plus remarquable de tout ce monument sont les groupes qui se trouvent aux compartiments du piedestal: ils sont travaillés en bas-relief, et représentent l'apparition du St. Esprit, la St. Cène de notre Seigneur, la création du premier homme, et la famille de Noé échappée au deluge universel. Ces groupes et les anges autour de la colonne sont travaillés avec le plus d'art. Les

fraix de ce monument monterent à 66646 florins.
L'artiste qui l'a dirigé et exécuté, etoit Mr. Strudl.

Aux deux extremités du Graben se trouvent
deux fontaines qui donnent de bonne eau. Ces
fontaines avoient des statues de marbre; en 1804
on les a décorées de nouvelles statues de plomb,
travaillées par Fischer, dont une représente
St. Joseph et l'autre St. Leopold.

Le Graben est la place la plus fréquentée de
la ville : on y voit une quantité de boutiques de
marchands, remplies de marchandises d'étoffes,
de bijoux et nippes du dernier goût et du plus
grand prix; aussi cette place est-elle toujours
très peuplée.

Le Neu-Markt, encore une des places du premier rang de la ville, est décoré d'un monument
profane : il y a au centre de cette place un grand
bassin de marbre, et au milieu de celui-ci sur
un piedestal rond, on voit assise la statue de la
prudence, travaillée en plomb. Autour de cette
statue se trouvent quatre enfans qui tiennent sous
leurs bras des poissons qui vomissent l'eau. En
1801 on a mis sur le bord du bassin deux figures
d'hommes, et deux figures de femmes, qui représentent les quatre rivières principales de la basse
Autriche, savoir: le Danube, la March, l'Enns

et la Leytha ; ces figures, également de plomb, et dans des attitudes pittoresques, versent de leurs urnes de l'eau dans le bassin ; elles sont au delà de grandeur naturelle, et toutes exécutées avec beaucoup d'art par le célèbre Donner.

La place de Joseph, ainsi nommée en l'honneur de l'Empereur Joseph II., est ornée de la statue du dit Empereur, posée par son neveu, François I. Empereur héréditaire d'Autriche : c'est une statue équestre ; le Monarque est en costume romain, un laurier sur la tête, tenant de la main gauche la bride du cheval, et la droite étendue en avant ; la ressemblance à l'original est parfaite. La statue et le cheval sont de bronze, et furent fondus, la première en 1800, le second en 1803. La hauteur du cheval est de 2 toises 1 pied 3 pouces, la longueur de 2 toises 2 pieds 3 pouces ; la taille de l'Empereur, en le supposant debout, seroit de 13½ pieds. Le tout repose sur un piédestal de marbre gris-noirâtre, la face tournée vers la maison du comte de Fries. Sur le devant du piédestal est l'inscription suivante : Josepho II. Aug. qui saluti publicae vixit non diu sed totus ; sur le côté opposé on lit : Franciscus Rom. et Aust. Imp. ex fratre nepos alteri parenti posuit. MDCCCVI. Sur les

cotés à droite et à gauche on voit deux grands
bas-reliefs, chacun d'une toise 4 pieds 1 pouce
de largeur, sur 5 pieds 4½ pouces de hauteur,
également de bronze, dont l'un représente l'agriculture et l'autre le commerce, encouragés et
protegés par Joseph II. et dont les figures principales ont 4 pieds 8 pouces de hauteur. L'ensemble du monument est haut de 5 toises 3 pieds
0 pouces. — Aux quatre angles sont placés quatre
pilastres, en forme de colonnes corinthiennes,
à chacune desquelles se trouvent quatre bas-reliefs en forme de médaillons, et travaillés d'après
de médailles qui furent frappées sur les événe-
ments les plus mémorables du regne de Joseph II.
savoir sur sa naissance, son premier mariage,
son couronnement, ses voyages en Italie et en
Transilvanie, sur l'etablissement de la tolérance
religieuse, de l'institut pour les pauvres, pour
les sourds-muets, de l'académie de chirurgie militaire, de la médaille militaire etc. etc. Ce monument, un des plus beaux dans son genre, est
de Mr. de Zauner, professeur de sculpture à
l'académie des beaux-arts à Vienne.

La place de St. Etienne, ci-devant appelée le
cimetière de St. Etienne, parceque autrefois l'espace autour de l'église de St. Etienne étoit en

effet un cimetière, et que cet emplacement, même dans les derniers tems, étoit encore fermé de portes et d'une enfilade de boutiques mesquines. Ce ne fut qu'en 1792, pendant que l'Empereur actuellement regnant se trouvoit au couronnement à Francfort, que le magistrat de Vienne fit, d'après le voeu unanime du public, démolir ces boutiques, et donna par là une nouvelle place très agréable à la ville.

La place du palais (Bourg-Place), quarré oblong et régulier, entre le palais impérial et la chancellerie d'Empire.

La place des Franciscains, avec une fontaine surmontée de la statue de Moïse, par Fischer.

Les places publiques moins considérables sont la place de St. Michel, la place de l'Hôpital, la place de Stock im Eisen, la Freyung, la place de Juifs, la place des Minorites, la place de l'Université, la place des Dominicains etc.

Les endroits les plus fréquentés de la ville sont: le Kohlmarkt, le Graben, le Hof, le Hohe-Markt, la Koernerstrasse, le Stock im Eisen, la place de St. Etienne, la Bischofgasse etc. etc.

Les paroisses de la ville sont: 1. l'église métropolitaine et paroisse de St. Etienne; 2. la paroisse du palais (Bourg); 3. la paroisse des Ecos-

sois; 4. celle de St. Michel; 5. celle de St. Pierre;
6. la paroisse sur le Hof; 7. celle des Dominicains; 8. la paroisse et église de la cour, aux
Augustins.

Les couvents de religieux en ville sont: 1. les
Augustins déchaussés; 2. les Barnabites ou religieux de St. Michel; 3. les Bénédictins ou Eco-
sois; 4. les Dominicains; 5. les Franciscains;
6. les Capucins sur le Neu-Markt.

Pour des religieuses il n'y a plus en ville que
le seul couvent des Ursulines.

Outre les églises paroissiales et celles des couvents, il existe encore quelques autres, dont la
description aura sa place ci-après.

Les édifices civils les plus remarquables de la
ville, considérés ici comme pièces d'architecture,
sont:

Le Palais Impérial-Royal, avec les édifices y
annéxés, qui sont la bibliotheque, le manège,
et les salles de redoute; et dont la description
détaillée suivra ci-après.

La chancellerie d'Empire, un des plus beaux
édifices de l'Allemagne, est située vis-à-vis du
palais. Elle à été construite en 1728 par Fischer
d'Erlach, et occupe d'un côté toute la longueur
de la Bourgplace. Dans ce bâtiment se trouvoit

autrefois la chancellerie de l'Empire germanique ; depuis 1807 il sert au logement d'une partie de la famille Impériale. L'édifice est dans le beau style, a quatre étages, et au premier trois balcons de marbre ; à la cîme on voit les armes de l'Empereur Charles VI. A chacune des deux extrêmités se trouve une grande voute servant au passage public, et a côté de chacune sur la façade vers la Bourgplace on voit des groupes de statues en grandeur colossale et en marbre, représentant quatre des travaux d'Hercule : savoir Hercule étouffant Antée, Hercule vainqueur de Busiris, du lion de Nemée et du taureau de l'île de Crète. Ces groupes ont été travaillés par Mathieli, et méritent l'attention de tout connoisseur.

Le palais du Duc Albert de Saxe-Teschen, sur le bastion ; il fut construit dans les années 1801 - 1804. Son intérieur surpasse tous les palais de Vienne par son goût, sa richesse et son élégance.

La chancellerie de cour et d'état, sur la place du jeu de paume.

La monnoie Impériale, ci-devant le palais du Prince Eugène de Savoye, dans la Johannes-Gasse.

La chancellerie de guerre, sur le Hof. C'étoit la maison habitée jadis par les Souverains de l'Autriche. Cet édifice a quatre étages et deux cours; sur la façade principale vers le Hof se trouve la grande garde, où sont placés quatre canons, et laquelle est montée tous les jours à 11 heures par un détachement de grenadiers et fusiliers. Au premier étage est le logement du président du conseil aulique de guerre; le reste de l'édifice contient la grande salle destinée aux séances du conseil, où se trouvent les deux bustes remarquables des maréchaux Lacy et Loudon *), placés là par l'Empereur Joseph II., et en outre les bureaux de tous les départements attenans à l'état militaire.

La chancellerie de Bohême et d'Autriche, entre le Judenplatz (place de juifs) et la Wipplinger-

---

*) Avec les inscriptions suivantes:

MAURITIO LACY, SUMMO CASTRORUM PRAEFECTO, QUI BELLI AEQUE AC PACIS ARTIBUS CLARUS, ILLIS VINCERE, HIS PATRIAM INVICTAM REDDERE DOCUIT, SUI IN SCIENTIA MILITARI INSTITUTORIS ET AMICI JOSEPHUS II. AUG. GRATI ANIMI SUI MONIMENTUM HEIC PONI JUSSIT. MDCCLXXXIII.

GEDEONIS LOUDONI, SUMMI CASTRORUM PRAEFECTI, SEMPER STRENUI, FORTIS, FELICIS, ET CIVIS OPTIMI EXEMPLUM, QUOD DUCES MILITESQUE IMITENTUR, JOSEPHUS II. AUG. IN EJUS EFFIGIE PROPONI VOLUIT. MDCCLXXXIII.

strasse ; bâtiment superbe , décoré de statues et autres ornements, avec deux cours ; il s'y trouve le logement du grand chancelier de Bohême et d'Autriche et les bureaux pour l'administration civile des provinces allemandes de la Monarchie.

La chancellerie Royale de Hongrie et celle de Transilvanie, l'une près de l'autre, dans la Schenkenstrasse; elles contiennent les logements des deux chanceliers, et les bureaux pour les employés.

La maison de la Banque, dans la Singerstrasse.

La grande douane, à l'extrêmité du vieux Fleischmarkt.

L'Université, sur la place qui porte son nom ; elle est aussi remarquable comme pièce d'architecture.

L'hôtel de ville, dans la Wipplingerstrasse.

Le palais du Prince de Liechtenstein, avec une bibliothèque précieuse, des écuries superbes et un beau théâtre, dans la Herrengasse.

La grande maison de famille de Liechtenstein, dans la Schenkenstrasse.

Le palais du Prince de Lobkowitz, sur la place de l'hôpital.

Le palais du Prince de Schwarzenberg, sur le Neu-Markt.

Le palais du Prince de Starhemberg, sur la place des Minorites.

Les deux palais des Comtes d'Harrach, sur la Freyung.

Le palais du Prince Esterhazy, dans la Wallnerstrasse.

Le palais du Prince Bathiany, dans la Schenkenstrasse.

Le palais du Prince de Kinsky, dans la même rue.

Le palais du Comte de Schoenborn, dans la Renngasse.

Le palais du Comte de Fries, sur la place Joseph.

Le palais du Prince d'Auersberg, dans la Schenkenstrasse.

Le palais du Comte Palfy, dans la Schenkenstrasse.

Le palais de l'archévêque de Vienne, près de l'église de St. Etienne.

Le palais du Prince Lubomirsky, sur la Moelkerbastey.

La maison de l'Ordre Teutonique, dans la Singerstrasse.

La maison des dames nobles de la fondation de la Duchesse de Savoye, dans la Johannesgasse, avec une statue de la St. Vierge, du sculpteur Messerschmidt.

L'édifice pour la collection des ouvrages de beaux arts, près de la tour rouge.

L'hôtel des Etats de la basse Autriche, uniquement remarquable pour son antiquité et sa construction gothique.

La caserne sur le Salzgries.

Le Burgerspital (l'hôpital de bourgeois), ainsi nommé parce que ci-devant c'étoit réellement un hôpital, mais depuis 25 ans beaucoup agrandi et arrangé pour logements de louage; il a quatre étages, dix cours, vingt escaliers, et à peu près 200 habitations, qui rapportent annuellement plus de 170,000 florins.

La maison de Trattner, sur le Graben; elle a deux cours, cinq étages, et rapporte près de 60,000 florins par an.

Le Moelkerhof, près de la porte des Ecossois.

La maison dite la grappe, sur le Hof, du côté du Tiefe-Graben, c'est la maison la plus haute de la ville, ayant huit étages.

Outre les édifices sus-mentionnés il y a encore dans la ville une quantité de maisons appartenantes tant à des familles de la noblesse, qu'à de riches particuliers, qui, sans un dehors brillant, sont au dedans meublées avec beaucoup de goût et de richesse.

§. III.

LE PALAIS IMPÉRIAL (BOURG.*)... LE TRÉSOR IMPÉRIAL... LE MANÈGE.

Le palais où demeure la Famille Impériale Royale, et qu'on appéle le Bourg, est situé au sud-ouest, à l'extrémité de la ville, tout près du rempart, et fait un assemblage de plusieurs bâtiments, qui furent construits dans diverses périodes, et qui par conséquent ne font pas un ensemble bien parfait.

En se plaçant sur le Bourgplatz, on a au devant un édifice oblong et très simple; à droite et à gauche, vers l'est et l'ouest, deux autres édifices quarrés, chacun avec une cour quarrée, et qui d'un côté communiquent avec l'édifice oblong susmentionné, et de l'autre avec la chancellerie d'Empire, qui est vis-à-vis du palais, de sorte que ces quatre pièces forment le Bourgplatz, fermé de tous côtés, et qui a 64 toises de long sur 35 de largeur.

Le bâtiment du côté d'orient est la partie la plus antique du palais, et fut construit au com-

---

*) Bourg c'est l'antique dénomination des châteaux qu'habitoient autrefois les Princes et Nobles allemands.

mencement du treizième siècle, par Leopold III,
Duc d'Autriche. En l'an 1275 ce même bâtiment
a été détruit par un incendie. Ottocar II. alors
Roi de Bohême et Duc d'Autriche commença tout
de suite à le reconstruire, mais il perdit la vie
en 1277, et l'édifice par lui commencé, ne fut
achevé, d'après toutes les probabilités, que par
Albert I., fils de l'Empereur Rodolphe, au commencement du quatorzième siècle. Depuis l'année 1536 jusqu'a l'année 1552 l'Empereur Ferdinand I. embellit et agrandit de beaucoup cette
résidence. Dans les derniers tems encore l'Impératrice Marie Thérèse y fit faire, en autant
que le local en étoit susceptible, des embellissemens et améliorations par des communications,
escaliers etc. parmi lesquels l'escalier des ambassadeurs et l'escalier volant sont d'une belle
et bonne construction. La cour de cet édifice
s'appele la cour des suisses, parce qu'autrefois
la garde suisse y étoit postée. Dans le langage
du public tout cet édifice est appelé la cour des
suisses ou le vieux bourg. C'est dans cette partie, au troisième étage, que l'Empereur donne
les audiences.

Le bâtiment oblong au milieu, situé vers le
sud, a été commencé en 1660 par l'Empereur

Leopold I. Dans cette partie se trouvent les grands sallons, comme le sallon des chevaliers, le sallon aux miroirs etc. dont on se sert pour les grands actes de cérémonie à la cour, tels que les investitures des fiefs, les fêtes des ordres de chevalerie, les grandes tables, cercles, gala etc. C'est dans cette partie que logoient Marie Thérèse et Joseph II.

Au rez de chaussée de ce bâtiment se trouve le corps de la grande garde du palais, composée d'une compagnie de grenadiers, qui chaque jour à 11 heures du matin monte la garde, tambour battant et drapeau déployé; devant ce corps de garde sont placés deux canons.

C'est à travers de cet édifice qu'il faut passer à une des portes de la ville, le Bourg-Thor. Cette circonstance donne à la vérité beaucoup de vivacité à la Bourgplace, par l'affluence du peuple entrant et sortant, mais de l'autre coté elle cause une grande incommodité, parce que par la voute étroite, il ne peut passer qu'une seule voiture, et que par conséquent le passage tant pour les voitures que pour les piétons est très souvent obstrué. Pour faciliter ce passage, on a depuis peu ouvert encore deux issues à travers de cette partie du palais, auquel on a tout

F

récemment joint un grand sallon destiné aux actes de cérémonie.

L'édifice du côté de l'ouest a été bâti vers la fin du dixseptième siècle; il est appelé la cour d'Amélie, parce que l'Impératrice Amélie, veuve de l'Empereur Joseph I. l'habita la première. Pour l'ordinaire cette partie n'est habitée par personne, mais elle est destinée à des personnages illustres de la Famille Impériale et de l'étranger, lors d'un passage ou séjour à Vienne.

L'Empereur Charles VI. se proposa de construire un palais tout-à-fait nouveau et magnifique. Fischer d'Erlach en traça les dessins, et on en commença effectivement l'exécution, mais le travail fut bientôt abandonné; le seul manège fut achevé, et par sa construction on voit, que l'ensemble de ce palais seroit devenu un édifice des plus superbes, si le plan de cet architecte auroit pu être exécuté.

Les dehors du palais Impérial sont sans contredit peu magnifiques, et à cet égard les palais de la plupart des Souverains de l'Europe méritent plus d'attention; mais l'ameublement intérieur est assez riche et remarquable: on y voit des tables précieuses de lapis lazuli, de beaux lustres de cristal, des trumeaux et miroirs d'une taille extraordinaire, des tapisseries superbes etc.

Il y a deux chapelles au palais: la grande se trouve au vieux bourg ou la cour dite des suisses; c'est l'église paroissiale de la cour, qui sert pour la célébration publique des actes de religion. Elle fut bâtie par l'Empereur Frédéric IV. en 1448; au maître-autel se trouve une image fort antique de la Sainte Vierge; les tableaux des deux autres autels sont peints, l'un par Füger, représentant St. Jean Baptiste, et l'autre par Maurer, représentant Ste. Catherine. Depuis le Toussaints jusqu'au jour des Pâques il y a tous les dimanches et jours de fête office divin public pour la Cour dans cette chapelle, à laquelle la Famille Impériale va à 11 heures du matin, escortée par les gardes nobles, et accompagnée d'une partie de la noblesse, des ministres du pays et étrangers etc.

La petite chapelle, qu'on appele communèment la chapelle de la chambre, n'est ouverte qu'en des occasions extraordinaires. Le tableau du maître-autel représente la mort de St. Joseph, et est peint par Charles Marati, les tableaux des deux autres autels sont de Strudl, et les autres décorations de Fischer et Maulbertsch.

Le Trésor Impérial-Royal.

Les appartements où se conserve ce trésor, sont dans le vieux bourg à la cour des suisses, au premier étage. Sous l'Empereur Joseph II. il s'y trouvoit la couronne de Hongrie, la couronne de Bohême et le bonnet ducal d'Autriche; mais comme les états des dites provinces souhaitoient ardemment de posséder ces couronnes comme ci-devant, on a replacé celle de Hongrie à Presbourg, celle de Bohême à Prague, et le bonnet ducal à Kloster-Neubourg.

La pièce la plus précieuse du trésor est le grand diamant, appelé le florentin; il appartenoit jadis au Duc de Bourgogne, Charles le hardi, qui le perdit à la bataille de Granson, après laquelle un soldat suisse le trouva au camp, et le vendit pour 5 florins à un bourgeois de Berne; depuis lors allant d'un propriétaire à l'autre, il est enfin venu dans le trésor à Florence, d'où il fut porté à Vienne par l'Empereur des Romains François I. son poids est de 139¼ carats, et il a été estimé à la fin du siècle dernier 1043334 fl.

Il s'y trouve encore un autre diamant d'une grandeur extraordinaire, travaillé en forme de bouton de chapeau, que le même Empereur François acheta à Francfort sur le Mein en 1764,

Ce Souverain a encore enrichi le trésor d'une garniture de boutons pour un habit d'homme, dont chaque bouton est un solitaire; elle a été estimée 258000 fl.

On y voit en outre les riches et nombreux joyaux de famille de la maison d'Autriche, une grande quantité de vases d'or, et des pièces rares de l'art tant antiques que modernes, parmi lesquelles un plat rond, travaillé d'une seule agate, de 2 pieds et 2 pouces en diamètre; puis un autre vase d'agate blanche et brune, et qui tient jusqu'à 3 pots, mesure de Vienne; une pendule très précieuse et artificieusement travaillée, laquelle en 1750 le Landgrave de Hesse d'alors a envoyé à l'Impératrice Marie Thérèse; toutes les fois que l'heure sonne, se présentent les portraits bien ressemblants de l'Empereur, de l'Impératrice et du dit Landgrave, avec beaucoup d'autres. On voit encore un grand nombre d'autres pendules précieuses, de bas-reliefs, petites statues, bustes, vases, camées, tabatières, service de table, de croix des ordres de la toison d'or, de St. Etienne, de Marie Thérèse etc., enrichies de diamants; l'habit de couronnement d'un Empereur Romain, avec la couronne, le sceptre et l'épée, le tout travaillé exactement d'après les pièces originales gardées autrefois à Nuremberg.

Le trésor entier est placé dans une galerie et quatre chambres; on a un catalogue exact de toutes les pièces qui lui appartiennent.

Ceux qui désirent de voir ce trésor, doivent s'adresser au conseiller de Regence et tresorier Mr. Vesque de Püttlingen.

Le manège.

Il est tout près du vieux bourg, du côté de la ville, et sa façade principale donne sur la place St. Michel. C'est l'Empereur Charles VI. qui l'a fait bâtir en 1729, d'après le dessin du célèbre architecte Fischer d'Erlach. L'entrée est de la place Joseph. Ce manège est réputé le plus beau de l'Europe: c'est un grand bâtiment, formant un quarré long, décoré au dehors de colonnes et de statues, et au dedans d'une grande galerie de pierre avec une balustrade, le tout porté par 46 colonnes de pierre taillée. A une des extrêmités se trouve une grande loge pour la famille Impériale, et au dessus d'elle un grand tableau représentant Charles VI. monté sur un cheval blanc. A l'occasion de grandes solémnités de la cour il y avoit déja plusieurs fois grand bal au manège. Tout près se trouve le manège d'été, quarré spacieux, sans toit et planté tout autour d'arbres.

Entre le palais et l'église voisine des Augustins est construit un long corridor, nommé le corridor des Augustins, il s'y trouve le cabinet Impérial-Royal des antiques et médailles, et le cabinet d'histoire naturelle, dont la description ci-après.

Dans une aile du palais se trouvent aussi les salles de redoute, dont il sera également parlé ci-après.

§. IV.

EGLISES ET COUVENTS.

L'église de St. Etienne.

L'église principale à Vienne c'est l'église métropolitaine de St. Etienne, bâtiment extrêmement solide et majestueux, d'une belle architecture gothique, et qui s'élève seul sur tous les autres édifices de la ville.

Le premier Duc d'Autriche Henri, surnommé Jasomirgott, en posa les premiers fondements en 1144, et en 1147 elle étoit déjà achevée, d'où il s'ensuit qu'elle ne pouvoit pas être bien grande. L'évêque de Passau d'alors la consécra, et la déclara paroisse principale, quoiqu'elle étoit située hors de la ville. En 1258 elle fut tout-à-

fait réduite en cendres, mais promptement ré-
construite, et en 1265 encore détruite par un
incendie. Le Roi Ottocar la rebâtit toute entière,
et même plus grande qu'elle n'avoit été aupara-
vant, et en 1267 on la trouva propre, à y tenir
une synode de trois jours, sous la présidence
d'un nonce papal. En 1324 et les années suivantes, elle fut beaucoup agrandie par plusieurs
chapelles qu'on y joignit. En 1359 le Duc Rodolphe, conjointement avec ses frères Albert II. et
Leopold, construisit le choeur ou le sanctuaire,
et commença les deux grandes tours. Rodolphe
mourut peu après, mais ses deux frères conti-
nuerent l'ouvrage, ce que fit également le Roi
d'Hongrie Mathias, l'Empereur Frédéric IV., et
les Souverains d'Autriche, ses successeurs, de
sorte, qu'enfin l'église est devenue telle que nous
la voyons aujourd'hui. En l'an 1365 de simple
paroisse, ce qu'elle étoit jusqu'alors, elle fut
déclarée église collégiale. En 1468 elle fut élevée
au rang d'église cathédrale; enfin en 1723, par
l'entremise de l'Empereur Charles VI., l'évêque
de Vienne fut déclaré archévêque. Il a les évêques de Lins et de St. Hypolite pour suffragants,
et un chapître de 12 chanoines, dont 4 sont de
la nomination du Souverain, 4 de la nomination

de l'université de Vienne, et 4 de celle du chef
de la famille des Princes de Lichtenstein, parcequ'ils ont été fondés par la Princesse Emanuele
de Lichtenstein. Les chanoines composent le consistoire de l'archévêque, mais sans avoir le droit
le l'élection; l'archévêque est toujours nommé
par le Souverain du pays.

L'église est construite toute entière de pierres
de taille, et décorée au-dehors de diverses statues, figures, balustrades etc. dans le style gothique. Le toit a 18 toises de haut, et est couvert d'une espèce particulière de tuiles vernis-
sées de couleur rouge, verte et blanche, qu'aucune pluie ne décompose, et qui sont fort re-
splendissantes au soleil.

L'église a 342 pieds de longueur, 222 en largeur et 79 de haut; sa voute est soutenue par
18 piliers isolés, et par autant qui s'appuyent
aux murailles; son intérieur est d'un sombre sub-
lime, et parfaitement propre à faire naître un
sérieux religieux et le recueillement de dévotion.

On y voit 38 autels, tous de marbre, et la
plupart d'entre eux avec de bons tableaux; celui
du maître-autel est peint par Bock sur une lame
d'étain; les tableaux des deux grands autels de côté
sont de Sandrart. A l'occasion de grandes solem-

nités cette église est décorée de grandes tapisseries très précieuses par leur ouvrage.

Parmi ses objets remarquables on compte plusieurs tombeaux : celui de l'Empereur Frédéric IV. mort en 1493, qui se trouve au côté droit du sanctuaire, sous l'autel de la St. Croix, est de marbre blanc et rouge, long de 12 pieds, large de 6½, haut de 5, orné de plus de 300 figures et 38 armoiries, le tout travaillé avec beaucoup de soin, mais nullement égal aux monuments modernes, de cette espèce. Sur le tombeau on voit la statue de Frédéric en grandeur naturelle et en habit impérial. On prétend, que ce monument a couté 40000 ducats.

Le tombeau du célèbre héros, Prince Eugène de Savoye, se trouve dans la partie derrière de l'église, dans la chapelle de la St. Croix. A l'entrée de la dite chapelle on voit le tombeau de Jean Spiefshammer, ci-devant bourguemestre de Vienne, célèbre historien, philosophe, médecin, orateur et poëte de son tems, et qui a lui-même fait son épitaphe.

Les tombeaux des deux archévêques de Vienne et cardinaux, Kolonitz (mort en 1751) et Trauthson (mort en 1757) se trouvent aussi dans cette église, et méritent l'attention du voyageur.

Tout près de la chaire et de l'autel de St. Pierre et Paul on voit l'image de l'architecte de l'église en sculpture; on prétend qu'il se nommoit Antoine Pilgram.

D'après un ancien usage, les entrailles de toutes les personnes de la famille régnante sont déposées dans un caveau de cette église.

Elle possède un trésor religieux très riche en chasses de réliques, en vases sacrés d'or et d'argent, garnis de pierreries, et en toutes sortes d'habits et parements ecclésiastiques. Elle a une orgue extrêmement grande, qui depuis long tems étoit gatée, mais qui en 1791 fut réparée avec une dépense de 9000 florins, et depuis ce tems on la fait jouer à l'ossasion de grandes fêtes ecclésiastiques.

Sur les murailles extérieures de cette église on voit une quantité d'anciens bas-reliefs, images, statues et pierres sépulcrales; à l'extrêmité du coté gauche se trouve une chaire fabriquée en pierre, sur laquelle le bien heureux Jean Capistran prêchoit en 1451 en place publique, parceque l'église ne pouvoit contenir la foule de ses auditeurs.

La célébre tour de St. Etienne est située au coté d'est de l'église: elle a été commencée en

1360 et achevée en 1435 ; elle est construite toute entière de pierres de taille, a la forme pyramidale et 434¼ pieds de haut ; les dehors son chargés de toutes sortes d'ornements gothiques ; la partie supérieure est d'un ouvrage percé, et partout garnie de feuilles et fleurs travaillées en pierre. Jusqu'à la première cîme on monte sur 700 marches tant de pierre que de bois, mais à la cîme suprème il faut grimper sur des echelles.

Le cadran de la tour a 2 toises 5 pouces de haut, et 1 toise 5 pieds 3 pouces de largeur ; les chiffres ont 2 pieds de long, et l'aiguille 1 toise 4 pouces. L'horloge ne sonne que les heures ; les quarts d'heures sont sonnés par les gardes de la tour, qui de là annoncent les incendies, en frappant une cloche, et en plaçant en tems de jour un drapeau rouge, et en tems de nuit une lanterne vers le coté de la ville, où le feu a pris.

Dans cette tour est placée, parmi maintes autres, la grande cloche, que l'Empereur Joseph I. en 1711 fit fondre des canons tures, pris à la delivrance de Vienne en 1683, et c'est pour cela, qu'elle s'appele la Josephine ; elle pèse 354 quintaux, et le battant 1300 livres ; on ne la sonne qu'a l'occasion de grandes fêtes ecclésiastiques.

La partie superieure de la tour de St. Etienne
penche visiblement vers le nord; la declinaison
de sa cîme de la ligne verticale de la base, est
de 3 pieds 14 pouce, mais la cause de cet accident n'est pas connue. Pour y monter, il faut
chercher la permission de l'intendant de l'église,
et elle se donne sans difficulté.

. Par le bombardement de la ville, le 11 Mai
1809, cette tour a tellement souffert, qu'a fallu
faire de grandes réparations.

D'après l'usage presque général aux églises gothiques, celle de St. Etienne alloit avoir deux
tours, l'une vis-à-vis de l'autre; on commença
en effet une seconde tour, et l'avança jusqu'à la
hauteur de 25 toises, alors on cessa le travail;
ce fragment de la seconde tour reste ainsi sans
être achevé, on l'a cependant couvert d'une coupole de cuivre.

L'Eglise de St. Pierre.

Elle se trouve sur la place de St. Pierre (qui
a pris d'elle sa dénomination), derrière le Graben, vers lequel donne sa façade, que l'on voit
à travers de la petite rue dite des Vierges (Jungfergasse). On prétend, que déjà en 792 Charles-
Magne avoit bâti une église sur cette même place.

Ce qu'il y a de sûr c'est, que cinq cent ans après l'époque susdite, il y avoit là une petite église paroissiale.

L'Empereur Leopold I. posa, en 1702 les fondements de l'église de St. Pierre qui existe actuellement; elle est construite dans le beau style Italien, d'après le modèle de l'église de St. Pierre à Rome, et comme pièce d'architecture elle mérite la seconde place parmi les églises de Vienne. Sa forme est un oval, la coupole couverte de cuivre, et surmontée d'une lanterne; le dedans de cette coupole est peint par Rothmayer, les murs sont marbrés; les tableaux des neuf autels sont peints par Rothmayer, Altomonte l'aîné, Réen, Galli et Scomians, la voûte du chœur par Bibiena. Depuis 1756 cette église a un beau portail de marbre gris, avec quelques statues travaillées en plomb. Non loin de l'entrée du côté gauche se trouve le tombeau du célèbre historien Wolfgang Lazius. Depuis l'an 1783 cette église est une des paroisses de la ville; elle est desservie par un doyen et quelques prêtres collégiaux, qu'un conseiller I. R. de Schwandner y établit, ainsi que le portail sus-mentionné, et qui est enterré dans cette église.

L'église et l'abbaye des Ecossois.

Le Duc d'Autriche Henri I. reçut les bénédictins écossois en 1158, et leur donna un couvent avec une église qu'il venoit de bâtir; ils y resterent jusqu'en 1418, quand ils furent remplacés par des bénédictins allemands; malgré cela le nom d'Ecossois est resté au couvent.

Cette église et ce couvent, qui dans leurs premiers tems étoient hors de la ville, ont été plusieurs fois détruits par des incendies, ce qui arriva pour la dernière fois en 1683, pendant le siège des turcs. L'année suivante l'église, qui déja en 1187 à été declarée paroisse, fut rétablie telle, qu'on la voit aujourd'hui; elle est d'une grandeur médiocre, a un air bien solemnel et sept autels, dont les tableaux sont peints par Sandrart, Altomonte, Bock et Bachmann. Le prélat de ce couvent est membre des états de la basse-Autriche.

L'église de St. Michel, avec le collège des Barnabites.

Elle se trouve sur la place de St. Michel, qui a pris son nom d'elle, à l'extrêmité du Kohlmarkt. On ignore l'époque de sa première fondation, mais on sait, que déja en 1276 elle étoit église

paroissiale; dans la même année elle fut détruite
par le feu, bientôt reconstruite, mais seulement
en 1416 mise en son état actuel par l'Empereur
Albert V. En 1626 l'Empereur Ferdinand II. la
donna avec le collège attenant aux prêtres réguliers, dits Barnabites.

L'église est spacieuse, bien éclairée et belle;
elle a deux rangs de colonnes et 15 autels; le tableau du maître-autel, peint par Unterberger,
se trouve à présent à côté, parce que cet autel
avant quelques années fut travaillé en stuc; il
représente la chûte du satan terrassé, par l'archange Michel. La plupart des tableaux des autels sont peints par Tobie Bock et Charles Carloni. Dans le choeur on voit quelques tombeaux
de la famille de Trauthson. L'église a un portail
soutenu par quelques colonnes, au dessus duquel on voit également l'archange vainqueur du
diable, groupe bien travaillé par Mathieli.

**L'église et le couvent des Augustins. — Mo-
nument de l'Archiduchesse Christine.**

C'est Frédéric le bel, qui a bâti l'une et l'autre
vers l'an 1330. En 1630 Ferdinand II. les donna
aux augustins déchaussés, et déclara l'église pour
celle de la Cour; depuis cette époque presque

toutes les fonctions ecclésiastiques relatives aux personnes de la famille régnante y étoient célébrées, ce qui pour le présent se fait ordinairement dans la chapelle de la Cour. L'église est une des paroisses de la ville, et n'a acquis sa présente belle et magnifique forme qu'en 1786 par l'Empereur Joseph II. Avant ce tems elle étoit très obscure, et beaucoup embarrassée par une chapelle de Loretto très mal placée et entourée d'une quantité de queues de cheval turques, de tambours, de sabres, hallebardes, drapeaux militaires de différentes nations etc. L'église a 270 pieds de long, sa voûte est soutenue par huit grandes colonnes: elle a 4 autels de marbre et de beaux tableaux; le maître-autel est peint in fresco par Maulbertsch. Dans une chapelle laterale on conserve le coeur des personnes défuntes de la famille Impériale.

Dans la chapelle des morts on voit les tombeaux de quelques hommes célèbres: les plus remarquables d'entre eux sont celui de l'Empereur Leopold II. fait par Zauner, et celui du Maréchal Comte Leopold de Daun, que lui fit ériger l'Impératrice Marie Thérèse. La même Souveraine éleva dans cette chapelle un précieux monument de marbre à son médecin, le célèbre Baron

G

Gerard van Swieten, qui a si bien mérité de l'amélioration des écoles et de la culture des sciences en Autriche; on a été obligé d'ôter ce tombeau de la chapelle, pour gagner de la place pour celui de l'Empereur Leopold; depuis ce tems on le montre dans un corridor du couvent.

C'est dans cette église que se célèbre toujours le 18 Juin l'anniversaire de la victoire remportée en 1757 près de Collin ou Planian en Bohême sur le Roi de Prusse, auquel assiste une partie de la garnison de Vienne. Le 3 Novembre de chaque année on chante dans cette même église un grand Requiem pour tous les soldats autrichiens morts, auquel assiste également la garnison, et la même chose se fait encore à la mort de chaque chevalier de l'ordre militaire de Marie Thérèse.

En 1805 cette église fut ornée d'un monument, qui mérite une des premières places de toute l'Europe. C'est le tombeau, que le Duc Albert de Saxe - Teschen fit ériger à feu son épouse, l'Archiduchesse Christine d'Autriche, fait par le célèbre Canova, qui tient le premier rang parmi les sculpteurs de notre tems, et dont les ouvrages égalent ceux des anciens. — Ce monument présente une pyramide, bâtie de marbre de Car-

rare, haute de 28 pieds, et assise sur un fonde-
ment de 2 pieds 9 pouces; deux gradins du même
marbre mènent à l'entrée de la pyramide, qui
par une porte étroite conduit à un caveau, au
dessus de laquelle est écrit en lettres d'or:
Uxori optimae Albertus. Plus haut on voit en
bas-relief la figure de la beatitude, portant dans
ses bras le portrait de l'Archiduchesse, en forme de médaillon, entouré d'un serpent (symbole
de l'éternité) et autour duquel on lit les mots:
Maria Christina Austriaca. De l'autre coté du
médaillon voltige dans les airs un genie, présentant à l'Archiduchesse une palme, récompense
de ses vertus. — Les gardins à l'entrée de la pyramide sont couverts d'un tapis; vers cette entrée
on voit marcher la vertu, vêtue d'une longue
robe, les cheveux flottants, et une couronne
d'olivier sur la tête; elle porte une urne renfermant les cendres de la defunte; avec l'air de
douleur penche-t-elle le front vers l'urne, à laquelle pend une guirlande de fleurs, dont les
deux bouts tombent sur les bras de deux jeunes
filles, qui, avec des torches en main, accom-
pagnent la vertu vers l'entrée du caveau. — A la
droite de ce groupe suit la bienfaisance, les
régrets dans sa mine et son attitude; elle con-

duit par son bras droit un pauvre vieillard aveugle, qui du coté gauche est soutenu par une jeune enfant. — A la gauche, près de l'entrée de la pyramide, est couché un lion, penchant sa tête douloureusement sur ses pattes; au dessous du lion, sur le premier gardin est assis un génie ailé, presque tout-à-fait nu, posant son bras droit sur la crinière du lion, inclinant sa tête sur le même bras, et étendant le bras gauche vers les armes de Saxe qui, comme les armes d'Autriche, visibles derrière le lion, servent à mieux faire connoître et la defunte et le fondateur du monument.

Tous ces groupes, les figures, l'expression dans leurs physionomies, leurs attitudes, leur drapperie etc. etc. tout est marqué au coin du génie; en un mot, ce monument est peut-être le premier ouvrage de Canova; aucun homme de goût n'entrera Vienne sans se hâter de le voir, et de donner les justes éloges tant au fondateur qu'à l'artiste qui en ont embelli cette ville. — Les fraix ont monté à 20,000 ducats.

Un corridor couvert, dit le corridor des augustins, conduit du palais Impérial à cette église.

L'église et le couvent des Capucins, avec le caveau I. R.

Ces deux édifices se trouvent sur le Neumarkt; l'Empereur Mathias et son épouse Anne en étoient les fondateurs, mais le tout ne fut achevé que par l'Empereur Ferdinand II. en 1622. L'église et le couvent sont d'une extrême simplicité. Les tableaux des autels sont du capucin Norbert. La chapelle fondée par l'Impératrice Anne, possède un riche trésor religieux.

Dans ce couvent est le caveau I. R. et un capucin, expressément nommé pour celà, le montre sans difficulté à tout étranger. Ce caveau consiste en un vaste souterrain, dans lequel se trouvent les cercueils, chacun entouré d'une grille de fer, et le tout éclairé d'une seule lampe. Les tombeaux les plus anciens sont ceux de l'Empereur Mathias et de son épouse; depuis cette époque toutes les personnes de la maison d'Autriche ont été enterrées ici, de sorte, que leur nombre monte à l'heure qu'il est, à 73. Les tombeaux les plus remarquables sont ceux de l'Empereur Leopold I.; de son épouse Eleonore; de l'Empereur Joseph I.; de Charles VI.; de l'Impératrice Reine Marie Thérèse, d'avec celui de son époux François I., lesquels cette Souveraine fit construire encore de son vivant; enfin celui de l'Empereur Joseph II.

L'église sur le Hof.

Elle est paroisse, assez grande et d'un beau style. Le tableau du maître-autel est peint par le Jésuite Pozzo, et la plupart des autres par Sandrart et Carappi. Le beau fronton de cette église fut construit par l'Impératrice Eléonore, en 1662; l'entrée est surmontée d'un grand balcon, et c'est de ce balcon, qu'en 1782 le Pape Pie VI. donna sa bénédiction apostolique au peuple assemblé.

L'église et le couvent des Dominicains.

Ces édifices sont situés à l'extrémité de la ville, du coté de nord-ouest, tout près du rempart, sur la petite place dite des dominicains. Le couvent fut bâti au douzième siècle, à l'usage des Templiers; après l'extinction de cet ordre, il fut donné aux dominicains. Pendant le premier siège de Vienne par les turcs, en 1529, il fut presque tout-à-fait détruit; les Empereurs Ferdinand I. et Ferdinand II. le réconstruirent et le mirent dans son état actuel.

L'église fut bâtie en 1631 par Ferdinand II.;

elle est aujourd'hui paroisse. L'entrée est ornée de quelques statues; dans l'église on voit plusieurs bons tableaux de Pozzo, Bachmann, Bock, Rothiers, et Spielberger. Les médaillons sont de Denzala, un des premiers qui a travaillé ici dans ce genre. Tout près de l'autel de St. Dominique se trouve le tombeau de la seconde femme de l'Empereur Leopold I., Claude Félicité, morte en 1676.

L'église de l'Université.

Elle est située à l'extrêmité de la Baeckerstraße inférieure, sur la place dite de l'Université, et appartenoit autrefois avec l'édifice voisin aux Jesuites. L'Empereur Joseph II. la donna aux élèves du séminaire général de prêtres séculiers, fondé par lui. Son successeur supprima ce séminaire, et depuis ce tems là cette église sert principalement aux fonctions ecclésiastiques, auxquelles doivent assister les étudiants de l'Université. Elle a un beau fronton, au milieu de deux tours, et est formée d'une seule grande voûte, qui repose sur 16 colonnes de marbre. Outre le maître-autel elle a encore 6 autres, chacun en forme d'une chapelle séparée. Les tableaux de tous ces autels sont peints par le Jésuite

Pozzo, et la coupole surtout avec beau-coup d'art par le même.

L'église et le couvent des Franciscains ou Cordeliers.

Ils se trouvent sur la place dite des Franciscains, qui depuis peu d'années est décorée d'une fontaine publique, surmontée de la statue de Moyse, travaillé en plomb, par Fischer. L'Empereur Joseph II. déclara cette église paroisse, mais depuis elle a été réunie à celle de St. Etienne, et l'église est uniquement à l'usage des moines. Le tableau du maître-autel est de Pozzo, les autres de Charles Carloni, Schmid l'aîné, Rothmayer et Wagenschoen.

L'église des Italiens.

Elle est située sur la place des minorites, qui tient son nom du ci-devant couvent des minorites, dans lequel est actuellement établi la régence de la basse Autriche, et auquel cette église appartenoit. Lorsque l'Empereur Joseph II. en 1786 transfera les minorites dans le faubourg, il donna cette église à la communauté des italiens établie à Vienne; cette communauté fit arranger à ses dépens l'intérieur de l'église dans le goût moderne, et peindre par Unterberger un nouveau tableau pour le maître-autel.

L'église de St. Anne.

Dans l'Anna-Gasse; elle est principalement consacrée à l'usage des écoles y voisines; ses décorations intérieures sont belles et riches en marbre et dorure; on y voit des tableaux de Gran et Schmid l'aîné. Dans une chapelle laterale se trouve le tombeau de St. François-Xavier, travaillé exactement d'après son vrai tombeau à Goa.

Les églises moins considérables de la ville sont:

L'église attenante à la fondation pour des dames nobles, dans la Johannes-Gasse.

L'église de St. Rupert, sur le Haarmarkt, uniquement remarquable comme la plus ancienne église chrétienne de Vienne, ayant été établie en 740 pour l'objet de la conversion des Avares encore payens; cependant l'église d'aujourd'hui n'est plus celle de la susdite époque, mais renouvellée en 1436.

L'église de l'ordre Teutonique, dans la Singerstrafse; on voit au maître-autel un tableau de Tobie Bock, et des tombeaux de quelques grands-commandeurs.

L'église de l'ordre de Malte, dans la Koerner

strafse, avec un tableau de Bock l'aîné, et quelques autres d'Altomonte.

L'église de Maria-Stiegen, dans la Passauer-Gasse; elle fut la seconde église chrétienne établie à Vienne, ayant été bâtie en 882.

L'église de St. Sauveur, dans la Salvator-Gasse.

L'église du couvent des Ursulines, à l'extrémité de la Johannes-Gasse.

L'église des grecs unis, sur la place des dominicains; elle a été construite en 1775 par l'Impératrice Marie Thérèse.

Les deux églises des grecs non-unis pour les sujets autrichiens du rite grec, sur le vieux Fleischmarkt, avec un colcher etc., l'autre pour les grecs schismatiques des pays étrangers, dans la Grofse-Schullerstrafse; les dimanches et fêtes on y célèbre l'office divin selon le rite de cette confession.

L'église de la communauté protestante-luthérienne, avec le tableau de Linder; et tout près l'église de la communauté réformée. Toutes les deux sont établies depuis 1783, mais elles n'ont ni clocher, ni entrée publique de la rue. Elles sont dans la Dorotheer-Gasse.

La Synagogue et l'école des Juifs au Kienmarkt, dite Dampfingerhof Nro. 528.

§. V.

LES FAUBOURGS.

Quelquesuns des faubourgs d'aujourd'hui étoient jadis des villages ou possessions seigneuriales, et il y avoit entre elles et les faubourgs proprement dits une difference quant à la jurisdiction de leurs possesseurs.

Aujourd'hui on appele faubourg tout ce qui se trouve en dedans de la Ligne, et cela avec d'autant plus de raison, qu'en 1784 l'Empereur Joseph abolit toutes les jurisdictions de particuliers, et assujettit tous ces endroits à la jurisdiction commune du magistrat de la ville.

La Ligne qui environne tous les faubourgs, a dix portes ou barrières, qui sont gardées par la police, et fermées à 10 heures du soir, mais qu'on ouvre à toute heure de la nuit à chaque voiture, et même aux simples piétons qui veulent entrer. Toute voiture qui passe, est examinée, si elle ne mène rien qui soit sujet aux droits de douane; en cas de soupçon on fait visiter la voiture, ou on la fait conduire par un homme de police à la grande douane.

Ces barriéres sont, sur la rive droite du Danube, en passant d'est à l'ouest: 1. la barrière

108

de St. Marc ; 2. la barrière de la Favorite; 3. la barrière de Mazleinsdorf; 4. la barrière de Schoenbrunn; 5. la barrière de Maria-Hülf; 6. la barrière du Lerchenfeld; 7. la barrière de Herrnals ; 8. la barrière de Waebring ; 9. la barrière de Nufsdorf; et enfin 10. la barrière du Tabor, située à la rive gauche du Danube.

Les faubourgs, qui environnent la ville en forme de cercle, sont au nombre de 33; les voici, en partant de la rive gauche du Danube et faisant le tour jusqu'a la rive droite: 1. Jaegerzeile; 2. Leopoldstadt; 3. Rofsau; 4. Althanischer-Grund; 5. Lichtenthal; 6. Thuri; 7. Himmelpfort-Grund; 8. Michelbayrischer-Grund; 9. Alsergasse; 10. Breitenfeld; 11. Josephstadt; 12. Strozischer-Grund ; 13. Altlerchenfeld; 14. St. Ulric; 15. Spitalberg; 16. Ober-Neustift; 17. Neubau; 18. Laimgrube; 19. Windmuhle; 20. Maria-Hülf; 21. Magdalenen-Grund; 22. Gümpendorf; 23. Wieden; 24. Margarethen ; 25. Reinprechtsdorf; 26. Hundsthurm; 27. Nieolsdorf; 28. Hungelbrun; 29. Lorenzer-Grund; 30. Mazleinsdorf; 31. Landstrafse; 32. Erdberg; 33. Weissgaerber. — En 1766 on y comptoit 3190 maisons et autres édifices; en 1815 le nombre des maisons alloit à 5832. — Les faubourgs sont divisés en 23 paroisses, et ont en tout 30 églises, 6 couvens de religieux et 2 de religieuses. On y trouve plusieurs palais magnifiques, une quantité de belles maisons, et un nombre de grands et agréables jardins. Depuis 1791 on y a établi huit directeurs de police, pour veiller à la tranquillité, à l'ordre, et à la sûreté publique.

Les faubourgs les plus beaux et les plus sains sont: Landstrafse, Wieden, Maria-Hülf, Josephstadt, Alsergasse, Waehringergasse et Leopoldstadt.

§. VI.
EGLISES ET COUVENTS DES FAUBOURGS.

L'église de St. Charles, sur le chemin au Rennweg. C'est l'église la plus magnifique, la plus belle et la plus régulière de Vienne; elle est placée sur une petite éminence, la façade tournée vers la ville.

Pour faire cesser la peste, qui commençoit à faire des ravages à Vienne en 1713, l'Empereur Charles VI. d'après les idées de ce tems là, fit le voeu de bâtir une église, et de là l'origine de l'église de St. Charles. Le 4 Février de l'an 1716 on en posa les fondemens, et à la fin d'Octobre de l'an 1737 l'édifice fut achevé. Cette église est construite dans le style de la grande architecture: sur onze marches taillées en pierre, on monte au superbe portail, soutenu par six colonnes de l'ordre corinthien ; la cime de ce portail forme un triangle, ou l'on voit en bas-reliefs, taillés en marbre blanc, les ravages de la peste, et sous ces groupes on lit, en lettres dorées :

VOTA MEA REDDAM IN CONSPECTU TIMENTIUM DEUM.

Aux deux cotés du portail se trouvent deux colonnes de l'ordre dorique, de 45 pieds de haut et de 13 pieds de diamêtre ; elles sont creusées en dedans, et pourvues d'escaliers, qui mènent jusqu'aux chapitaux ; au dehors on voit tout le long de ces colonnes en bas-reliefs, taillés en marbre blanc, l'histoire de la vie et la mort de St. Charles. Les chapitaux des deux colonnes sont surmontés d'une petite tourelle, à laquelle est placée une cloche, et sur les quatre cotés on voit quatre aigles de bronze doré, dont les ailes étendues forment une balustrade. Plus en arrière sur les deux cotés de l'église sont élevés deux édifices en forme d'arc triomphal. L'église même est surmontée d'une grande coupole octogone, couverte de cuivre, et décorée au centre d'une lanterne. Le fronton est orné de plusieurs statues. Les tableaux dans l'église sont peints par Schuppen, Gran, Rothmayer, Ricci et Pellegrini. Les chanoines de la croix avec l'étoile rouge ont leur résidence auprès de l'église, et en font les fonctions paroissiales. Dans cette église on voit le monument du poete Collin, qui lui fut érigé par ses amis.

L'église des religieuses de la visitation, dites les Salésiennes, est située sur le Rennweg et bâtie d'après le modèle de celle de St. Pierre; la coupole est peinte par Pellegrini, le tableau du maître-autel par un peintre flamand, les tableaux des autres autels par Altomonte et Pellegrini.

L'église paroissiale de St. Leopold, dans le faubourg Leopoldstadt, avec un tableau d'Altomonte.

L'église de St. Jean, dans la Leopoldstadt.

L'église et le couvent des Carmes dans le même faubourg.

L'église et le couvent des Frères de Miséricorde, également dans la Leopoldstadt.

L'église des ci-devant Augustins sur la Landstraße.

L'église de la ci-devant maison des orphelins à St. Marc, sur la Landstraße.

L'église paroissiale des ci-devant Minimes sur la Wieden.

L'église paroissiale à Maria-Hülf.

L'église et le collège des Piaristes dans la Josephstadt.

L'église paroissiale au Lerchenfeld.

L'église et le couvent des Servites dans la Rofsau.

L'église paroissiale et le couvent des Minorites dans l'Alsergasse.

L'église et le séminaire des Armeniens sur le Platzl.

L'église et le couvent des religieuses Elisabethines sur la Landstrafse.

§. VII.

EDIFICES REMARQUABLES DES FAUBOURGS.

Les écuries de la Cour, vis-à-vis du Bourgthor; sur le glacis. Cet édifice superbe et construit dans le beau style, a été élevé par Charles VI. en 1725; il a 600 pieds de long, deux étages, sans compter le rez de chaussée, et peut loger 400 chevaux. Au dessus des étables sont les logements des écuyers et intendants. Il s'y trouve des bassins spacieux, et dans la chambre dite aux selles, on voit des précieux harnois de tout genre appartenants à la Cour.

Le Belvedère, sur le Rennweg. Il fut bâti par le Prince Eugène de Savoye, qui dans ses derniers tems y passoit la belle saison. Dans la suite la Cour Impériale l'acheta, et enfin en 1776 on y plaça la grande collection de tableaux. Le tout consiste en deux bâtiments, savoir le Belvedère supérieur et le Belvedère inférieur; le palais supérieur est situé vers le sud-est, à l'extrêmité du faubourg, sur une éminence assez considerable, tout près de la ligne. C'est ici que se trouve l'entrée principale, et il faut passer par elle, pour avoir le vrai coup d'oeil de l'ensemble. On entre dans une cour très spacieuse, entourée de deux cotés d'édifices et de belles allées, et au milieu de laquelle se trouve un bassin. Le palais proprement dit, fait un quarré long, tout isolé: son fronton est magnifique; on monte par un double escalier, passe une colonnade, et entre dans le grand sallon de marbre; c'est la pièce centrale, qui communique avec les deux ailes de l'édifice, dont chacune contient sept appartements et deux petits cabinets ronds sur l'extrêmité. Le premier étage contient quatre chambres de chaque coté. De ces appartements et de la terrasse devant le palais vers la ville, on jouit de la vue la plus complette sur la ville de Vienne.

H

Au coté droît du palais se trouve la ci-devant ménagerie, qui sert aujourd'hui de promenade.

Derrière le palais, vers la ville, est le spacieux jardin; il forme d'abord une douce pente d'environ 300 pas, et un simple parterre sans arbres, pour ne pas ôter la vue au palais. Au pied de la pente on trouve des allées, des berceaux et quelques bassins, et derrière eux le palais inférieur, qui est à la vérité moins magnifique que le superieur, mais qui a de même au centre un sallon de marbre, des deux cotés de jolis appartements, et derrière lui une cour assez étendue entourée d'édifices, à laquelle on entre de la rue voisine, dite le Rennweg. On prefère pour la plupart cette entrée, parce qu'elle est la plus proche de la ville. — De la collection des tableaux il sera parlé ci-après.

L'Academie médico-chirurgique Joséphine, dans la Waehringergasse, mérite aussi d'être vue comme pièce d'architecture.

L'Institut polytechnique, bâtiment magnifique, élevé en 1815, à l'entrée du faubourg Wieden.

Le Palais d'été du Prince de Schwarzenberg, avec le jardin, au Rennweg, près du Belvedère: un grand et magnifique bâtiment, la façade tournée vers la ville. Le jardin est ouvert au beau monde, il donne plus d'ombre, et a plus de variété que celui du Belvedère.

Le palais d'été du Prince d'Esterhazy (ci-devant Kaunitz) avec deux jardins, à Maria-Hülf; il a une situation avantageuse, une belle vue et un air pur; les jardins sont petits et simples; au corps de logis se trouve la collection des tableaux.

Le palais d'été du Prince de Lichtenstein, avec le jardin, à la Roſsau; ce palais est magnifique, on y voit des peintures de Rothmayer et de Pozzo; le jardin est ouvert au public.

Le palais du Prince d'Auersperg, sur le glacis, à l'entrée de la Josephstadt; il est meublé avec goût et magnificence, a un joli jardin d'hiver, un temple de Flore et un beau théatre.

Le palais de la garde noble hongroise, sur le glacis; c'est un superbe bâtiment, qui appartenoit ci-devant à la famille de Trauthson.

Le grand hôtel des invalides, sur le glacis, à l'entrée du faubourg Landstraſse, mis dans son état actuel par l'Empereur Joseph II. il a une belle chapelle, et une grande cour plantée d'arbres; on y voit le beau tableau de Krafft, représentant la bataille de Leipsic.

Le collège de Savoye, à la Laimgrube, ci-devant maison d'éducation établie pour la noblesse; sous l'Empereur Joseph II. on y a établi l'académie des ingénieurs et le corps de bombardiers.

Le collège Thérèsien, au faubourg Wieden, ci-devant appelé la favorita, et le séjour d'été de l'Empereur Charles VI.

Le palais du Prince de Rasumoffsky, au faubourg Erdberg, avec le jardin; l'un et l'autre sont des établissements nouveaux, très beaux, vastes et magnifiques.

L'édifice, ci-devant maison des orphelins du P. Parhamer, à St. Marc, sert à présent pour caserne au corps de l'artillerie.

La caserne des grénadiers sur le marché aux grains; la grande caserne pour l'infanterie, dans l'Alsergasse; les casernes pour la cavalerie, dans la Leopoldstadt et la Josephstadt.

Les palais d'été et jardins de l'archiduchesse Béatrice, des familles d'Althan, Harrach, Metternich, Choteck, Lobkowitz, Schoenborn, Czernin, etc. etc.

§. VIII.

LES GRANDES CHARGES DE LA COUR.

La première charge à la cour c'est celle du grand-maître de la Cour; il est le chef de toutes les personnes qui composent la maison du Souverain; par cette raison le grand-maître de cuisine et le grand-maître de vaisselle sont également sous ses ordres. C'est le Prince Ferdinand de Trautmannsdorf, qui est revêtu de cette charge.

Le grand chambellan, le Comte Rodolphe de Wrbna. C'est à lui que se doivent adresser les étrangers de distinction, soit par eux-mêmes, soit par le ministre de leur cour, qui veulent être présentés à la famille Impériale Royale. De même se doivent adresser au bureau du grand chambellan tous ceux qui desirent d'être admis à une audience de S. M. I. R.

Le grand maréchal de la Cour le Comte de Wilczeck. Il exerce la jurisdiction dans les affaires publiques et juridiques du corps diplomatique et des personnes y attachées, comme aussi l'intendance en affaires de police sur les individus attenants et logés à la Cour.

Le grand écuyer, le Comte de Trautmannsdorf; c'est le chef de tout ce qui appartient aux écuries de la Cour.

Le grand veneur, le Comte de Hardegg, est le chef te tout ce qui a trait aux chasses de la Cour et aux forets domaniales.

Outre ces charges de la Cour, qui sont en fonction réelle, il existe encore d'autres charges de la Cour d'ancienne étiquette, comme le grand fauconier, le grand monnoyeur, le grand échanson etc. ce qui cependant n'est plus qu'un titre d'honneur, et dont les possesseurs n'ont qu'à assister à l'hommage public d'un nouveau Souverain.

Les gardes du Corps.

La garde noble allemande ou garde des arciers; elle a le premier rang, étant la plus ancienne. Son uniforme est rouge, avec collet et parements de velours noir, et richement galonné d'or; elle est entièrement composée d'officiers, qui ont servi dans les armées, et forte de 60 hommes. A des occasions solemnelles elle sert à cheval.

Le garde noble hongroise. Elle a eté formée en 1764, et est composée de jeunes nobles de Hongrie, Transylvanie et Croatie, qui ont le rang de lieutenants, et qui après quelques années de service sont placés tant aux armées qu'à des emplois civils dans leur patrie. L'uniforme est dans le costume hongrois, de coleur rouge, galonné d'argent, et aux jours de gala orné d'une peau de tigre. Elle sert à cheval, est forte de 60 hommes, et monte journellement, conjointement avec la garde allemande, la garde dans l'antichambre de l'Empereur. Elle est payée par les états de Hongrie, et son capitaine fut reçu en 1765 parmi les Magnats, ou grands Barons du Royaume de Hongrie.

La garde noble galicienne fut formée par l'Empereur Joseph II. après l'acquisition de la Galicie; à son établissement elle étoit en costume polonois, servoit à cheval, et faisoit un corps à part. L'Empereur Leopold II. y fit des changemens: la garde galicienne fut jointe à la garde allemande, eut le même uniforme, mais un chef particulier, et porte aujourd'hui le nom de garde des arciers de la division galicienne. Elle est composée de 30 jeunes gentilshommes de Galicie, qui ont leurs maîtres des langues, des sciences civiles et militaires et des exercices du corps; après quelques années de service ils sont placés ou aux armées en qualité d'officiers, ou à des emplois civils dans leur patrie.

La garde des Trabans a remplacé la ci-devant garde suisse; elle est composée de bas-officiers qui ont servi aux armées; elle occupe les postes exterieurs du palais. Son uniforme est rouge galonnè d'or, veste et culottes blanches; elle est forte de 50 hommes.

La garde du palais fut érigée en 1802, et est composée de bas-officiers et soldats, qui dans les guerres ont merité la médaille militaire; elle est forte de 160 hommes et destinée à veiller sur l'ordre et la tranquillité dans les corridors du palais, comme aussi dans les jardins de l'Augarten, de Schoenbrunn et de Laxembourg.

Le grand gala au jour de l'an.

L'Empereur Joseph II. a supprimé tous les jours de gala, excepté le seul jour de l'an, et c'est ce qui s'observe encore jusqu'ici. Ce jour la famille Impériale Royale reçoit les felicitations en grande cérémonie. Entre 9 et 11 heures du matin les gardes du corps et les membres des grandes charges de la Cour, vetus en gala, se rendent au palais: la garde allemande est la première, laquelle est suivie par la garde hongroise; après elle viennent les chefs de charges de la Cour, précédés des employés de leur département; d'après une ancienne coutume, le grand écuyer et le grand veneur s'y rendent à cheval; suit alors la grande noblesse de la ville des deux sexes, et les ministres des cours étrangères.

· L'archévêque, les ambassadeurs, les chefs des charges de la Cour, les ministres, les feldmaréchaux, les conseillers d'état, font tour à tour leurs félicitations à LL. MM. et aux membres de la famille Impériale. L'Empereur porte à cette occasion l'uniforme de feldmaréchal et les diamants de la couronne.

A 11 heures la Cour se rend à la chapelle du palais, pour assister à l'office divin; après cela LL. MM. reçoivent les compliments des dames de la haute noblesse. A midi la cour se met à un dîner public mais très court, et durant lequel LL. MM. font à l'ordinaire conversation avec les ministres étrangers et autres étrangers de marque. Pour les dames et les étrangers on dresse des tribunes, du haut desquelles ils voient le tout avec commodité.

Le jour de l'an excepté, il n'y a gala à la Cour, qu'à l'occasion de quelque mariage ou naissance dans la famille Impériale.

Les ordres de chevalerie et leurs fêtes.

L'ordre de la toison d'or, fondé par le Duc de Bourgogne Philippe le bon en 1430, fut transféré par l'Empereur Maximilien I. à la maison d'Autriche, qui depuis cette époque a toujours

122

soutenu son droit sur cet ordre, quoique le Roi d'Espagne le donne également. Cet ordre est donc le premier et le plus estimé de la maison d'Autriche, et considéré comme tel dans presque tous les pays catholiques, tant à cause de l'ancienneté de sa fondation, que par égard aux hauts personnages, qui de tout tems en ont été décorés. Le chef de la maison d'Autriche en est le grand-maître héréditaire, et le donne assez rarement. Le nombre des chevaliers n'est pas fixé.

La fête de cet ordre est annuellement célébrée à Vienne le premier dimanche après le jour de St. André. A 10 heures du matin les chevaliers se rassemblent dans une salle du palais; ils portent à cette occasion l'habit de l'ordre, qui est fait de velours cramoisi, et consiste en une espèce de robe longue, et dessus elle une espèce de manteau; à la tête ils portent un bonnet bordé, et sur les épaules la grande chaîne de l'ordre, faite d'or, et travaillée en forme de pièces d'acier et de pierre à feu, d'où sortent de tous côtés des étincelles de feu, et au bout de laquelle pend la toison d'or. Quand les chevaliers sont rassemblés, ils se rendent à la chapelle du palais, précédés des fourriers de Cour, des pages, écuyers tranchants, chambellans, conseillers intimes, et des officiers de l'ordre, pour assister à l'office divin; cela fini on retourne dans le même ordre au grand sallon, où est dressé une table un peu élevée pour Sa Majesté et les Princes de la maison régnante, et au pied d'elle une autre table pour les chevaliers. Les gardes du corps et les officiers de la Cour y assistent en parade, et l'entrée est ouverte aux gens comme il faut.

D'après les statuts originaires de cet ordre, il n'étoit pas permis de porter simultanément avec lui un autre ordre; mais les grands maîtres ont dispensé de cette loi à l'égard des autres ordres autrichiens en général, et quelques fois aussi par rapport à d'autres ordres. Charles V. a donné la permission aux chevaliers, de porter à l'ordinaire, au lieu de la grande et incommode chaîne, la toison à un ruban d'or ou de couleur ponceau.

Le second est l'ordre militaire de Marie Thérèse. L'Impératrice-Reine Marie Thérèse le fonda après la victoire remportée sur le Roi de Prusse le 18 Juin 1757 près de Collin ou Planian en Bohême; il n'est établi que pour les officiers des armées autrichiennes, et ce n'est que rarement, qu'on le donne à des officiers de puissances al-

liées. D'après les statuts originaires, la prétention à cet ordre nait uniquement »d'un fait d'armes entrepris et heureusement exécuté en guerre, lequel l'officier en question auroit pu ne pas
entreprendre, sans pour cela négliger son devoir.« Tout officier qui a exécuté un tel fait
d'armes, et qui le peut constater ou par des
témoins oculaires ou par des certificats de ses
supérieurs, a droit de demander l'ordre au premier chapître qui se tiendra et qui décide la-
dessus. Cependant le Souverain peut donner cet
ordre ou sur le champ de bataille même, ou à
telle autre occasion valable, sans attendre la
convocation d'un chapître, et sans être réquis
par l'officier en question.

Le grand maître de cet ordre est toujours le
chef de la maison d'Autriche. Les membres de
l'ordre sont les grands-croix, les commandeurs
et les chevaliers; leur nombre n'est pas fixe.
Les grands-croix portent sur le coté gauche de
la poitrine un crachat, formant une croix ceinte
d'une couronne de laurier; au centre de la croix
on voit les armes de l'Autriche (un bandeau
blanc à travers un fond rouge) et autour d'elles
le mot: Fortitudini; ils portent en outre sur
l'épaule jusqu'à la hanche un large ruban blanc

bordé de rouge, et au bout la croix de l'ordre en émaille, présentant d'un coté les mêmes armes de l'Autriche, et de l'autre le chiffre de Marie Thérèse. Les commandeurs portent la croix attachée à un ruban autour du cou, et les chevaliers à la boutonnière.

La croix de Marie Thérèse n'est point une décoration stérile : les grand-croix jouissent d'une pension annuelle de 1500 florins ; les commandeurs d'une de 1000, et les chevaliers de 600 florins, dont la moitié est assignée comme douaire à leurs veuves. Mais comme la maison d'Autriche dans les derniers tems a été impliquée dans des guerres continuelles, et comme par là le nombre des chevaliers a augmenté beaucoup au dessus de l'ordinaire, on a reduit les pensions à 400 et à 300 florins, pour en faire jouir un plus grand nombre de chevaliers. Cet ordre est au reste donné sans égard à la religion ; sa fête se célèbre annuellement le premier dimanche après le jour de St. Thérèse, et de la même manière comme celle de la toison d'or. Les chevaliers y assistent dans l'uniforme de leur grade militaire, ou du corps, ou du régiment, dans lequel ils servent à l'armée, portant la croix de l'ordre d'après la classe dont ils sont.

L'ordre hongrois de St. Etienne. L'Impératrice-Reine Marie Thérèse le renouvella en 1764. Il a trois classes: celles des grands-croix, celle des commandeurs et celle des chevaliers, et est proprement destiné aux employés de l'état civil; cependant il est aussi donné à des évêques, et quelques fois même à des militaires. Le grand-maître en est toujours le Souverain, qui le donne aux employés de toutes les nations des états héréditaires, qui y ont de prétentions par des services importans rendus à l'état. La décoration de l'ordre est la croix de Hongrie, que les grand-croix portent à un large ruban, de l'épaule droite à la hanche gauche; les commandeurs à un ruban moins large, sur la poitrine, et les chevaliers à la boutonnière. Le ruban est couleur de cerise avec un rayon verd des deux cotés. A coté de la croix sont les lettres. M. T. et la legende: PUBLICUM MERITORUM PROEMIUM; sur le revers on voit dans une couronne de feuilles de chène sur un fond blanc les mots: SANCTO STEPHANO REGI I. APOSTOLICO. Les grands-croix portent encore sur la poitrine un crachat brodé en argent, au centre duquel se trouve la couronne des feuilles de chène, qui entoure la croix de l'ordre. Cet ordre ne jouit d'aucun revenu.

La fête de cet ordre est célébrée annuellement
le premier dimanche après le jour de St. Emmeric; le cérémoniel est comme pour les ordres
sus-mentionnés; les chevaliers y portent un habit particulier: c'est une robe de couleur cramoisi, en forme de soutane, et dessus elle une
autre robe plus large de velours verd, brodée à
l'extrêmité de feuilles de chêne, avec un large
collet, sur la tête un haut bonnet à la hongroise, orné d'un panache de héron, et comme le
collet, doublé d'hermine. Les grands-croix portent à cette fête et à d'autres grandes fêtes (comme à la procession de la fête-Dieu) la croix de
l'ordre à une grande chaîne d'or sur les deux
épaules.

L'ordre d'Elisabeth fut fondé par l'Impératrice
Elisabeth et renouvellé par Marie Thérèse; il
est destiné à des vieux officiers, qui ont servi
long-tems et sans tache, et qui, ou à cause d'une
longue paix, ou par d'autres circonstances n'avoient pas l'occasion-de se distinguer à la guerre.
La décoration de cet ordre est une croix noire
avec des pointes blanches, qu'on porte à un ruban noir, à la boutonnière, et à laquelle est
attachée une modique pension. Il n'y a là qu'une
seule classe de chevaliers, dont le nombre pour

l'ordinaire ne va pas au dessus de 20; on ne célèbre point son anniversaire.

L'ordre de la croix étoilée est pour les Dames. Il a été fondé par l'épouse de l'Empereur Leopold I. en 1668, et est en l'honneur de la croix sur laquelle mourut Jesus Christ. Il n'est conféré qu'à des dames mariées, tant des pays héréditaires que de l'étranger, et cela se fait deux fois l'année, savoir à la féte de l'invention et de l'exaltation de la Ste. Croix. La charge de la grand-maîtresse est toujours exercée par l'épouse du Souverain, ou à son defaut par la Princesse aînée de la maison d'Autriche. La decoration de cet ordre est une petite croix d'or environnée d'une étoile ronde, avec la dévise: Salus et gloria. On la porte à un ruban noir, attachée à la poitrine du coté gauche.

L'ordre de Leopold fut fondé par l'Empereur actuellement regnant, à l'occasion de son troisième mariage, célèbré le 6 Janvier 1808, et appelé ainsi en l'honneur de son père l'Empereur Leopold II. Le but de cet ordre est, »la réconnoissance et la récompense publique des mérites acquis pour l'état et la maison d'Autriche.« Par consequent cet ordre se donne à tout homme qui a bien merité de la patrie, sans égard à son état, rang ou naissance. La décoration est une croix d'or octogone, émaillée de rouge et entourée d'une bordure blanche; sur l'avers sont les lettres F. I. A. (Franciscus Imperator Austriae) et dans la bordure les mots: INTEGRITATI ET MERITO; sur le revers est la devise de feu l'Empereur Leopold: OPES REGUM CORDA SUBDITORUM. L'Empereur d'Autriche est toujours le grand-maître de l'ordre, qui compte 17 grand-croix, 27 commandeurs et 50 chevaliers. Les grands-croix portent un ruban rouge avec bordure blanche sur l'épaule droite vers la hanche gauche et un crachat brodé en argent; les commandeurs portent la croix au cou, et les chevaliers dans la boutonnière. La fête de l'ordre se célèbre le dimanche après le jour de l'Epiphanie; à cette fête les membres de l'ordre portent un habit à l'antique, des couleurs des armes d'Autriche, savoir rouge et blanc, dont la broderie est de feuilles de chêne, un manteau blanc, et sur la tête une barette rouge avec de plumes blanches.

L'ordre de la couronne de fer. Cet ordre, fondé par le ci-devant Empereur Napoleon pour le royaume d'Italie, fut adopté par l'Empereur François d'Autriche après la reprise de la Lom-

I

bardie en 1814, et distribué pour la première fois, pendant le sejour de cet Empereur à Milan, le 12 Fevr. 1816. Il se donne, sans égard à la naissance et au rang, à des individus qui ont bien merité du Souverain et de l'Etat; mais il n'est pas permis de le solliciter. La décoration est une croix de fer, surmontée de l'aigle Autrichien, avec un écusson bleu, qui porte d'un coté la lettre F. et de l'autre le chiffre 1815. L'Empereur est toujours le grand maître de l'ordre, qui est divisé en chevaliers de trois classes: ceux de la 1. portent la décoration à un ruban jaune avec un bord bleu foncé, de l'épaule droite à la hanche gauche, avec un crachat d'argent, au milieu duquel se trouve la couronne de fer avec les mots: AVITA ET AUCTA. Dans des solemnités publiques les chevaliers de cette classe portent la décoration à un collier d'or composé des lettres F. P. (Franciscus Primus) entrelacées d'avec la couronne de fer et de branches de chêne. La décoration de la 2. classe est moins grande et se porte au cou; celle de la 3. classe à la boutonnière. Le nombre de tous les chevaliers est fixé à 100: savoir 20 de la première, 30 de la seconde, et 50 de la troisième classe.

Sans une permission particuliere du Souverain, aucun officier militaire ou civil de l'état autrichien n'ose accepter un ordre étranger.

§. IX.

Les départements suprèmes d'état et du pays.

Le conseil d'état et de conférences a été établi en 1801. Il tient ses séances au palais, une ou deux fois par semaine, et est présidé par S. M. l'Empereur en personne. Les membres en sont plusieurs Ministres d'état et de conferences pour les affaires majeures intérieures et extérieures, militaires, politiques, financières, justicières etc. etc. outre ces Ministres il y a quelques conseillers d'état, et un nombre proportionné d'individus subalternes pour l'expédition etc.

Le cabinet soigne l'expédition des lettres de cabinet et autres ordres secrets de S. M. aux départements, comme aussi les mémoires et requêtes, qui ont été donnés en mains propres de S. M. Le local du cabinet est au palais, près de la salle d'audiences.

La chancellerie intime de Cour et d'état pour les affaires étrangères. La charge de grand chancelier de Cour et d'état reste vacante depuis la mort du Prince de Kaunitz, survenue en 1794.

Le ministre des affaires étrangères est le Prince Clement de Metternich.

La chancellerie de Bohême, d'Autriche et de Gallicie, reunie. Elle dirige les affaires civiles des provinces héréditaires allemandes et galliciennes, pour chacune desquelles il y a un ou deux conseillers réferendaires, et tient deux fois par semaine ses séances dans la chancellerie de Bohême.

Le département suprême de la justice est le tribunal suprême pour toutes les affaires judiciaires des provinces allemandes et galliciennes. Il est composé de huit conseillers et deux vice-présidents, et tient ses séances une ou deux fois la semaine. Le président est le Comte d'Oettingen.

La chambre générale aulique ou le département des finances. Elle a ses bureaux dans la Singerstrafse, dans la maison de la banque. Ce département dirige toutes les branches des finances de la Monarchie, depuis qu'on lui a incorporé encore l'administration financière des provinces hongroises. Elle a en sous-ordre les départements suivants:

Le département des mines;

La députation de la banque;

La direction du debit des produits;

Le comité des finances et du crédit.

Le comité de commerce.

La régie des douanes;

Le département du tabac et du timbre;

La direction de la poste;

La caisse centrale.

Le Ministre des finances et chef de la chambre générale est le Comte Philippe de Stadion.

Le directoire général des comptes fait la dernière révision sur tous les revenus et les dépenses publiques. Le président est le conseiller intime Mr. de Baldacci.

Le conseil de guerre. Son local est sur le Hof. Il dirige tout ce qui a trait à l'état militaire de la Monarchie, dans toutes ses branches et relations. Le président est le Maréchal Prince Charles de Schwarzenberg.

Le département suprême de police. Le chef en est le Président, Comte de Sedlnitzky, et les bureaux de son département sont dans la Herrengasse Nro. 38. Ce département dirige les affaires de police dans toute la Monarchie; pour la ville de Vienne il existe en sousordre

La direction de la police, dans la Seizergasse Nro. 455, le directeur est le conseiller aulique

Baron de Sieber, à qui on doit s'adresser dans les affaires locales, relatives à la police.

La chancellerie de Hongrie se trouve dans la vorderen Schenkenstraße; le chancelier est le Comte Joseph Erdödy. Elle tient des séances régulières, et forme le suprême département pour les affaires civiles et judiciaires des Royaumes de Hongrie, Esclavonie et Croatie, mais avec exception des districts militaires des frontières, qui sont subordonnés au conseil de guerre. Tous les employés à cette chancellerie sont des natifs hongrois.

La chancellerie de Transylvanie, tout près de celle de Hongrie; elle est pour la Transylvanie ce que l'autre est pour la Hongrie. Le chancelier est le Comte Samuel Teleky. Cette chancellerie a été autrefois réunie à celle de Hongrie.

La Régence de la basse Autriche, dans le ci-devant couvent des minorites derrière la chancellerie d'état; elle soigne l'administration civile provinciale de la basse Autriche; toutes les capitaneries des cercles de cette province lui sont subordonnées, comme aussi pour certaines affaires le magistrat de Vienne. Elle est actuellement présidée par le Baron Reichmann de Hochkirchen.

La capitanerie de la ville (Stadthauptmann-schaft) est un département subordonné à la Regence, et soigne, relativement à la capitale, toutes les affaires, qui dans le pays sont du ressort des capitaines de cercles (Kreisbauptmann). Elle est dans la Koernerstrafse, à l'entrée au Burgerspital.

Le tribunal des nobles de la basse Autriche, au bout de la Herrengasse; c'est le forum nobilium en prémier ressort pour les affaires civiles, judiciaires et de police. Le juge suprême de ce tribunal est le Baron d'Aichen.

Le tribunal des appels, dans la même maison, est la seconde instance pour la haute et la basse Autriche dans les affaires civiles, judiciaires et criminelles, tant pour les nobles que pour les roturiers. Il tient trois séances par semaine, et le président est le Baron de Woeber.

Le magistrat de la ville, établi dans l'hôtel de ville, à la Wipplingerstrafse. Il est la première instance pour les habitans de Vienne de l'état bourgeois, en toutes matières civiles, judiciaires et criminelles. Il a obtenu la grande étendue de sa juridiction de l'Empereur Joseph II. Ses membres sont un bourguemestre, deux vice-bourgemestres et 50 conseillers, avec

un nombre proportionné d'employés subalternes.
Pour obvier à toute confusion dans les affaires,
on a partagé le magistrat entier en trois sénats,
savoir le sénat politique, le sénat judiciaire, et
le sénat criminel, dont chacun soigne les affaires de son ressort. Sitôt que le delit d'un individu est réconnu comme criminel, alors le de-
linquant, quoique même de la haute noblesse,
est livré à la jurisdiction criminelle du magistrat. Au corps du magistrat appartient aussi le
premier syndic de la ville (Stadt-Oberkaemme-
rer), qui administre les révenus et les dépenses
de la ville et du magistrat, comme encore le
second syndic de la ville, (Stadt-Unterkaemme-
rer) qui soigne le nettoyement de la ville, le
pavé, les arrangements contre les incendies
et les édifices appartenants au magistrat. Le
bourgemestre actuel est Mr. Etienne de Wohl-
leben.

Le collège des Etats de la basse Autriche. L'édifice appartenant à ce corps est le Landhaus, dans
la Herrengasse. Les états sont composés des
classes des prélats, des seigneurs, des chevaliers, des villes et bourgs. Le président est le
Landmaréchal. La grande assemblée des états,
pour recevoir les Postulata de la Cour, se forme

annuellement au mois de Novembre. Au reste les états entretiennent un comité perpétuel à Vienne, lequel y soigne leurs affaires de moindre importance. A ce collège des états est déposé le cadastre (Landtafel) de la basse Autriche, c'est-à-dire un régistre authentique de toutes les possessions des états, avec leur valeur foncière, les revenus annuels, et les dettes y inhérents, lequel régistre est ouvert à chacun, dont un membre des états voudroit emprunter de l'argent, et donner en hypothèque quelqu'une de ses possessions.

§. X.

ETABLISSEMENTS POUR LA SÛRETÉ ET LA COMMODITÉ PUBLIQUE.

Le pavé.

Le pavé de la ville est très bon et tout-à-fait de pierres taillées. Sur les deux cotés de la plupart des rues il y a des trottoirs pour les piétons, pavés de pierres taillées en forme régulière de cubes, lesquelles pierres viennent de la haute Autriche: c'est du granit gris noirâtre, et dont on fait même des jolies tabatières. Cependant ce n'est que la ville seule qui est pavée; les faubourgs ne le sont pas; mais on a fait le

naux on peut balayer et nettoyer la ville d'une manière très commode: on distribue dans les rues une centaine de vieux hommes ou des jeunes garçons, qui avec des balais ammassent la poussière, la fange et toutes les immondices au milieu de la rue; derrière eux on mène quelques tonneaux remplis d'eau, qu'on fait écouler, et qui, aidée des balais des travaillants, charrie les immondices jusqu'à la prochaine ouverture des canaux. C'est le Stadt-Unterkammeramt qui soigne ce nettoyement.

La police et ses directeurs de districts. — Médecins pour les pauvres.

La direction de la police de Vienne est dans la Seizergasse Nro. 455; le directeur suprème est le conseiller aulique Baron de Sieber; il a en sous-ordre plusieurs commissaires, ainsi que les autres personnes nécessaires pour l'administration de son département. C'est à cette direction que doivent s'adresser les étrangers pour les passeports, pour la permission de leur séjour à Vienne etc. etc.

En 1791 on partagea les faubourgs de Vienne en huit districts, sur chacun desquels on établit un directeur de police, pour veiller à la sûreté et tranquillité publique, décider sur les querelles et tracasseries de moindre importance, et faire arrêter les turbulens et les malfaiteurs de toute espèce. On établit encore dans chaque district un médecin, un chirurgien et une sage-femme, pour assister gratis les pauvres de leur district, auxquels on fournit de même gratis les médecines nécessaires. En 1799 on établit aussi pour les pauvres de la ville un médecin, un chirurgien, une sage-femme et la fourniture des médecines, le tout gratis.

La garde de police.

La police entretient une garde particulière de 600 hommes à pied et une division à cheval, qui jour et nuit doivent veiller à sa sûreté, à la tranquillité et au bon ordre de la ville. Ces soldats de police sont ce qu'on appele des demi-invalides, c'est-à-dire des hommes, qui à cause des blessures ou d'un âge avancé ne peuvent plus servir dans l'armée, mais qui sont encore assez bons pour veiller à la sûreté de la ville. Ils sont distribués en différentes places et rues, pour soigner à dégager les passages quand ils s'obstruent par l'affluence des voitures, pour empêcher les tumultes et les rixes publiques, pour arrêter et conduire aux prisons un chacun qui dans la rue ou dans une maison voisine auroit commis un délit quelconque. Quiconque seroit menacé par un autre d'une violence quelconque, soit de jour, soit de nuit, dans la maison ou sur la rue, n'a qu'à appeler ou faire appeler la garde de police, et elle est obligée de se hâter de l'assister. Aux portes des théatres, des salles de musique, des spectacles publics, et en général aux grands rassemblements de peuple, se trouve toujours un détachement des gardes de police, pour prévenir et supprimer toutes sortes d'excés. Chaque soldat de police porte à sa giberne un numéro, afin que chacun qui se croiroit maltraité par lui, puisse le reconnoître et obtenir satisfaction. Leur uniforme est de couleur grise avec révers verts. La police à cheval fait continuellement la patrouille dans les faubourgs, sur le glacis, à la ligne, au Prater etc. pour prevenir tout désordre.

Maison de travail.

Pour occuper et écarter une foule de fainéants et de mendiants, le gouvernement a établi en 1804 sur la Laimgrube, une maison de travail publique. On n'y reçoit cependant aucun indi-

vidu coupable d'un crime ou même d'une trans-
gression grave des loix de police : les gens de
cette espèce sont mis à la maison de force ou
de police. On n'enferme dans la maison de travail que des gens sans aveu, qui par leur genre
de vie oisive sont en danger de devenir malfaiteurs, des fainéants, des mendiants valides, des
domestiques qui ne veulent prendre service,
des gens enfin qui ne sauroient se legitimer
sur une subsistance honnête; on les y occupe
par des travaux adaptés à leur metier et à leur
habileté; on les instruit dans les devoirs de la
religion et de la société, et on ne les laisse sortir qu'après avoir donné des preuves suffisantes
qu'ils seront dorénavant des membres utiles à
la société. Dans la même maison se trouve encore un institut correctionnel pour de jeunes
gens de condition des deux sexes, où dans des
chambres solitaires et par des moyens convenables, on cherche à les ramener de leurs excès
à une vie reglée, mais en cachant soigneuse-
ment leur nom à tout le monde. Il est donc permis aux parents, tuteurs etc. d'y mettre sous
un nom emprunté et en payant l'entretien, de
jeunes gens de moeurs déréglés, à quelle fin ils
ont à s'adresser à l'inspecteur de la maison. Il

est visible par tout cela , que cette maison n'est pas un lieu de punition, mais proprèment de correction , et il n'est nullement déshonorant d'y avoir été mis, parcequ'on n'y reçoit aucun criminel ou délinquant. Il faut remarquer encore, que le vrai nom des récipiendaires doit être manifesté tant à l'intendance de la maison qu'à la direction de police, et que celle-ci est en droit de decider, si l'individu en question y doit être mis ou non.

Maison de force.

Etablissement pour enfermer et faire travailler les delinquants des deux sexes, qui ont commis des délits criminels de moindre importance ou des delits contre la police. Il est situé à la Leopoldstadt Nro. 193, et fut fondé par le magistrat de Vienne en 1673. Les malfaiteurs y condamnés sont obligés de filer, de carder du lin et de la laine, de laver pour l'hôpital général, de travailler pour les besoins de la maison, et tout cela sous une sévère surveillance. Leur nourriture est très maigre, faite de legumes et de farine, (sans aucune viande) de pain et d'eau. Cependant il existe l'arrangement, qu'aux plus laborieux d'entre eux on met en compte ce qu'ils ont travaillé outre la quantité prescrite, et qu'on le leur paye en argent comptant, quand, le tems de leur punition écoulé, ils sortent de la maison.

Maison de police.

Elle est derrière le Hohen-Markt. La garde de police y mène les gens qui ont commis des delits contre la police, ou un désordre illégal quelconque sur les rues, les places, dans des édifices publics et des maisons particulières; ils y restent jusqu'à ce qu'il soit prononcé sur leur punition ou destination ultérieure. La même maison sert aussi de prison aux mauvais débiteurs et aux banqueroutiers qui, sur la réquisition de leurs créanciers, sont mis là en arrestation.

Fiacres; voitures de remise; porte-chaises.

Les fiacres sont au nombre de 640; ils sont distribués sur certaines places et rues de la ville et des faubourgs, devant les portes de la ville, et au dedans des barrières de la ligne, et restent là depuis 7 heures du matin jusqu'à 10 heures du soir. La plupart d'entre eux sont assez lestes et jolis, et plusieurs égalent en elégance les voitures de particuliers. Tout propriétaire d'un fiacre est obligé de payer 3 florins de taxe par mois. On va en fiacre non seulement en vill~

K

et aux faubourgs, mais même jusqu'à plusieurs
lieues à la campagne, comme à Bade, Neustadt,
Presbourg etc. Il n'existe point de taux fixe pour
les courses des fiacres; un chacun doit convenir
du prix avec le proprietaire, avant d'y monter.
Les dimanches, jours de fêtes, occasions extraordinaires et dans le mauvais tems, ils haussent
de prix. Chaque fiacre porte son numero, et
tous sont subordonnés à un commissaire de police, devant lequel on peut, en cas échéant,
porter ses plaintes contre eux, et pour cette
raison il est bon de bien garder en mémoire le
numero du fiacre, dont on se sert.

Il n'est, pas d'usage de faire des visites d'étiquette en fiacre; au défaut d'une voiture à soi,
il faut pour cela se servir d'une voiture de remise; elles sont au nombre de 300, ne sont point
numérotées, et sont réputées plus honorables
que les fiacres. On les fait demander aux pro-
prietaires, soit pour un jour, soit pour une
semaine, pour un ou plusieurs mois, et même
pour des années entières. Le prix d'une voiture
de remise à deux chevaux est actuellement de
6 florins par jour, et 150 florins par mois, avec
une gratification à part pour le cocher.

Les porte-chaises sont au nombre de 80. Elles

ont eté établies à Vienne en 1703. Par une ordonnance particulière il leur est défendu de porter des malades aux hôpitaux, commé aussi de
porter des cadavres. Les porteurs sont en uniforme rouge; les chaises sont numerotées, distribuées en différentes parties de la ville, et
jour et nuit au service du public. Elles ne sont
pas sujettes à un taux fixe; mais on paye pour
une course dans la ville ordinairement 1 florin
30 Kreuzer. Les porteurs sont également subordonnés à la direction de la police.

Les auberges.

Vienne n'a point d'hotels garnis, et tout étranger, qui n'a pas arrêté d'avance un logement,
doit descendre et loger à l'auberge; il y en a
ici de deux sortes: auberges avec logements, et
auberges pour manger; les premières sont pourvues de logements pour les voyageurs, et le
prix le plus modique pour une chambre sans
chauffage est deux florins par jour. Il n'y a non
plus à Vienne de table d'hôte; il faut, que
l'étranger se fasse porter le dîner à sa chambre,
où qu'il aille dîner dans la chambre commune,
où chaque jour les mets tant du dîner que du
souper sont écrits sur une carte avec leur prix,

et où un chacun mange ce qui lui plait. Les meilleurs auberges sont à l'Imperatrice d'Autriche dans la Weibbourggasse, et à l'Empereur romain sur la Freyung; à l'Archiduc Charles, à l'homme sauvage et au cigne, tous trois dans la Koernerstraſse; au boeuf d'or, et au Madschakerhof dans la Seilergasse, au boeuf blanc près de la douane; à la couronne de Hongrie dans la Johannesgasse, au cerf brun, au loup blanc sur le Fleischmarkt et à la Sainte Trinité sur le Hohenmarkt etc. tous en ville. Dans les faubourgs il y a encore une quantité d'auberges à logements.

Parmi les auberges, où l'on peut dîner et souper outre ceux, mais non pas démeurer, sont dans la ville le cor de chasse; le Schabenruessel; le Fischhof; l'agneau; la baleine, l'étoile, la Mehlgrube etc. etc. chacun y dîne et soupe à l'heure qu'il lui plait, choisit les mets qui lui conviennent, boit les sortes de vin et de bière qu'il veut.

Traiteurs.

Chez les traiteurs on dîne à un prix fixe, mais point à une table commune, et quand il plait, entre midi et trois heures, seul, ou en compagnie qu'on se plait à choisir. Les traiteurs les plus renommés sont Villars, sur la Brandstadt;

Geiger, sur le Graben; Widtmann, dans la Singerstrafse; Zanini, dans la Weihburggasse etc. Le moindre prix pour un dîner, sans pain ni vin, est de 3 florins par tête, on mange aussi pour 4 ou 5 florins, et jusqu'à 10 florins par tête. Il y a encore d'autres traiteurs de moindre rang, où l'on dîne pour 40 et 50 kreuzer par tête.

Bièreries. — Caves.

Quoique l'Autriche produise du vin en abondance, on boit cependant à Vienne autant, et même plus de bière que de vin, ce qui est apparemment dû au prix plus bas de la bière, ou à ce qu'il se trouve ici une quantité de gens natifs des pays où l'on boit de la bière, et qui par conséquent sont accoutumés à ce boisson. Il existe dans les faubourgs de Vienne six brasseries, et outre cela une grande quantité de bière est continuellement apportée de quelques endroits voisins. Pour le débit de ce boisson il y a, tant dans la ville que dans les faubourgs, près de 500 bièreries; dans la ville on trouve quelques unes élégamment meublées, et où l'on est bien servi, pour laquelle raison elles sont aussi fréquentées par des étrangers. Outre la bière, on y trouve encore quelques sortes de mets ordinaires tant chauds que froids.

Pour le menu peuple il existe encore les caves au vin; ce sont des caves réelles, où l'on n'ose débiter d'autre vin qu'à 30 kreuzer le pot, et pour manger ne donner que du pain, du fromage et des betteraves.

Les Caffés.

Le premier caffé public dans l'Europe chrétienne fut etabli à Vienne en 1683. Un polonois, nommé Koltschitzky, qui pendant le siège de cette ville, lui avoit rendu des services en qualité d'espion, demanda pour récompense à l'Empereur Leopold I. la permission d'établir un caffé public. A présent il y a dans la ville et dans les faubourgs près de 75 caffés. Ils sont ouverts depuis matin jusqu'à minuit. On y donne du caffé, du thé, de la chocolade, du ponch, de la limonade, de l'orgeade, du chaudeau, des liqueurs etc. dans quelques uns en l'été des glaces; dans d'autres il y a des chambres pour fumer du tabac. On y joue les jeux de cartes permis, et surtout au billard, dont on trouve dans chaque caffé un, deux, trois et jusqu'à quatre, ce qui fait un bon revenu pour le propriétaire, parce qu'un billard bien fréquenté rapporte jusqu'à 30 florins par jour. Les amateurs des nouvelles y trouvent les meilleurs gazettes allemandes, françoises, italiennes et angloises.

Les caffés les plus frequentés sont celui de Kramer et de Marcelli (communement appelé Taroni), sur le Graben, celui de Wierschmidt sur le Neumarkt, de Neuner dans la Plankengasse, celui près de la douane, ceux de Corti, de Benko, de Romay, et les caffés près du pont, à l'entrée de la Leopoldstadt.

Frippiers. — Ventes à l'encan.

Les frippiers de Vienne ont établi un usage très commode pour les etrangers : tout voyageur qui ne compte pas rester plus long tems ici que quelques mois ou un couple d'années, et qui pour ce court séjour ne veut pas acheter des meubles à lui, n'a qu'à donner à un frippier une liste de tous les ustensiles dont il a besoin ; le frippier lui fournit tables, armoires, pendules, miroirs, sophas, chaises, lits, enfin tout ce qui faut pour ameubler complettement son logis ; on s'arrange sur le prix par semaine ou par mois ; en deux jours l'étranger a son quartier meublé, et ne se trouve à son depart chargé d'aucun mobilier, le frippier réprenant tout ce qu'il a fourni.

Au cas qu'un étranger posséde des meubles, qu'il ne peut emporter à son depart, il a l'expédient de la vente à l'encan; dans un couple de jours tout son mobilier est vendu, et, comme il est d'usage dans ces ventes, tout payé argent comptant. Il arrive très souvent, que de beaux meubles se vendent à telle occasion à un prix plus haut qu'on ne les a acheté à neuf.

La petite poste.

Son bureau est dans la maison de la grande poste, dans la Wollzeile, rez de chaussée, dans la cour de la maison; elle se charge du transport de lettres, paquets, billets de banque, papiers d'état, notifications etc. non seulement pour la ville et les faubourgs, mais encore pour les endroits voisins de Vienne, jusqu'a la distance d'une à deux lieues. Celui qui par la petite poste envoie des paquets contenant de l'argent, des billets de banque, des papiers d'état ou autres objets de prix, doit porter ces paquets ouverts au bureau, où ils sont cachetés en présence du propriétaire. Le taux pour une lettre en ville et aux faubourgs est de 4 kreuzer, à la compagne 6 kreuzer. L'envoi de paquets plus grands coute en proportion de leur pesanteur

et de la plus ou moins grande distance du lieu
de leur destination, de 5 jusqu'à 51 kreuzer.
Pour le transport d'argent et autres objets de
prix on paye en outre 1 kreuzer par ducat. L'expédition des lettres etc. se fait trois fois par
jour: savoir à 9 heures du matin, à midi, et
à 4 heures du soir. Dans les faubourgs la plupart des trafiquants de tabac et les collecteurs
pour la lotterie, reçoivent les lettres destinées
à la petite poste.

Bains publics.

On les fait de l'eau du Danube, à laquelle on
mêle une plus ou moins grande quantité d'eau
chaude du même fleuve, d'après le choix de celui qui prend le bain.

En 1810 on établit au faubourg Leopoldstadt,
près de la rive du Danube, le Bain de Diane,
maison élegante et propre; d'un coté sont les
cabinets pour les hommes, de l'autre pour les
femmes; au milieu se trouve une salle de réunion, et derrière elle un petit jardin, dans lesquels on peut prendre des dejeuners, des ra-
fraichissements, et même des dîners et des soupers. Les cabinets sont pourvus du linge et de
tous les meubles nécessaires, le prix pour un bain

est de 2 fl. à rez de chaussée, et de 3 fl. au 1. étage. Puis on trouve des chambres avec des lits; des bains artificiels etc. pour lesquels le prix hausse, à proportion des commodités dont on y jouit, jusqu'à 7 florins.

Après le bain susdit, le plus frequenté est le Kaiserbad, au dehors de la porte neuve, où le prix est de 1 florin 30 kreuzer jusqu'à 4 florins. Des bains pareils se trouvent encore dans les faubourgs Leopoldstadt, Jaegerzeil, à l'entrée du Prater, Landstrafse, Weifsgaerber, Erdberg etc. le prix est presque partout le même.

Dans un bain ordinaire il suffit de rester pendant trois quarts d'heure; un bain plus prolongé affaiblit le corps.

Mais comme le moindre prix de tous ces bains est encore trop haut pour le menu peuple, on a destiné pour celui-ci une enceinte marquée et sûre dans le bras du Danube, derrière la Brigittenaue, et gardée par la police, où les hommes de deux sexes peuvent se baigner tous les jours et a toutes heures.

Outre ces bains, faits de l'eau du Danube, il y a encore le Brünl-Bad, bain froid et foiblement minéral, près la barrière de Herrnals.

L'école de natation.

Elle se trouve sur le bras du Danube qui arrose le Prater, et est ouverte non seulement aux militaires, mais aux individus de toutes les classes. Il y a un directeur et plusieurs maîtres de natation tous militaires. Moyenant une taxe fixée pour l'instruction et une gratification pour les maîtres, chacun peut frequenter cette école, où il y a aussi une place pour de simples spectateurs. Ayant passé le faubourg Jaegerzeile, on tourne à gauche vers la digue du Prater, où l'on trouve cet établissement.

L'aqueduc au faubourg Mariahülf.

Plusieurs des faubourgs plus elévés de Vienne, et nommément Mariahülf, Neubau, Schottenfeld, Spitalberg, Josephstadt etc. souffroient de tout tems d'une disette d'eau, laquelle augmentoit à proportion que la population de ces mêmes faubourgs alloit en augmentant, de sorte que les habitans étoient souvent obligés d'acheter l'eau necessaire pour leur table et leur cuisine. Cela determina feu l'archiduchesse Christine, à assigner dans son testament une somme considérable pour construire un aqueduc, lequel après sa mort fut executé par son époux,

le Duc Albert avec sa liberalité accoutumée.
L'eau vient de plusieurs sources des montagnes
derrière Hüteldorf, en telle quantité, que Mariahülf, Gumpendorf, Neubau, Schottenfeld,
Maria-Trost, le Platzl, la Rothgasse, la Josephstadt, l'académie des ingenieurs et la caserne
de cavallerie dans la Josephstadt, possédent actuellement chacun une fontaine et un bassin de
bonne eau. L'ouvrage fut commencé en 1803 et
fini 1805, et couta près d'un demi million de
florins.

§. XI.

Etablissements de bienfaisance.

L'institut pour les pauvres.

Il fut établi en 1783 par l'Empereur Joseph II.,
et par les soins du Comte de Buquoi mis sur
son pied actuel. Toute personne vraiment pauvre
peut s'y adresser, et tous les pauvres, d'après
leur indigence absolue, ou d'après un plus ou
moins pressant besoin d'assistence, sont parta-
gés en trois classes, dont la première reçoit de
cet institut journellement 12 kreuzer, la seconde 8 et la troisième 4. Le curé de chaque district et un bourgeois, appellé le père des pauvres, décident du besoin des individus de la

paroisse, et les rangent dans les classes susmentionnées; les mêmes donnent les certificats, pour que les pauvres soient reçus gratis aux hôpitaux etc. Actuellement c'est la régence de la basse Autriche, qui a la direction suprême de cet institut. Tous les mois il se trouve inséré dans la gazette de Vienne un compte détaillé de la recette et de la dépense de l'institut, et à la fin de l'année un compte général. A la porte de chaque église se trouve une petite cassette avec l'inscription: pour l'institut des pauvres; et c'est là que les bienfaiteurs peuvent mettre leurs dons de charité; un marguillier va chaque mois dans les maisons de sa paroisse, pour y faire la collecte en faveur des pauvres. Outre ses revenus ordinaires l'institut reçoit de tems en tems des donations extraordinaires, des legs par testament etc. Le nombre des pauvres qui ont part à la bienfaisance de l'institut, peut annuellement etre calculé à 4200 individus. Pendant l'année 1810 l'institut a reçu en tout 275614 florins; dans la même année il a distribué en tout 223825 florins. Le capital inaliénable et mis à intérêts, que l'institut possède, montoit à la fin de l'année 1810 à 329375 florins, en 1815 à 542416 florins.

La subvention en aumònes ayant, dans les dernières années, diminuée, et le nombre des indigens, comme leurs besoins, augmentés, il fut ordonné par un édit de l'an 1806, que de tous les héritages au delà de 100 florins, seroit payé au fonds des pauvres 1 pour 100, et à la bourse 15 kreuzer sur 1000 florins de toutes affaires pecuniaires y negociées.

Etablissement pour affaires de bienfaisance.

La cherté des vivres ayant depuis quelques années fortement augmentée, et quantité de familles, qui ne sont pas proprement de la classe des pauvres et n'ont par conséquent point de prétention aux secours de l'institut pour les pauvres, ayant été mises dans une grande détresse, le gouvernement créa en 1804 cet établissement. Son but est, d'aider les familles des employés inférieurs, de petits bourgeois et autres pauvres honteux, qui se trouvent subitement dans la detresse, ou par une somme de 10 jusqu'à 50 florins, ou par des sécours continués: ces secours se donnent à l'occasion de maladies, de couches, pour le loyer, pour l'achat de bois etc. Les fonds de cet institut viennent de certains révenus assignés par le gouvernement, des liberalités de la famille Impériale et d'autres bien-faiteurs, de bénefices annuels des spectacles, redoutes, academies musicales etc. — Les affaires de cet établissement le traitent depuis 1816 par la capitanerie de la ville (Stadthauptmannschaft).

Mont de piété.

Il fut établi en 1707, et son local est depuis 1787 dans la Dorotheergasse; sa destination est de prêter sur des gages; il ne prête point sur des biens immeubles ni sur des meubles qui sont sujets à être facilement brisés ou gâtés, ou dont la conservation est très difficile; comme lits, miroirs, armoires, tableaux, livres etc. Les gages les plus ordinaires sont des bijoux, de l'argent, des habits, comme aussi les papiers d'état. On y paye 12 pour 100 d'intérêts. Les objets engagés peuvent rester pendant une année et 6 semaines; après ce terme on les vend à l'encan, et le surplus des intérêts réglés, comme des dépenses de la vente, lesquelles sont taxées à 5 pour 100, est rendu au proprietaire, lequel surplus il est obligé de toucher pendant le terme de 3 ans, sans quoi le tout devient proprieté du mont de piété. Chaque meuble offert en gage est taxé par le taxateur du bureau, et l'emprunt réglé en conséquence. Le bureau est ouvert tous les jours avant et après midi, à l'exception des dimanches et fêtes.

Maison des enfans trouvés.

Elle est située au faubourg Alsergasse Nro. 89. Par une ordonnance de 1813 on a fait les reglements suivans: 1) Il y a trois sortes de taxes pour la reception des enfans trouvés, savoir la première de 120 florins, la seconde de 60 fl. la troisième de 30 fl. — 2) on paye 120 fl. pour un enfant qui est né d'une mère laquelle demeure hors de la basse Autriche. — 3) on paye 60 fl. pour un enfant, dont la mère a payé la première taxe à la maison d'accouchement, ou d'une mère qui a accouché hors la dite maison, à Vienne ou en basse Autriche. — 4) on paye 30 fl. pour un enfant, dont la mère a payé la seconde ou troisième taxe dans la maison d'accouchement. — 5) on reçoit gratis: a) les enfans, dont les mères ont accouché dans la maison d'accouchement, et lesquelles servent de nourrices pendant 4 mois dans la maison des enfans trouvés. b) les enfans, qui au dedans des lignes de Vienne ont eté exposés dans les maisons ou dans les rues; enfin ceux, dont les mères non mariées accouchent subitement, et apportent les attestats prescrits de leur indigence absolue.

Si-tôt qu'un enfant est porté à la maison, le jour et le nom de batème est mis sur un régistre; le porteur reçoit un billet, sur lequel est inscrit le nom de batème de l'enfant, le numero du régistre, le jour de l'entrée et la taxe payée pour l'enfant; en tout cas qu'on desire réprendre l'enfant, et qu'on montre ce billet, il est rendu.

La maison des enfans trouvés n'est proprement que pour la réception de ces enfans, car il n'y restent pas; tous sans exception sont mis, les uns plutôt, les autres plus tard, en pension pour un prix fixe, à la campagne ou dans les faubourgs, et la plupart d'eux nourris à la mamelle.

Sur l'entretien des enfans mis en pension on a reglé ce qui suit: I. pour un enfant à la mamelle la maison paye jusqu'à la fin de la première année, 10 florins par mois, dès la fin de la première année jusqu'à la fin de la seconde 9 florins, de la seconde à la fin de la troisième 8 florins, de la troisième jusqu'à la fin de la sixième 7 florins, de la sixième jusqu'à la fin de

L

la douzième année 5 florins par mois. Après cette époque la maison ne paye plus de pension. II. Aux parents nourriciers, qui ont conservé un enfant à la mamelle, pris de la maison des enfans trouvés, au delà de la première année de sa vie, est payée une gratification particulière de 10 florins et à la fin de la cinquieme année encore une gratification de 10 florins. III. Pour le vêtement de l'enfant trouvé on paye 10 florins par an. IV. Aux gens de la campagne qui viennent prendre un enfant, on paye 30 kreuzer par lieue pendant leur voyage. V. Quand les parents reprennent un enfant trouvé, ils sont obligés de restituer les frais de la pension deja payée. VI. Quiconque prend à ses frais deux enfans trouvés, dont au moins l'un est un garçon, et les élève jusqu'à la douzième année, obtient pour un de ses propres fils l'exemtion du service militaire. VII. Les parents nourriciers sont autorisés à garder les enfans trouvés jusqu'à la fin de la 22 année, et de les employer dans leur travaux domestiques ou leur métier. A l'entrée de la 22 année l'enfant trouvé est libre, ou de rester ches les parents, ou de chercher ailleurs son entretien.

A la maison des enfans trouvés sont encore

annexés: a) L'institut de nourrices, pour fournir des nourrices saines et comme il faut. Quand une nourrice est démandée, l'administration de la maison choisit une personne, qui a les qualités nécessaires à sa destination; pour l'obtenir, le démandant paye 10 florins et la taxe de reception à la maison. Les nourrices qui ont accouché hors la maison d'accouchement, sont préalablement examinées dans la maison des enfans trouvés sur l'état de leur santé, et puis livrées aux demandants. Aucune nourrice, qui a accouché au dehors, et qui n'a été employée comme nourrice dans la maison, n'ose entrer ailleurs en fonction, sans avoir de là un certificat de santé, qui ne doit être daté que de 2 jours. b) Un établissement de Vaccine. Outre que tous les enfans trouvés sont vaccinés, il est accordé à tous les pauvres d'amener là leurs enfans pour être vaccinés gratis.

La maison des orphelins.

Elle se trouve à la Waehringergasse Nro. 216. Le directeur est M. Vierthaler, auquel sont subordonnés 7 employés, 6 instructeurs, 1 surintendante des filles, 1 institutrice pour l'art de tricoter, 1 pour celui de filer, avec 29 person-

L 2

nes tant mâles que femelles, pour la surveillance
et les travaux de la maison.

Dans cette maison les enfans sont préparés
aux travaux, metiers et arts mécaniques. On
soigne bien leur santé, et on les accoutume
surtout à la propreté et à l'ordre. Leurs travaux, leurs exercices et leurs jeux, qui sont
proportionnés à leurs forces, se font tant qu'il
est possible, en plein air, pour rendre leurs
corps plus vigoureux et plus agiles. Outre la religion et la morale, on leur apprend à lire, à
écrire, l'arithmétique et les objets des écoles
triviales. Ceux qui montrent plus de capacité,
sont instruits dans l'art de dessiner; et aux enfans d'un talent supérieur on accorde même la
permission de fréquenter les écoles latines ou
l'académie des arts. Les filles, outre l'instruction dans les objets de l'école, sont encore dressées pour l'art de filer, de tricoter, de coudre;
et autres ouvrages domestiques propres à leur
sexe. La nourriture des enfans consiste en trois
bons mets pour le dîner, et un pour le souper;
le matin et après midi dans l'heure de loisir,
chaque enfant reçoit un morceau de pain proportionné à son âge. Chaque enfant a son lit séparé; leur habillement varie selon la saison d'été,

et d'hiver, comme pour les jours de fête et les jours d'ouvrage. En payant 220 florins par an pour la nourriture, l'habillement, l'instruction etc. on peut placer dans cette maison des enfans qui d'ailleurs n'ont point de prétention à y être reçus, et ils jouissent en tout du même traitement que les autres. Quant au choix de leur état futur, on y prend en considération la constitution du corps, les talents d'ésprit, l'inclination du jeune homme, et autant que possible le désir et les vues de leurs parents ou bienfaiteurs.

Il y a dans cette maison, une année portant l'autre, près de 1500 orphelins.

On a fait dépuis plusieurs années dans cette maison deux arrangements avantageux: le premier est, de faire travailler les enfans pour quelques fabriques voisines, surtout pour celle d'Ebreichsdorf, de sorte qu'ils procurent un bénéfice à la maison, et qu'ils se rendent déja propres à un métier. Le second est un institut pénal: malheureusement il arrive quelques fois, que des enfans pour des delits graves, qu'ils ont commis eux-mêmes, ou dans lesquels ils ont été impliqués par des scélérats, tombent entre les mains de la justice; comme à cause de leur

bas âge on ne peut procéder contre eux crimi-
nellement, mais comme de l'autre coté il seroit
dangereux, de les mettre en liberté sans correction et sans amélioration, on les met à la
maison des orphelins; mais tout-à-fait séparés
des autres enfans, occupés par un travail utile,
et formés par une instruction propre, ils doivent rester là, jusqu'à ce qu'on puisse espérer avec
raison, qu'ils méneront à l'avenir une vie réglée.

La maison d'accouchement.

C'est principalement pour prévenir l'infantici-
de, que l'Empereur Joseph II. établit en 1784
cette maison. Elle est située dans l'Alsergasse,
et de ses trois entrées l'une est dans la petite
rue entre le grand hôpital et la caserne, une
autre par l'hôpital, et une troisième par la rue
derrière la caserne, où l'on peut aller en voiture jusqu'à la porte. La maison est toujours
fermée, mais sitôt qu'on tire la sonnette, elle
est ouverte à toutes heures du jour et de la
nuit. On ne demande à aucune personne, qui
se présente, son nom ni état, cependant chacune doit à son entrée apporter un billet cache-
té, contenant son vrai nom de batême et de
famille: au dehors de ce billet l'accoucheur mar-

que le numéro de la chambre et du lit assignés
à l'entrante, qui garde ce billet fermé et l'em-
porte tel à sa sortie de la maison ; le but de ce
billet est uniquement, pour pouvoir, en cas
que la personne en question venoit de mourir
dans la maison, annoncer sa mort à sa famille.
Chaque personne peut y entrer masquée ou voi-
lée, et y demeurer tellement inconnue ; elle peut
sortir tout de suite après la naissance de son
enfant, ou y rester plus long-tems ; de même
elle peut laisser l'enfant à la maison, ou l'em-
mener avec elle. La maison est arrangée d'après
trois classifications : la première contient 12 chambres séparées, la seconde 6 chambres, et la troisième 8. Dans la première classe la personne
enceinte a une chambre à part, et si elle n'y
reste pas une journée entiere, elle paye pour
l'assistance qu'on lui donne 6 florins. La personne qui y demeure plus long-tems, paye chaque
jour un florin 30 kreuzer, pour lequel elle reçoit
la nourriture, la demeure, la médecine, l'assistance et le batême de l'enfant ; en cas qu'elle
veut laisser l'enfant à la maison des enfans trouvés, elle paye 40 fl. Excepté l'accoucheur, la
sage femme et une servante, personne n'ose
entrer dans la chambre.

Dans la seconde classe il y a à la vérité plusieurs lits dans une même chambre, mais elle est tellement arrangée, que les enceintes et les accouchées soient séparées. La personne qui n'y reste pas un jour entier, paye pour toute l'assistance 4 florins 30 kreuzer; telle qui y reste plus long-tems, paye chaque jour un demi florin. Excepté les individus nécessaires à l'accouchement, il n'est permis non plus à personne, d'entrer dans ces chambres. Les personnes accouchées dans cette classe, qui veulent donner leur enfant aux enfans trouvés, payent 20 florins.

Dans la troisième classe l'enceinte paye 19 kr. par jour; cependant on reçoit là gratis les personnes, qui apportent un certificat de leur indigence absolue, signé du curé et du père des pauvres de leur district. Une telle personne est obligée de travailler au profit de la maison, et de servir après l'accouchement en qualité de nourrice dans la maison des enfans trouvés, si on la juge propre à cela. A l'accouchement des personnes de cette classe on admet les jeunes chirurgiens, accoucheurs et accoucheuses.

La première année après l'établissement de cette maison, c'est-a-dire, depuis le 16 août 1784 jusqu'au 18 août 1785, y furent nés 748 enfans.

L'institut pour les sourds-muets.

L'Empereur Joseph II. établit en 1784 cet institut, pour rendre utiles à la societe les enfans, qui malheureusement naissent sourds et muets. Cet institut est au fauburg Wieden Nro.101, et porte l'inscription: SURDORUM MUTORUMQUE INSTITUTIONI ET VICTUI, JOSEPHUS II. AUG. 1784. On y reçoit gratis dès garçons et filles pauvres, et leur nombre a d'abord été fixé à 30. Ces élèves portent un habit tout simple et uniforme; outre le dejeuné et la collation ils ont trois plats pour le dîner et deux pour le souper. On leur enseigne la religion, la langue allemande, l'art d'écrire et de dessiner et l'arithmétique. Cette instruction finie, on place les garçons, hors la maison, en apprentissage d'un métier, pour lequel ils montrent le plus de capacité; malgré ce déplacement ils continuent d'être sous la surveillance de l'institut.

Les filles, outre les objets d'instruction susmentionnés, sont encore dressées aux travaux ordinaires de leur sexe. Tout particulier, qui n'est pas pauvre, et veut donner un enfant sourd et muet à cet institut, paye pour l'instruction et l'entretien 300 florins par an. Tous les samedis l'entrée est libre à chacun, qui en veut connoître l'arrangement.

L'instistut pour les enfans aveugles.

Il est établi au fauburg de Gumpendorf, dans la rue dite Steingasse Nro. 182. L'entrepreneur et le directeur est Mr. Guillaume Klein, et le but de l'institut est, de donner aux enfans aveugles, outre l'instruction morale, des occupations, moyennant lesquelles les pauvres d'entre eux deviennent capables de gagner leur vie par un travail adapté à leurs facultés. On y reçoit des enfans des deux sexes, âgés de 6 à 15 ans. On leur enseigne la religion, l'arithmetique memoriale, avec plusieurs travaux domestiques et mechaniques; ils filent, tricotent, font du marly, et divers ouvrages en carton, bois et fil d'archal. On paye pour chaque enfant 300 florins par an. Aux enfans de parents aisés on enseigne à lire et à écrire, la géographie, l'histoire, les mathematiques et les langues étrangères. Tous les jeudis, entre 10 heures et midi, il y a examen, auquel il est permis à tout le monde d'assister.

L'institut pour les enfans malades de pauvres.

Il fut d'abord établi en 1787, et est actuelle-

ment soigné par le Docteur en médecine, M. Goelis, qui tous les jours, à des heures fixes, donne
gratis les ordonnances tant medicales que chirurgicales aux enfans malades de pauvres, qu'on
porte dans sa demeure à la Wollzeile Nro. 226.
On donne en outre gratis la medécine préscrite
à ceux, qui sont munis de certificats de leur indigence. L'institut possede un petit fonds, qui
s'accroit de tems en tems par des dons gratuits.
Le D. Goelis publie annuellement un resumé
sur les donations reçues et leur emploi, sur les
maladies et le nombre des enfans y soignés, qui
va au delà de 4000 par an.

L'hôpital des bourgeois.

Le grand édifice dans la ville, nommée l'hôpital bourgeois, étoit autrefois effectivement un
hòpital, destiné à l'entretien d'hommes et de
femmes de la bourgeoisie, pauvres et affoiblis
par l'age et les infirmités. Sous l'Empereur Joseph II. on mit le dit hôpital dans son état actuel, et l'on paya aux prébendaires jusqu'alors
y établis, leur argent de fondation comptant,
avec permission de vivre d'après leur propre
choix. Comme cependant par la cherté survenue
de tous les besoins de la vie, ce peu d'argent

de fondation ne suffisoit plus pour faire vivre un homme décrépit, l'Empereur actuel assigna, en 1801, une partie du grand bâtiment à St. Marc Nro. 441. pour la démeure des prébendaires bourgeois, où ils vivent en communauté, tant des révenus de leur ancienne fondation que des dons gratuits d'une société bienfaisante. L'administration de cet hôpital dépend du magistrat de la ville.

Fondations pour dotation de filles.

La première de ces fondations fut faite par le comte Nicolas de Stella en 1756; elle donne chaque année à trois filles pauvres et d'une conduite irreprochable, une dot de 300 fl. M. Duval legua en 1775 un capital de 12250 florins pour doter annuellement trois filles chacune avec 163 fl. M. Sengwein legua en 1783 les intérèts annuels de 40,000 fl. pour donner une dot de 200 fl. à plusieurs filles paysannes. Le Comte Joseph de Fries fit en 1788 une fondation pour doter chaque année deux filles, avec 300 fl. chacune. — Outre ces fondation il y en a encore beaucoup d'autres, mais de moindre importance. La distribution de la dot se fait partie par le lot, partie par les autorités publiques.

Associations pour pensions de particuliers.

Les employés civils et les gens au service de la cour, devenus incapables de continuer leurs fonctions, sont pensionnés par le gouvernement, d'après un reglement établi par Joseph II.

Outre ces pensionnaires, plusieurs classes d'habitans de Vienne ont, avec le consentement du gouvernement, fait des associations pour s'assurer des pensions à eux mêmes, et dont voici les principales.

Association des jurisconsultes; la première mise est de 200 florins, la contribution annuelle de 20 florins. — Association pour les veuves des médecins; mise 450 florins, contribution anuelle 20 florins. — Association pour les veuves des chirurgiens bourgeois; mise 224 florins, contribution annuelle 10 florins. — Associtation des musiciens; mise 150 florins, contribution annuelle 12 florins. — Association des artistes, tant pour eux mêmes, dans l'âge qui ne permet plus de travailler, que pour leurs veuves et orphelins; mise de 100 jusqu'à 400 florins, contribution annuelle de 8 à 32 florins. — Association des marchands bourgeois; mise 400 florins, contribution annuelle 20 florins. — Association des officiers des maisons seigneuriales ; mise 100 florins, contribution annuelle 20 florins. — Association des garçons de boutique ; mise jusqu'à 40 ans, 5 florins, contribution annuelle 2 florins ; à 41 ans, mise 10 florins, contribution annuelle 5 florins, pension par mois 10 florins ; en payant 50 florins de surplus, les veuves et orphelins jouissent de la même pension. — Association pour les veuves des maîtres des écoles triviales dans les faubourgs ; mise 10 florins, contribution annuelle 6 florins. — Association des gens de livrée ; contribution par mois 10 kreuzer ; l'associé hors de service en tire 4 florins par mois, la veuve 3 florins.

Quelques unes de ces associations payent toujours la même somme de pension ; chez d'autres la somme de la pension est reglée d'après le plus ou moins grand nombre des membres pensionnés.

L'établissement pour faire revivre les morts-apparents.

Il fut fondé en 1803, pour sauver les gens qui ont souffert une mort apparente par avoir été noyés, étouffés, pendus, pris par le froid, et autres accidents pareils. A l'effet de répandre les connoissances nécessaires au rétablissement de ces malheureux, les professeurs de médecine et de chirurgie sont obligés de donner les leçons publiques sur cet objet aux étudiants de leur faculté. Comme les noyés sont ordinairement retirés de l'eau par des bâteliers et pecheurs, ceux-ci sont également obligés de se faire instruire dans la pratique de faire révivre les morts-apparents, sans quoi ils ne seront dorénavant admis à la maîtrise de leur métier. — Comme d'ailleurs la chose la plus essentielle au secours de pareils malheureux est, d'avoir sans délai les instruments et médecines nécessaires, on a placé à cet effet plusieurs cassettes remplies de ces objets dans des lieux convenables : savoir dans la ville au bureau de la police et dans 7 boutiques de chirurgiens, et dans chaque faubourg chez le juge et le directeur de police de son district, et surtout aux deux rives du Danube. — Celui qui a fait effectivement révivre un mort apparent, reçoit une gratification de 25 florins, uh témoignage public du gouvernement, et l'insertion de son nom et de son action dans les feuilles publiques; on récompensera encore ceux qui ont contribué à un tel ouvrage. Les dépenses à tout cela nécessaires sont fournies par la régence de la basse Autriche, à laquelle S. M. l'Empereur a assigné un fonds convenable, qui fut augmenté par le don de 2000 fl. d'un seigneur de Moravie.

L'association de dames nobles pour l'avancement de ce qui est bon et utile.

Cette société se forma en 1811, et compte parmi ses membres plus de 150 dames de la première noblesse de Vienne, lesquelles établirent à la pluralité de voix un comité de douze dames, présidé par la Princesse de Lobkowitz, et chargé de la direction de l'ensemble. Pour mieux atteindre le but proposé, la société a encore invité un grand nombre de dames des classes inferieures, d'y concourir par des dons gratuits annuels volontaires en argent. Les objets, vers lesquels cette association a jusqu'ici tourné ses soins, sont la maison des enfans trouvés, l'institut des sourds-muets, celui des aveugles, l'hôpital des religieuses de Ste. Elisabeth, etc. etc. Depuis quelques années elle a aussi fondé un petit hôpital à Baden.

Primes pour les Domestiques.

Depuis 1810 le gouvernement distribue annuellement 10 primes à des domestiques des deux sexes. L'individu de cette classe qui a servi loyalement à Vienne durant 25 années, et dans ce tems pendant 10 années le même maître, reçoit une prime de 150 florins. Les aspirants à telle prime ont à adresser leur supplique et leurs certificats à la Direction de police.

§. XII.

LES HÔPITAUX.

L'hôpital général.

Il y avoit autrefois plusieurs hôpitaux établis dans différents faubourgs de Vienne. L'Empereur Joseph II. réunit toutes ces fondations, et en forma en 1784 l'hôpital général.

Cet édifice est situé au faubourg l'Alsergasse; l'inscription sur la grande porte est: SALUTI ET SOLATIO AEGRORUM JOSEPHUS II. AUG. 1784. C'est un bâtiment immense, qui contient sept cours, plantées de mûriers. Il y a cent et onze chambres destinées aux malades, dont 61 pour les hommes, et 50 pour les femmes; toutes ces chambres ont 26 pieds de long sur 17 de largeur; les fenêtres sont à 8 pieds du plancher; chaque lit est à la distance de deux pieds et demi de l'autre. Outre ces chambres il y en a pour les maladies vénériennes, des chambres séparées

M

pour ceux qui sont attaqués de l'hydrophobie,
et encore des chambres à part pour les convalescents. En tout, l'emplacement est arrangé à
pouvoir contenir 2000 lits.

La réception dans cet hôpital se fait d'après
quatre classes.

Dans la première classe le malade a une chambre à lui seul, un garde-malade, et un lit com-
plet, mais il doit apporter lui-même ses habits
et son linge.

Dans la seconde classe le malade reçoit tout
comme dans la première classe, excepté la chambre à part. Dans ces deux classes on reçoit tous
les malades, excepté ceux attaqués d'une maladie incurable.

A la troisième classe appartiennent les personnes des deux sexes, qui se trouvent dans
quelque fondation publique. Dès le jour qu'un
tel individu entre à l'hôpital, celui-ci entre en
possession des révenus de la fondation assignés
au malade, et cela jusqu'à l'époque de sa sortie
de l'hôpital.

Dans la quatrième classe est la réception gra-
tuite ; quiconque en veut participer, est obligé
d'apporter de son curé un certificat d'indigence.

A l'époque de l'établissement de cet hôpital

la taxe pour y être reçu, a été reglée de la manière suivante : dans la première classe 1 florin par jour ; dans la seconde classe 30 kreuzer par jour. Les circonstances du tems ont fait, que cette taxe a été plusieurs fois changée ; mais en 1817 elle a été rétablie sur le pied suivant : le malade paye dans la première classe 3 fl. 24 kr. par jour ; dans la seconde 2 florins 8 kreuzer ; dans la troisième 45 kreuzer, s'il est habitant de Vienne ; et 1 florin 20 kreuzer, s'il est étranger.

Tout particulier qui met un de ses domestiques à l'hôpital, paye 45 kreuzer par jour ; cependant il peut l'y mettre aussi d'après la première ou la seconde classe, en payant la taxe fixée.

La cherté de toutes les choses nécessaires à un pareil institut, ayant tellement augmenté dans les derniers tems, que les fonds de la fondation primitive ne suffisent plus à l'entretien de l'hôpital, le gouvernement a mis, au commencement du Décembre 1808, un impot sur les héritages de la ville et des faubourgs, au profit de cet institut : savoir on paye de 1000 florins d'héritage jusqu'à 10000 florins, 1 florin pour 1000 ; de 10000 à 25000, 1 florin 30 kreuzer ; de

25000 à 50000, 2 florins; de 50000 à 75000, 2 florins 30 kreuzer; de 75000 à 100000, 3 florins; au cas que l'héritage monte au dessus de 100000 florins, on paye 400 florins et jamais davantage.

Tout malade a son lit à part, au dessus duquel se trouve une table avec le numero de la chambre et du lit, le nom du malade, le jour de son entrée, les médecines à lui prescrites, l'heure à laquelle il faut les lui donner, l'état de sa maladie, et la nourriture à lui destinée.

Tous les matins, en été à 7 heures, en hiver à 8 heures, on ordonne les drogues aux malades; la nourriture est d'après cinq classes de portion: a) la foible portion; b) le quart de portion; c) le tiers de portion; d) la demi-portion; e) la portion entiére; les quatre premières portions sont égales pour toutes les classes.

L'hôpital a une pharmacie richement fournie, un magazin de matériaux, des bains chauds et froids, et une chambre où l'on dépose les morts.

Le premier directeur actuel est Mr. le Dr. de Hildenbrand. Puis il y est établi un premier médecin, un premier chirurgien, plusieurs médecins et chirurgiens subalternes et praticiens, qui sont tous logés dans la maison, pour être plus à portée à assister les malades.

Dans la première grande cour se trouve une maison spacieuse tout isolée, et destinée à l'institut clinique; elle contient, outre le logis du professeur, une salle pour les leçons, plusieurs chambres pour les malades, et d'autres arrangées pour la section des cadavres, avec toutes sortes d'instruments necessaires à ces opérations. Dans les chambres de cette maison on place toujours des malades des deux sexes attaqués de maladies, qui font l'objet des leçons du professeur, qui mène les étudiants aux lits de ces malades, leur en fait observer les symptômes, et donne ainsi des leçons en pratique; les visites des malades se font depuis 7 jusqu'à 9 heures du matin; de 9 à 10 il y a leçon pour les médecins, de 10 à 11 pour les chirurgiens.

Il est permis à tout étranger comme il faut, de venir voir à tout tems tant l'hôpital que l'institut clinique.

Les petites maisons.

Sous la direction de l'hôpital général se trouvent aussi les petites maisons, ou ce qu'on appelle communement la tour des fous, établis tout près du premier. Cet édifice est d'une figure toute ronde, avec cinq étages, dont chacun contient 28 chambres; les inspecteurs sont logés dans une petite pièce separée, qui traverse la cour. Le grand édifice est chauffé en tems d'hiver par deux fourneaux, d'où la chaleur se communique par des tuyaux à toutes les chambres. En 1796 Mr. de Frank a fait l'importante amélioration, d'établir près de l'édifice un jardin, pour y donner aux convalescents quelques heures de tranquillité et de l'air pur et libre.

La réception dans cette maison se fait d'après la même classification comme à l'hôpital général.

Tout particulier, qui désire voir l'intérieur de cette maison, doit apporter un billet d'entrée, signé par le premier directeur de l'hôpital général.

L'hôpital des Frères de miséricorde.

Le couvent et l'hôpital de cet ordre se trouve au faubourg Leopoldstadt; il contient près de 60 religieux, et l'hôpital est pour 114 malades, parmi lesquels il y a beaucoup de places fondées pour certaines corporations et métiers; le reste est communément occupé par des garçons de metiers et autres pauvres. On reçoit dans cette maison des gens de toutes les nations et de toutes les religions, et à la fin de chaque année l'ordre publie la liste de tous les malades qu'il a soignés, en ajoutant le nombre de ceux qui ont été gueris, comme aussi de ceux, qui sont morts. Outre l'infirmerie, les frères de miséricorde tiennent une maison pour les convalescents, située au faubourg Landstrafse, fondée en 1753 par l'Impératrice Marie Thérèse, et où ils transportent leurs convalescents, afin de gagner plus de place dans l'infirmerie pour les malades continuellement arrivans.

Le nombre des malades traités dans cet hôpital, est de 2500 à 3000 par année.

On met encore chez les frères de miséricorde tous les prêtres, qui ont le malheur de perdre la raison.

L'hôpital des religieuses Elisabéthines.

On n'a pas supprimé les religieuses de l'ordre de Ste. Elisabeth, parce que leur institut fait du bien à l'humanité. Le couvent et l'infirmerie de ces religieuses est située à l'entrée du faubourg Landstrafse; cet établissement est pour 50 femmes ou filles malades et trop pauvres pour se faire guérir à leurs propres dépens. Il y a un médecin employé expressement à cette infirmerie, et pour le reste les malades sont soignées par les religieuses avec toute l'attention possible.

L'infirmerie pour les prêtres séculiers.

Elle se trouve dans l'Ungargasse, dans le ci-devant collège des Piaristes, et subsiste par les contributions des membres volontaires, qui sont des ecclesiástiques du diocèse de Vienne. Quand on entre dans cette société avant la 40 année, on paye 6 florins par an; de la 41 jusqu'à la 50 année, 8 florins; de la 51 jusqu'à la 60 année, 10 florins; de la 61 à la 70, 112 florins et après les 70 ans 16 florins par an. En cas de maladie les membres de la société ont le logement, le lit, le linge, la nourriture, le médecin, le chirurgien et les médecines. Ceux des membres qui en cas de maladie ne veulent pas entrer dans l'infirmerie, reçoivent dans leur demeure les soins du médecin, du chirurgien, et les drogues necessaires.

L'institut pour les necessiteux parmi les commerçants.

C'est une association pour subvenir aux besoins des gens de commerce, pauvres, malades et décrepits; elle a un directeur et quelques delegués, qui distribuent aux necessiteux de cette classe des subventions plus ou moins considerables.

Maisons des incurables.

Il y en a deux à Vienne, le Beckenhaeusel et le Sonnenhof. La destination de ces maisons est de recevoir les pauvres, que la direction de l'hôpital général à déclaré incurables, ceux qui sont attaqués de maladies dégoutantes, comme aussi les égarés tranquilles, et de les soustraire aux yeux du public. Quand le nombre des personnes de cette espèce devient trop grand pour pouvoir entrer dans ces maison à Vienne, on transporte l'excédent à Ybs et à Mauerbach, où il y a de pareils établissements pour ces malheureux.

L'hôpital des juifs.

Il est au faubourg Rofsau; c'est la famille d'Oppenheimer qui l'a fondé et le soutient avec générosité; on y reçoit et soigne convenablement tous les pauvres juifs malades, tant ceux qui sont natifs de Vienne, que les étrangers.

L'hôpital des prisonniers.

Il est établi dans la maison de force, au faubourg Leopoldstadt; on y met non seulement les déliquants de la dite maison, mais encore tous les détenus aux prisons de la ville tombés

malades ; pour les soigner, l'état paye un médecin expressément employé à ce service.

§. XIII.

L'ÉTAT DE LA RELIGION.

La religion catholique romaine est, comme
on sait, la religion dominante dans les états autrichiens, par consequent aussi à Vienne.

Son chef ici est l'archévèque de Vienne, actuellement le comte de Hohenwart. Ses revenus
annuels montent à peu près à 60000 florins. Le
chapîtré cathédral de St. Etienne forme son consistoire, qui règle les affaires ecclésiastiques et
celles de discipline en première instance, étant
au reste subordonné aux décisions de la régence du pays.

Le culte public a été considérablement refor-
mé sous l'Empereur Joseph II., et se célèbre
encore, généralement parlant, d'après les formes alors introduites. A la place du texte latin
usité jusqu'alors pour les fêtes ecclésiastiques,
on a introduit un chant allemand populaire, et
ce n'est qu'aux fêtes majeures, qu'il est permis
de chanter une messe solemnelle à pleine musique.

La Fête-Dieu.

La seule procession solemnelle, qui se fait encore tous les ans, quand il fait beau tems, c'est la procession de la fête-Dieu, et elle mérite d'être vue par les étrangers. Les métiers bourgeois, et autres semblables corporations sortent déja de grand matin de l'église de St. Etienne, font le tour prescrit, et retournent à la même église; la procession proprement dite commence à heures du matin. Elle sort de St. Etienne, passe par plusieurs rues de la ville, et retourne à la cathédrale. Tout le chemin que fait la procession, est couvert de planches, semé de fleurs et d'herbes, et garni de deux cotés par un bataillon de grenadiers. Comme la famille Impériale est ordinairement présente à cette procession, elle devient brillante: le corps de l'artillerie bourgeoise ouvre la marche; il est suivi par le clergé de toutes les paroisses et des couvents encore subsistans; viennent alors tous les servants à la Cour; l'université; les chanoines de St. Etienne; les chambellans Impériaux; les conseillers intimes; les chevaliers de St. Etienne, les chevaliers de l'ordre de Marie Thérèse, et les chevaliers de la toison d'or. Le St. Sacre-

ment est porté par l'archévêque ou par un autre
évêque. Il est suivi par S. M. l'Empereur et les
personnes de la maison régnante, après lesquelles marchent les dames de la Cour et de la ville.
La cour est escortée des deux cotés par la garde
des trabans à pied, et suivie par la garde noble
allemande et hongroise à cheval; une compagnie de grenadiers precédée d'une musique militaire ferme la marche. Durant la procession toutes les cloches de la ville sonnent; devant le
St. Sacrement on exécute une belle musique.
Quand l'office divin est fini, alors un bataillon
de grenadiers, posté sur le Graben, fait une
triple décharge, et par là finit vers midi la solemnité du jour.

Cette procession se fait le jour de la fête-Dieu
dans la ville, et le dimanche suivant les paroisses de tous les faubourgs célèbrent chacune sa
procession.

Protestans; grecs; juifs; turcs.

Après les catholiques, les communautés des
deux confessions protestantes forment le parti
religieux le plus considérable à Vienne. Sous
l'Impératrice Marie Thérèse les protestants cé-
lébroient leur culte dans les maisons des minis-

tres de Suède, de Danemarc et de Hollande.
L'Empereur Joseph II. leur donna des temples,
dont il fut déja parlé. La communauté luthérienne ici monte à peu près à 3000 ames, et
celle des réformés à 800; chacune a son consistoire, et les ministres du culte ici sont à la fois
les surintendants par les communautés de leur
confession, qui se trouvent dans la haute et
basse Autriche, dans la Styrie et la Carinthie.

Les protestants qui jouissent ici, tout comme
les catholiques, de tous les droits et prérogatives sociales, exercent leur culte publiquement
et sans aucune gêne, avec la seule exception,
qu'ils n'ont ni cloches ni clochers à leurs temples.

Les adhérants de l'église grecque sont tant
des grecs unis, que des grecs non-unis ou schismatiques; leur nombre est à peu près égal à
celui des protestans. Il a déja été plus haut
question de leurs églises : là tous les dimanches
et fêtes de leur religion, l'office divin se célèbre solemnellement d'après leur rit.

Outre les juifs établis à Vienne, il s'y trouve
toujours un grand nombre de ces gens, venants
de toutes les provinces héréditaires, et surtout
de la Gallicie; ils ne possèdent pas une synagogue proprement dite, mais dans une maison

Nro. 528 au Kienmarkt il se trouve une salle arrangée en synagogue, avec une école juive.

Depuis long-tems il se trouvoient déja quelques marchands turcs à Vienne; ceux-ci exercent leur culte dans leurs maisons.

§. XIV.

ETABLISSEMENTS POUR LES SCIENCES ET L'ÉDUCATION.

L'Université.

L'Université de Vienne a eté fondée en 1237 par l'Empereur Frédéric II. le Duc Rodolphe IV. et son fils le Duc Albert III., qui la firent confirmer par les Papes Urbain V. et Urbain VI. On y fit de tems en tems des améliorations, d'après les lumières et l'esprit de ces tems là. En 1662 l'Empereur Ferdinand II. rémit cette université aux Jésuites, qui l'arrangérent d'après leurs plans, et en occuperent toutes les chaires.

En 1756 elle essuya une reforme entière: le célèbre Baron Gerard van Swieten avoit, conjointement avec le professeur Rieger, dressé un plan d'études tout nouveau; l'Impératrice Marie Thérèse l'approuva, et resolut en même tems, de construire un édifice nouveau, propre aux leçons publiques. L'ouvrage fut commencé en 1753, achevé à la fin de l'année 1755, et le 5. Avril 1756 la nouvelle université fut ouverte avec solemnité.

L'édifice de l'université est situé sur la place, nommée pour cette raison la place de l'université; c'est un quarré long et tout à fait isolé; il a outre le res de chaussée deux étages, surmontés de l'observatoire astronomique. L'entrée principale est décorée de deux fontaines, et porte l'inscription suivante: FRANCISCUS I. ET MARIA THERESIA AUGG. SCIENTIIS ET ARTIBUS RESTITUTUM POSUERUNT. ANNO 1753; il y a encore deux entrées des deux cotés, et toutes les trois mènent à une grande halle, soutenue par vingt piliers de pierre.

Au rez de chaussée sont les salles dediées aux leçons de chirurgie et de quelques branches de médecine, avec une chambre où les membres de la faculté de médecine s'assemblent pour faire subir l'examen aux candidats de cette faculté. Il s'y trouve encore le théatre anatomique, le laboratoire de chîmie, et le local dédié aux leçons sur la chîmie. Au premier étage se trouve le grand et magnifique sallon destiné aux assemblées des professeurs, aux disputations et autres actes publics et solemnels; son plafond est peint par Guglielmi, et aux quatre murailles on voit des figures allégoriques, représentant les quatre facultés. Dans cet étage sont aussi les salles destinées aux leçons sur le droit, sur les sciences politiques, philosophiques et theologiques, comme aussi la salle de physique et méchanique, enrichie d'une quantité de machines, modèles et instruments, travaillés avec beaucoup d'art. Au second étage se trouve la grande salle vouée aux leçons de médecine, et dans cette salle on voit le buste du susdit Baron van Swieten, travaillé en bronze, que l'Impératrice Marie Thérèse lui fit ériger en 1769, comme monument de gratitude pour ses soins et travaux en faveur des sciences. On y voit encore une riche collection de pièces d'anatomie faites par Ruysch, Albin, Lieberkuhn etc. avec une quantité de microscopes, que Mr. de Swieten a acheté, et donné à la faculté de médecine. Au troisième étage et à la tourelle y construite se trouve l'observatoire; il possède tous les instruments nécessaires aux observations astronomiques et météorologiques, de superbes télescopes etc. et un cabinet tout particulièrement arrangé pour les expériences d'optique. Le professeur actuel d'astronomie, Mr. le Chev. de Bürg reçoit tous les étrangers instruits, et les fait même prendre part à ses observations; il fait journellement les observations météorologiques, qui deux fois par semaine sont publiées dans la gazette de Vienne.

Depuis la suppression des Jésuites on a de tems en tems créé des chaires nouvelles pour diverses branches de sciences, et fait maintes autres améliorations à cette université. En l'an 1784 l'Empereur Joseph II. ordonna de faire les prélections sur toutes les sciences (à l'exception de la théologie dogmatique et du droit ecclésiastique) en langue allemande, ce qui ne se pratique plus depuis quelques années, plusieurs prélections de théologie, du droit, de médecine et de philosophie étant faites déréchef en langue latine. En 1787 ce même Monarque ordonna une taxe pour les leçons publiques, chose jusqu'alors inusitée dans les écoles publiques des pays autrichiens; d'après ce règlement il faut payer pour les écoles au gymnase 12 florins par an; pour le cours philosophique 18 florins; pour celui en droit 30 florins, et autant pour celui de médecine; le cours de théologie est gratis. Ces taxes cependant ne se payent pas aux professeurs, mais on en forme des stipendium ou rentes annuelles, qu'on donne à des étudiants

N

pauvres, qui se distinguent par leurs talents et leur application.

Sous l'Empereur Leopold II. l'université de Vienne fut reçue parmi les états de la basse Autriche, où elle tient un député siégeant parmi les prélats.

D'après l'ancienne coûtume, l'université est partagée en quatre facultés, savoir *celles de théologie*, du droit, de la médecine, et de la philosophie, comme aussi en quatre nations académiques, savoir l'autrichienne, la rhénane, l'hongroise et la saxonne. Les chefs de l'université forment le consistoire; celui-ci comprend le Recteur (choisi tous les trois ans tour à tour d'une des quatre facultés), le chancelier, les directeurs et présidents, les doyens et séniors des quatre facultés, les procureurs des nations académiques et enfin le syndic de l'université. La faculté de théologie compte 7 professeurs; celle du droit 13, celle de la médecine 13, celle de la philosophie 12, de sorte que le nombre total des professeurs ordinaires et extraordinaires monte à 45, auxquels il faut encore ajoûter 7 instructeurs de langues et de literature étrangère. Tous les professeurs sont payés par la Cour.

Le professeur de la physique expérimentale et de la méchanique donne, chaque dimanche de la belle saison, des leçons particulières en faveur des artistes, fabricants et gens de métiers.

L'université possède une bibliothèque ouverte au public, une collection d'histoire naturelle, et le jardin botanique, dont il sera parlé ci-après. Elle possède en outre des fondations pour 234 étudiants pauvres de toutes les facultés, de divers pays, endroits et familles, lesquelles montent de 24 jusqu'à 300 florins par an, et dont disposent les surintendants. Comme les taxes pour les leçons publiques sont également employées en fondations, on en a formé 16 (chacune de 150 florins) pour des étudiants en droit et médecine, et 28 (chacune de 120 florins) pour des étudiants en philosophie.

Le Seminaire archiépiscopal.

Après la suppresion des seminaires generaux établis par Joseph II.; on autorisa les évêques de former des seminaires diocesains. Le seminaire archiépiscopal de Vienne est vis-à-vis de l'église de St. Etienne, dans l'édifice dit la cure, c'est à dire la démeure du curé. Les élèves y sont logès et nourris au nombre de 50 à 60, et frequentent les leçons de théologie à l'université.

L'Institut pour les prêtres séculiers.

Il est établi depuis 1816 au couvent des augustins en ville. Le but en est, de former des jeunes prêtres de toutes les provinces autrichiennes pour les emplois majeurs du clergé, tels que professeurs, directeurs de seminaires, regents de colleges, évêques etc. Ils sont au nombre de 30 à 40, et entretenus aux frais de l'Empereur.

Le convict.

Il y a encore des fondations pour des étudiants en humanités, dont quelques unes pour des familles nommément désignées, d'autres pour des étudiants d'une certaine province ou endroit natal, quelques unes enfin pour telle ou telle science. La nomination à ces fondations dépend, soit de la régence de la basse Autriche, soit de l'université, soit enfin de la famille des fondateurs. — Autrefois c'étoit au gré des parents, tuteurs etc. des étudiants pourvus d'une pareille fondation, de les avoir chez eux, ou de les faire entrer dans une maison d'éducation; mais en 1802 le gouvernement établit le convict, et obligea tous les étudiants jouissant d'une fondation, d'y entrer. Cet institut est vis-à-vis de l'université, et porte l'inscription: INSTITUTIONI JUVENTUTIS VOVIT FRANCISCUS II. 1802. Les élèves fréquentent les prélections publiques, mais dans la maison ils sont sous une exacte surveillance, sous la direction de quelques piaristes.

Les gymnases.

Il y en a trois: celui de l'université et celui des écossois dans la ville, et le troisième à la Josephstadt. Les professeurs au premier et au troisième sont des piaristes, ceux aux écossois, des bénédictins. Dans chacun de ces gymnases on enseigne les mêmes objets, se sert des mêmes livres d'instruction, et observe la même distribution de quatre classes grammaticales, de la poésie et rhétorique. Les objets qu'on y enseigne, sont: la religion, le style allemand, l'arithmétique, la langue latine et grecque, l'histoire naturelle, la géographie ancienne et moderne, l'histoire des états anciens et modernes, les humanités d'après les auteurs classiques, l'introduction à l'histoire universelle, les éléments des mathématiques. La taxe pour les leçons aux gymnases est de 12 florins par an.

Les écoles normales et triviales.

Les écoles normales ont été établies par l'Impératrice Marie Thérèse en 1772, et appelées de ce nom, parcequ'elles devoient servir de modèle (norma) à toutes les écoles de la Monarchie autrichienne. Le premier directeur étoit Mesmer, le directeur actuel est Mr. Spendou, chanoine de St. Etienne; le local de ces écoles est à St. Anne. Les matières qu'on y enseigne, sont la religion, l'art de lire et d'écrire, l'ortographe, la calligraphie, les éléments de l'arithmetique; ce sont proprement dit les institutions préparatoires pour le gymnase. La taxe annuelle dans ces écoles est de 10 florins.

Il est à la verité permis à tout père de famille, de faire enseigner à ses enfans les objets des écoles normales et des celles du gymnase chez lui et par des précepteurs particuliers; mais si après cela il veut les faire frequenter les écoles au gymnase ou les leçons à l'université, il doit préalablement les assujettir à un examen des professeurs de l'école normale, ou au second cas des professeurs du gymnase, sur toutes les matières qu'on y enseigne, et le jeune homme doit en mériter des certificats favorables de son application, sans quoi il n'est pas admis au gymnase ou à l'université.

Les écoles triviales sont pour le menu peuple; on n'y enseigne que la religion, l'art de lire, d'écrire, et l'arithmétique. Ces sortes d'écoles sont établis dans tous les faubourgs, et y vont jusqu'à 60. — La taxe annuelle y est de 3 florins.

L'école normale des Protestants.

Elle se trouve à la Dorothéergasse, dans l'enceinte de l'édifice qui renferme les temples des communautés de la confession lutherienne et helvetique. Elle a un premier Inspecteur de la capitanerié de la ville, un inspecteur Predicant de la confession d'Augsbourg, un inspecteur Predicant de la confession helvetique, un catechiste de chaque confession, et 3 instituteurs pour les 3 classes de l'école normale.

L'académie de commerce et d'économie, (dite l'académie réale).

Cet institut, fondé en 1770, fut organisé en 1808 d'après un plan nouveau et plus adapté aux besoins de nos tems. Son but est de fournir, dans le plus court espace de tems possible, aux jeunes gens les connoissances préalables nécessaires aux différents métiers, au commerce, aux fabriques et manufactures, à l'économie et aux emplois civils, qui à la vérité ne demandent pas des sciences strictement prises, mais bien une quantité de connoissances en plusieurs genres. Pour parvenir à ce but, on y enseigne, pendant un cours de 3 ans, les objets suivants: la déclamation et l'instruction pour le choix d'une lecture utile; la grammaire allemande, fondée sur la logique; l'instruction pour la correspondance sur toutes sortes d'affaires; la calligraphie; l'art de dessiner des fleurs, ornements, machines etc.; l'arithmétique, surtout à l'usage du commerce; les mathématiques nécessaires aux économes, gens de métiers, fabricants; la science et l'histoire du commerce, la connoissance des marchandises et le droit mercantil; la géographie par rapport au commerce, aux produits et à la balance mercantile des états; l'histoire naturelle, surtout celle des objets qui fournissent les matériaux au commerce, aux fabriques et aux métiers; l'économie rurale et forestière d'après les découvertes et expériences les plus récentes; la physique et la chimie, appliquées aux fabriques et à l'art de la teinture, l'histoire universelle et la religion.

Pour l'instruction dans tous ces objets on paye 3 florins par mois. — On apprend en outre pour une taxe modique la langue latine, française, italienne, angloise et bohême. — Les jeunes gens qui veulent entrer dans cette académie, doivent préalablement avoir fait la troisième ou quatrième classe normale, ou bien quelques classes des gymnases, et avoir quatorze ans.

Depuis la fondation de l'institut polytechnique, l'academie est réunie à celui-ci.

L'académie Thérèsienne.

L'Impératrice Marie Thérèse fonda en 1746 une académie pour la jeune noblesse du pays. La Princesse Emanuelle de Savoie, née Princesse de Lichtenstein, fit une fondation semblable, et les états de la basse Autriche en firent une troisième. Dans la suite ces trois fondations firent réunies, et existèrent sous le nom de l'académie noble Thérèsienne, ou communément appelée le Theresianum. L'édifice consacré à cet établissement est situé au faubourg Wieden, dans la Favoritengasse, parce que ce même édifice sous l'Empereur Charles VI. s'appeloit la Favorite. En 1784 l'Empereur Joseph II. sup-

prima l'académie, convertit ses révenus en bour-
ses (stipendium), qu'il donna aux jeunes gens
qui y avoient des prétentions, et leur ordonna,
de fréquenter les leçons publiques à l'université.

Sous l'Empereur François II. cette académie a
été rétablie et ouverte au mois de Novembre 1797.
L'édifice est vaste et magnifique, et porte aujourd'hui l'inscription suivante: INSTITUTIONI NO-
BILIS JUVENTUTIS D. M. THERESIA PRIMUM CONDIDIT
1746. IMPER. CAESAR FRANCISCUS II. AUG. RESTI-
TUIT 1797. L'institut est, comme le dit l'inscription, consacré uniquement à l'éducation de la
noblesse, cependant il n'est pas seulement pour
la noblesse des états hereditaires, mais pour une
somme fixe on y reçoit de jeunes nôbles de tous
les pays catholiques. Le nombre des élèves monte ordinairement au delà de 200, et ceux qui ne
jouissent pas de places de fondation, payent
pour leur entretien 1200 florins par an.

On enseigne aux élèves les humanités, les sciences philosophiques et juridiques; puis les langues vivantes des principaux pays, et les exercices nobles, comme monter à cheval, danser,
faire les armes. L'académie possède une bibliothèque, destinée à elle seule, une collection
d'instruments de physique, une collection d'hi-

toire naturelle, un grand jardin, où l'on a pratiqué des plantations de botanique et d'économie, et un manège. Le directeur de l'académie, les recteurs et les professeurs des classes des humanités, comme aussi les préfets ou surveillants de l'ordre et de la moralité, sont tous des piaristes. Outre ceux-là il y a 11 professeurs pour la classe de philosophie et 10 pour célle du droit, tant piaristes que séculiers; puis 10 maîtres de la langue et littérature française, angloise, italienne, bohême, hongroise et polonoise; enfin des instituteurs d'architecture, de la botanique et du dessin.

Le collège de Loewenbourg.

Il est situé au faubourg Josephstadt, près du collège des piaristes, qui en ont la direction et en sont les professeurs. Il fut fondé en 1732 par un comte de Loewenbourg, et destiné à l'éducation de jeunes gentils-hommes natifs d'Autriche et de la Hongrie. Les objets qu'on y enseigne, sont ceux des écoles normales, les humanités et les sciences philosophiques; il y a aussi des maîtres de langues, du dessin et de danse. Ce collège possède une bibliothèque et une collection d'instruments de physique et mathématique. Depuis le rétablissement de l'académie Thérèsienne le nombre des élèves dans ce collège a beaucoup diminué.

L'académie médico - chirurgique Josephine.

Elle est située au faubourg Waehringergasse, et considérée comme pièce d'architecture, c'est un des plus beaux bâtiments de Vienne. C'est l'Empereur Joseph II. qui l'a construite et fondée, et sa destination est de fournir aux armées autrichiennes les médecins et chirurgiens nécessaires. L'inscription est: MUNIFICENTIA ET AUSPICIIS IMP. CAES. JOSEPHI II. P. F. SCHOLA MEDICO-CHIRURGICA, MILITUM MORBIS ET VULNERIBUS CURANDIS SANANDISQUE INSTITUTA, AEDE ET OMNI SUPELLECTILE SALUTARIS ARTIS INSTRUCTA, ANNO R. S. 1785. Elle a été ouverte avec solemnité le 7 Novembre 1785; et l'Empereur fit frapper à cette occassion une médaille d'or de la valeur de 40 ducats. Le premier directeur étoit le chevalier de Brambilla, qui en a fait l'arrangement et dressé les statuts.

Cette académie est sous l'intendance suprème du conseil de guerre, qui paye les appointements des professeurs et toutes les dépenses de la maison. Le nombre des élèves est fixé à 200, dont 50 reçoivent par mois un modique salaire de l'académie. Les professeurs sont au nombre de cinq, avec un prosecteur. Le cours des leçons ne dure que deux années; elles se font en langue allemande. Au bout des deux années chaque élève est assujetti à un rigoureux examen, et en cas qu'on le trouve assez capable, il est créé docteur en chirurgie et employé à l'armée.

L'institut possède une bibliothèque bien choisie et riche en fait de médecine, de chirurgie, d'anatomie, de botanique et d'histoire naturelle, tous ces livres dans les éditions les plus précieuses; elle est uniquement à l'usage des professeurs et des élèves, et on y voit le buste en marbre du fondateur Joseph II., fait par Cerracchi.

La collection d'histoire naturelle comprend des pièces des trois règnes de la nature, mais principalement des produits nécessaires pour la matière médicale et la chimie.

On y trouve en outre une collection complette et précieuse de toutes sortes d'instruments chirurgiques, de toutes sortes de bandages, de machines nécessaires aux opérations chirurgicales; une collection d'os malades, de squelettes, de foetus naturels et monstrueux de toutes les

périodes de la grossesse; une collection de pré-
parats pathologiques en cire, un théatre d'anatomie, et enfin la nombreuse collection des pré-
parats anatomiques en cire, faite par Fontana
et Moscagni à Florence: cette collection remplit
sept chambres, dont deux au second étage, et
dont le contenu est rélatif à l'accouchement. L'a-
cadémie a aussi un jardin botanique, contenant
principalement des plantes médicinales.

Près de l'académie se trouve l'hôpital militaire, établi là, afin que les élèves soient à portée
de faire des observations et des essais pratiques.
Cet hôpital peut contenir 1200 malades, est pour-
vu d'une pharmacie, d'un laboratoire chimique
et d'une école clinique.

Depuis que Mr. Brambilla a quitté l'académie,
la charge de directeur est exercée tour à tour
par les professeurs ordinaires.

L'académie orientale.

Elle est établie dans la ville, dans la maison
dite de Jacobines, et fut fondée par l'Impératrice Marie Thérèse en 1754. Son but est de
dresser quelques jeunes gens pour les affaires à
traiter avec la Porte Ottomane. La fondation est
pour douze élèves, dont l'occupation principale

est de s'appliquer aux langues orientales; on leur enseigne en outre les langues européennes, les sciences philosophiques et juridiques et les exercices du corps. Après avoir terminé le cours d'études dans cette académie, on les envoye à l'ordinaire à la mission Impériale à Constantinople, pour s'y perfectionner par la pratique dans les langues orientales. Dans la suite ils sont employés à la chancellerie d'état à Vienne, à la mission de Constantinople, ou en qualité de consuls et interprêtes aux ports du Levant ou dans les provinces limitrophes de la Turquie.

Cette académie est sous la direction de la chancellerie d'état; elle possède une collection de manuscrits orientaux.

Le pensionnat de filles.

Cet institut fut fondé par l'Empereur Joseph II. en 1787, et se trouve depuis 1806 dans le faubourg l'Alsergasse. Le dit Monarque souhaitoit d'améliorer l'éducation des filles, tant dans les maisons des particuliers que dans les écoles publiques, sans qu'il fut désormais nécessaire, de faire venir des gouvernantes et institutrices des pays étrangers. Il fit donc cette fondation pour 24 filles entre 7 et 14 ans, qui sont defrayées en 'tout par l'institut; outre celles-ci on reçoit aussi d'autres pensionnaires pour une somme annuelle fixée, qui jouissent du même entretien et de la même instruction. Les filles restent huit ans au pensionnat, et puis leur destination est d'entrer en qualité de gouvernantes dans des maisons de particuliers, ou en qualité d'institutrices dans les écoles publiques des filles. Pendant leur séjour à l'institut on leur enseigne la religion, l'orthographe, l'arithmétique, le dessin, l'histoire naturelle, la géographie, l'histoire universelle, l'art de dresser toutes sortes d'écrits pour les affaires domestiques, la langue allemande et française, et les ouvrages du sexe. Pour la doctrine de la religion il y a un prêtre, pour les autres objets des instituteurs de l'état civil.

On reçoit de tems en tems de nouvelles élèves, auxquelles celles, qui ont déja achevé leur cours d'instruction, donnent des leçons, de sorte que ces dernières trouvent déja dans l'institut même occassion de se former pour leur destination future.

• Toutes ces filles sont habillées en uniforme, décemment mais simplement.

Le pensionnat de filles à Herrenals.

L'arrangement et l'instruction dans cet institut sont presque tout à fait les mêmes comme au précédent. La seule différence est, qu'on ne reçoit dans celui-ci que des filles pauvres d'officiers, et qu'elles sont toutes entretenues au dépens de la Cour.

Le pensionnat des Salesiennes.

Les religieuses Salesiennes ou de la visitation, au Rennweg, ont un institut pour les filles de la haute noblesse, auxquelles on enseigne les langues, la danse etc. A l'exception d'un petit nombre de places fondées, les autres pensionnaires sont obligées de payer une somme annuelle, moyennant laquelle ces religieuses prennent des filles de tous les pays catholiques.

L'école des Ursulines.

Les religieuses Ursulines dans la ville tiennent école pour les filles bourgeoises, auxquelles elles enseignent gratis ce que les jeunes garçons apprennent aux écoles triviales.

L'école vétérinaire, avec l'infirmerie pour les bestiaux.

Cet institut a été fondé par l'Empereur Joseph II.,

O

et ouvert en 1777. Les édifices avec la prairie y attenante, sont situés au faubourg Landstrafse, rue du corbeau (Rabengasse). On y enseigne en théorie et en pratique les diverses branches de l'art vétérinaire. Un premier professeur enseigne l'histoire naturelle, appliquée à la connoissance des chevaux, à leur choix pour différentes sortes de service et de travaux; il donne la théorie de la ferrure et des leçons sur les maladies et l'épizotie des chevaux, des bêtes à cornes, et des cochons. Un second instituteur enseigne la ferrure en pratique; un troisième enseigne l'anatomie et la physiologie; l'apothicaire enseigne la connoissance des drogues et l'art de les préparer. Les leçons se donnent en langue allemande, et le cours entier d'instruction dure un peu au delà de deux années.

Les étudiants se rassemblent à 7 heures du matin chez le directeur, vont voir avec lui les malades, et assistent aux ordonnances et opérations qu'il faut faire chaque jour. Depuis 9 jusqu'à 10 heures se font les leçons, et depuis 3 jusqu'à 5 heures après midi les répétitions et examinations. Outre les natifs du pays il est permis aussi aux étrangers de participer à cette instruction.

Le nombre des chevaux malades est à l'ordinaire de 20 à 30, et tout au plus de 40 à 50. Il est permis à tout particulier de mettre des bestiaux malades à cette infirmerie, en payant le fourage et les drogues; on en reçoit tant qu'il y a de l'emplacement pour eux. Ce n'est cependant qu'en cas qu'une epizotie se manifeste aux environs de Vienne, qu'on reçoit des brébis ou autres bêtes à cornes malades. Il fut ordonné en 1777, qu'aucun maréchal-ferrant ne fut admis à la maîtrise, sans avoir fait le cours de l'école vétérinaire. En 1780 il fut ordonné, qu'aucun médecin ne puisse obtenir un physicat public, sans avoir fréquenté les leçons sur les maladies et épizoties des bêtes à cornes; pour cette raison cette dernière partie de l'art vétérinaire se donne annuellement, et son cours dure six mois.

Cet établissement, autre fois subordonné au conseil de guerre, est incorporé à l'université; le directeur est aussi le premier professeur; en outre il y a encore 3 professeurs et 3 correpetiteurs.

La société économique.

Son protecteur est l'Archiduc Jean, et le président le Comte Rodolphe de Wrbna. Elle est composée de plus de 150 membres, tant de grands Seigneurs, possesseurs de terres, que de professeurs publics et administrateurs de terres dans toutes les provinces autrichiennes, qui s'occupent d'essais et d'améliorations de toutes sortes en fait d'économie et d'agriculture.

L'Institut polytechnique.

Il fut fondé en 1815 par l'Empereur actuellement regnant. Son but est de multiplier les connoissances qui servent de base aux arts et métiers, de former des élèves instruits et capables de transplanter dans les fabriques et les ateliers les découvertes et améliorations y relatives, et de dévenir les instituteurs de leurs associés et subalternes, pour avancer de cette façon l'industrie nationale, et repandre les connoissances utiles. L'académie commerciale et la collection des productions des fabriques du pays sont, comme parties integrantes, incorporées à cet Institut. En outre S. M. lui a donné son propre cabinet de physique. — Les objets qu'on y enseigne, sont 1. la chimie generale par rapport à la téchnologie, 2. instruction sur plusieurs branches chimico-techniques, tant en théorie que par des experiences, p. e. sur la fermentation, et la methode d'en tirer avantage, sur l'art de teindre, sur les fabrications chimiques, sur la pyrotechnie et la metallurgie; 3. la physique avec des experiences; 4. les mathematiques dans toute leur étendue avec application pratique; 5. géométrie pratique avec l'art de niveller et dè mesurer les mines, y compris le dessin mathematique; 6. la connoissance des machines, avec leur dessin d'après les modèles; 7. l'architecture civile et hydraulique; 8. la technologie empirique, laquelle traite de ceux des métiers, dont il n'est pas question dans la branche chimique ni mathematique. — L'académie commerciale sert d'école préliminaire à l'Institut. — Les collections de l'Institut, outre le grand laboratoire chimique, sont: a) une grande collection technologique de toutes les produetions des fabriques de la Monarchie; b) le cabinet physique et mathematique avec l'apparat necessaire pour la physique, la géométrie et l'optique; c) une grande collection de modèles de toutes les machines connues. — L'Institut se trouve à l'entrée du faubourg Wieden, à gauche, Nro. 1. Les leçons commencent chaque année le 1 Novembre. L'accès est ouvert à chacun qui possède les connoissances préliminaires y relatives; le cours d'instruction est de deux ans. Le directeur est Mr. P r e c h t l , logé dans l'Institut.

Le nouvel édifice destiné à cet institut fut commencé 1815 et fini en 1817. Quoiqu'il fut deja bien avancé, l'Empereur de retour de France et d'Italie s'y rendit le 14 Octobre 1816 et mit la première pierre, accompagné de tous les Ministres, Presidents et les premiers de la cour. on frappa des medailles d'or et d'argent, dont l'avers porte le portrait de l'Empereur, avec l'inscription : FRANCISCUS I. IMPERATOR AUSTRIAE. Le revers represente la façade de l'édifice avec l'epigraphe : MUNIFICENTIA AUGUSTI, et dans l'exergue : INSTITUTUM POLYTECHNICUM FUND. VIND. 1815.

§. XV.

BIBLIOTHÈQUES.

La bibliothèque Impériale-Royale.

L'édifice consacré à cette bibliothèque, situé sur la place de Joseph, qui est contigu au palais Impérial, a été construit par l'Empereur Charles VI.; l'architecte fut Fischer d'Erlach. Il occupe un coté tout entier de la place Joseph, lequel il embellit par préférence. Sur le dôme, au centre de l'édifice, on voit la statue de Minerve dans un char triomphal, trainé par quatre chevaux blancs, ornés de housses de bronze doré, terrassant l'envie et l'ignorance. Sur un des cotés de l'édifice on voit Atlas portant la sphère céleste, et auprès de lui deux figures représentant l'astronomie; sur l'autre coté on voit Tellus portant la sphère terrestre, et auprès d'elle deux figures représentant la géometrie; les deux sphères sont de bronze doré.

Sous la statue de Minerve se trouve l'inscription suivante en lettres dorées: CAROLUS AUSTRIUS, DIVI LEOPOLDI AUGUSTI FILIUS, AUGUSTUS ROMANORUM IMPERATOR, PATER PATRIAE, BELLO UBIQUE CONFECTO, INSTAURANDIS FOVENDISQUE LITTERIS AVITAM BIBLIOTHECAM INGENTI LIBRORUM COPIA AUCTAM, AMPLISSIMIS EXSTRUCTIS AEDIBUS PUBLICO COMMODO PATERE JUSSIT. 1726. — La bibliothèque a deux entrées: l'une du palais, qui n'est que pour la Cour; l'autre ordinaire au coin de la place Joseph. On arrive d'abord à une grille de fer, sur laquelle on lit: BIBLIOTHECA PALATINA. Au dedans de cette grille on voit plusieurs pièces d'antiquité du tems des romains, comme des morceaux de colonnes, des pierres avec des inscriptions, des bustes etc. Delà on monte sur un escalier magnifique à la bibliothéque.

Il est impossible de peindre l'impression imposante dont on est frappé en entrant dans ce sallon, qui a 240 pieds de long sur 54 de large, et la hauteur d'un temple bien proportionné; le tout fait un quarré long, au milieu duquel se trouve un dôme oval, qui est soutenu par huit colonnes, au centre desquelles se trouve la statue de Charles VI. en grandeur naturelle, fait de marbre de Carare, et autour d'elle les statues de douze autres Empereurs de la maison d'Autriche. Le sallon est encore orné de plusieurs bustes tirés de l'antiquité. Le marbre, l'or et les travaux du pinceau sont partout étalés avec une sorte de profusion: la peinture est de Daniel Gran, dont le chef-d'oeuvre est le plafond du dôme, où toutes les sciences, représentées par des figures allégoriques réunies en cercle, se donnent la main.

Les armoires, au dessus desquelles on voit de grands médaillons dorés, et la spacieuse galerie, qui fait le tour de tout le sallon, qui contient autant d'armoires que les parois inférieurs, et à laquelle on monte par quatre escaliers dérobés, sont, comme toute la boiserie du sallon, de noix magnifiquement travaillées.

Ce fut l'Empereur Maximilien I., qui vers la fin du quinzième siècle commença cette collec-

tion .de livres. Rodolphe II., Ferdinand III.,
Leopold I., Charles VI., Marie Thérèse, Joseph II.
et l'Empereur François actuellement regnant,
l'augmenterent et l'onrichirent de plus en plus,
de sorte, qu'aujourdhui elle compte pres de
300000 volumes. Outre les livres appartenants à
toutes les branches des sciences, parmi lesquels
on trouve partout les plus précieux et les plus
rares, on conserve dans une chambre particuliere la collection des premiers livres imprimes
depuis l'invention de la typographie jusqu'à
l'an 1500 inclusivement, et cette collection est
composée de plus de 6000 volumes.

Les manuscrits se conservent dans deux chambres particulières, et leur nombre monte à plusieurs milliers; Lambecius, Nessel, Kollar et
Denis en ont fait connoître les plus intéressants.

Outre les livres et les manuscrits, cette bibliothèque possède une superbe collection de gravures, qui remplissent 800 volumes, faisant en
tout 30000 pièces, parmi lesquels se trouvent
217 volumes tous remplis de portraits, ce qui
fait une collection, qui dans son genre égale les
collections les plus complettes de l'Europe;
25 volumes renferment des peintures en miniature, dont 5 volumes présentent les tableaux de

la galerie Impériale avec les noms des maîtres ;
et 22 volumes contiennent de quadrupèdes, oiseaux, plantes, fleurs et fruits, le tout peint d'à-
près la nature.

Parmi les pièces les plus précieuses et les plus
rares de cette bibliothèque, on compte les écritures originelles des anciens Mexicains, consistant
toutes en figures et images symboliques, dont
Robertson a fait copier une partie dans son histoire de l'Amérique ; les manuscrits orientaux,
qui ont eté achetés à Constantinople en 1677 ;
un manuscrit de Dioscoride avec de plantes peintes, du huitième siècle ; un Codex, contenant
la cinquième décade de Tite Live ; les manuscrits de l'Empereur Charles V.; l'acte original du
concile provincial tenu dans l'église de St.Etienne
à Vienne, en 1267 ; le manuscrit du poéme de
Jérusalem délivré, écrit par Torquato Tasso lui-
même ; la fameuse table de Peutinger ; l'original
du Senatus Consultum romain, par lequel l'an
U. C. 567 furent prohibés les bacchanales : un
très vieux Codex en couleur de pourpre ; la collection des livres turcs, arabes et persans, qui
furent imprimés à Constantinople dans l'imprimerie, que la Porte Ottomane y établit au commencement du 18ième siècle ; quelques feuilles

du Koran de Mahomed avec des caractères kufi-
ques, du neuvième siècle: quelques morceaux
de l'ancien papyrus de l'Egypte; une grande
quantité d'ouvrages précieux en éditions rares,
sur grand papier, parmi lesquels se distingue
surtout la superbe bibliothèque du Prince Eugène de Savoie.

La bibliothèque a un revenu annuel de 12000 florins, destinés à l'achat de livres nouveaux : s'il
arrive cependant des occasions extraordinaires
d'avoir des ouvrages rares ou essentiels au com-
plétement de la bibliothèque, ils sont achetés
sans égard à la somme susdite.

Pour des raisons connues, aucun particulier
n'est admis à la bibliothèque, sans y être accompagné d'un employé. Encore est-il absolument prohibé, de jamais y porter de la lumière,
et cela pour obvier à tout danger d'incendie.

Le préfet actuel de la bibliothèque est le Comte
Ossolinski, puis il y a quatre gardes (custodes), quatre scriptores, un praticant et trois valets en livrée.

La bibliothèque est consacrée à l'usage du
public; près d'elle est la salle de lecture, qui
est ouverte en été depuis 8 heures du matin jusqu'à midi, et depuis 3 jusqu'à 6 heures du soir,
en hiver depuis 9 heures du matin jusqu'à midi.

compte près de 30000 volumes, et contient des ouvrages sur toutes les branches de littérature, toutes les superbes éditions de Didot et Bodoni, comme aussi quelques livres et manuscrits rares par leur antiquité.

La bibliothèque du Comte de Fries, très riche en ouvrages sur les antiquités, sur les beaux arts, sur l'histoire naturelle, sur les voyages, et en nouvelles éditions magnifiques dans toutes les langues.

Les bibliothèques du Comte de Harrach et du Comte Appony; elles sont assez riches en livres sur toutes les branches des sciences.

La bibliothèque du Chancelier de Transylvanie, Comte Samuel Teleky. Elle comprend surtout une collection complette des éditions des auteurs classiques. Le propriétaire en a fait imprimer le catalogue.

La bibliothèque du Prince Nicolas Esterhazy.

De la bibliothèque de l'académie Thérèsienne, de celle du collège de Loewenbourg et de l'académie medico-chirurgique a déja été fait mention ci-dessus.

Le couvent des Bénédictins, dits les Ecossois, ceux des Dominicains, des Augustins et des Franciscains possèdent des bibliothèques, où les con-

'noisseurs en littérature trouvent des ouvrages dignes de leur attention.

§. XVI.

COLLECTIONS EN FAVEUR DES SCIENCES.

Le cabinet Impérial d'histoire naturelle.

Il se trouve au palais, sur le corridor des augustins, et contient des minéraux, des testacées et des plantes marines, en fait desquels il est sans contredit un des plus riches.

Toute cette collection est partagée en quatre chambres : la première renferme les coquillages, les zoophytes, les pétrifications et fossiles ; la seconde, toutes les espèces de terres et de pierres ; une collection bien complette de toutes les espèces de marbres ; les espèces des pierres, depuis le grain de sable jusqu'au diamant : parmi celles-ci se trouve la grande opale, pesant 17 onces, et la plus grande qu'on connoît ; on y voit encore une collection de tabatières de pierres les plus rares et les plus choisies. La troisième chambre renferme les sels, les pyrites, les métaux, les demi-métaux, les bitumes, et les produits volcaniques. Dans une quatrième chambre on voit près de 60 pièces de marquetterie de Florence, parmi lesquelles plusieurs

tableaux en perspective méritent surtout l'attention. Il s'y trouve encore un bouquet fait de toutes sortes de pierres précieuses, dont on a taillé
les fleurs d'après leurs couleurs naturelles; sur
les fleurs on y voit ramper quelques insectes,
également travaillés en pierre d'après leur forme
et couleur naturelle. L'Impératrice Marie Thérése
régala de ce bouquet son époux, qui le donna à
ce cabinet, dont il étoit proprement le fondateur.

Ce cabinet est ouvert au public tous les mardis avant midi.

Le cabinet d'histoire naturelle à l'uni-
versi té.

Il est établi dans la maison près de l'université, et arrangé dans deux grands sallons : le premier renferme une collection des produits les
plus rares des trois règnes de la nature, et le
second encore une collection très nombreuse de
quadrupèdes.

C'est ici, au cabinet même, que se donnent
les leçons sur l'histoire naturelle.

Le cabinet Imp. de physique, méchanique,
histoire naturelle et astronomie.

Ce cabinet a eté établi par S. M. l'Empereur
régnant, et se trouve à la place Joseph, dans

l'édifice contigu à la bibliothèque Impériale. Il est partagé en deux collections, celle des objets de physique et méchanique, et celle des objets d'histoire naturelle. La première se trouve au premier étage, rangée en trois sallons; elle comprend une grande quantité de machines, modèles et instruments, propres aux travaux et expériences physiques et méchaniques, parmi lesquels se distinguent surtout les machines électriques; au troisième sallon on voit aussi le buste de l'Empereur François, comme fondateur, travaillé en marbre de Carare, par Zauner. La collection d'histoire naturelle se trouve au rez-de-chaussée et au troisième étage, en treize chambres; dans celles au rez-de-chaussée on voit des quadrupédes exotiques et indigènes, quelques animaux marins, et quelques espèces d'oiseaux. Au troisième étage se trouve une bibliothèque choisie d'ouvrages sur la physique expérimentale, sur l'astronomie, l'optique et l'histoire naturelle; la collection y établie contient des amphibies, des poissons, singes, oiseaux d'Europe, d'Afrique et d'Amérique, et des quadrupédes. On a imité par l'art les arbres et les plantes, dont se nourrissent ces animaux, ou on les a mis. Le tout

P

doit encore être enrichi d'une collection de coquillages et d'insectes.

Monsieur de Schreibers est le directeur de ce
cabinet; il est ouvert aux amateurs tous les mercredis avant midi, mais pour entrer, il faut
obtenir du susdit directeur un billet, et à ce but
donner par écrit son nom et son état. — Le directeur de la partie physique et astronomique
est Mr. Stelzhammer.

Le cabinet Impérial des antiques et médailles.

Ce cabinet se trouve au palais Impérial, sur le
corridor des Augustins. Au dessus de l'entrée est
l'inscription : FRANCISCUS AUSTRIAE IMPER. MUSEUM
VET. MONUMENTIS INSTRUXIT LOCUM AMPLIAVIT. —
A côté de cette entrée on voit quelques colonnes
anciennes de granit, avec des inscriptions romaines. Autrefois toute la collection étoit réunie,
mais en 1774 les antiques ont été séparées des
médailles modernes, et chacune de ces deux
collections a été mise sous l'intendance d'un directeur à part.

Le cabinet des antiques comprend la collection
des pierres gravées et celle des medailles antiques. La première surpasse la plupart des autres

collections en ce genre, par la grandeur et le travail supérieur des camées; les différentes espèces mêmes des pierres, que l'on ne trouve plus de notre tems, excitent l'admiration des connoisseurs. Le grand camée représentant l'apothéose d'Auguste, ou plutôt cet Empereur avec sa famille, est réputé la pièce la plus parfaite dans son genre. Les pièces principales de toute la collection, au nombre de quarante, ont été décrites en 1788 dans un livre alors publié (Choix des pierres gravées du cabinet Impérial etc.) dans lequel il fut encore fait mention de l'origine et des progrès de ce cabinet.

La collection des médailles antiques se distingue de même par la quantité, le choix et la rareté de pièces. A cette collection formée depuis long-tems, fut jointe en 1773 celle de Granelli, et dès lors encore, soit par achat, soit par d'autres arrangements de l'Empereur Joseph II., la collection du Comte Ariosti, celle du Prince Charles de Lorraine, celle d'Ambras en Tyrol, celle de la bibliothèque de Windhag, et un nombre considérable de pièces rares, que le Baron Herbert acheta à Constantinople pour ce cabinet. Encore continue-t-on d'augmenter à toute occasion cette collection.

Quant aux médailles modernes, les Empereurs Ferdinand I., Maximilien II. et Rodolphe II. en formèrent deja des collections; mais l'Empereur des Romains François I. est l'auteur principal de cette collection, telle qu'elle existe aujourd'hui, et elle mérite sans contredit la première place parmi toutes les collections de l'Europe en ce genre. Elle commence avec l'epoque de Charle-Magne, embrasse tant les monnoies courantes que les médailles extraordinaires de tous les Princes et de tous les pays; contient à l'heure qu'il est, plus de 32,000 pièces d'or et d'argent, et est encore journellement augmentée. Deux classes de ces pièces, savoir les monnoies en or et les écus, ont été gravées et mises en deux volumes in folio, sous le titre: Monnoies en or, et Monnoies en argent, avec quelques supplements; cependant les exemplaires de cet ouvrage n'ont jamais été mis en vente, mais furent uniquement donnés par la cour aux cours étrangères, à des ministres et autres personnes distinguées.

Dans les dernières années ce cabinet a été considerablement enrichi. Pour les antiques on a établi les collections suivantes tout-à-fait nouvelles: a) une collection de vases étrusques forte de 500 pièces, dont la plupart sont très bien conservés, et dont plusieurs se distinguent par la beauté de leurs figures ; b) une collection de lampes antiques, tant en bronze qu'en argile, au nombre de 400 ; c) une collection de sarcophages, bustes, têtes, statues, vases, idoles, etc. en pierre, marbre et bronze ; d) une collection des gravures que Mr. Tischbein a faites des vases étrusques qui se trouvent à Naples ; e) une collection de vasés d'or, au nombre de 22, qui en 1799 ont été trouvés dans le Banat de Temeswar, et qui, d'après les figures et caractères dont ils sont ornés, paroissent un ouvrage byzantin du sixième siècle.

Ce cabinet possède en outre une collection de livres bien precieuse et bien choisie, contenant tous les ouvrages, qui ont rapport à la numismatique ancienne et moderne et aux sciences y relatives.

Le premier garde-cabinet, Mr. Steinpichler fait actuellement les fonctions de directeur. Excepté les dimanches et les fêtes, l'accès à ces collections est ouvert tous les jours aux gens de qualité tant indigénes qu'étrangers, aux savants, artistes, connoisseurs, et en général aux hommes comme il faut : on s'adresse au directeur, et convient avec lui du jour auquel on désire de voir le cabinet.

Le jardin botanique.

Il est situé au faubourg Rennweg, près du Belvedére, et consacré à l'usage de l'université. Le directeur en est Mr. de Jacquin, qui a donné à cette collection des plantes la plus grande perfection, et en a publié un catalogue (Hortus botanicus Vindobonensis). Les Leçons publiques sur la botanique se font dans ce jardin même pour les étudiants de l'université.

Le jardin botanique des plantes indigènes.

Il a été établi au Belvedére supérieur, par ordre et sous les yeux de S. M. l'Empereur régnant; il est unique dans son genre, et aucun autre pays ne posséde à l'heure qu'il est, un institut semblable. C'est le Docteur Host qui a soigné l'etablissement, et qui à cette fin a fait plusieurs voyages au Littoral, en Tyrol, en Carinthie, Carniole, Styrie, Autriche, la Hongrie et la Croatie, aprés lesquels il a arrangé ce jardin, où l'amateur de la botanique trouve rassemblé presque toutes les plantes que la nature produit dans les pays susdits, sur les sommets des montagnes, dans les abîmes des vallons, au rivage de la mer, dans les plaines, au dessus et au

dessous des eaux, dans les cavernes des rochers,
et sur les troncs d'arbres. Le docteur Host en
a donné la description dans sa Synopsis plantarum in Austria provinciisque adjacentibus sponte
crescentium , Vindobonae 1797, qui contient
576 genera et 2322 species, lesquels on voit presque toutes dans le jardin même ou dans l'herbier
qui s'y trouve.

Collections de quelques particuliers sur l'histoire naturelle.

Le grand chambellan, Comte de Wrbna possède une collection très précieuse et importante
en minéraux.

Le Comte Fries et le Prince Joseph Palfy possèdent des collections très remarquable en minéraux.

Les Augustins dans la ville ont un cabinet considérable de physique et d'histoire naturelle.

Le négociant Mr. van der Null possède une collection en mineraux qui est des plus complettes
et dans le meilleur ordre systematique.

Monsieur de Kreutzer, secrétaire au conseil de
guerre, possède une belle collection d'insectes.

Monsieur de Jaquin possède une bonne collection de minéraux et de plantes.

Le marchand Pittoni posséde une belle collection en coquillages et insectes.

§. XVII.

L'ACADÉMIE DES BEAUX ARTS.

Le premier plan pour l'établissement d'une académie des beaux arts a été conçu sous l'Empereur Leopold I., en 1704; ce Monarque fit faire à Rome des copies des monuments les plus célèbres de l'art de l'ancienne Grèce, et les transporter à Vienne. Il mourut l'année suivante, et l'académie fut ouverte avec solemnite le 18 Décembre 1705, par son fils et successeur Joseph I. — Charles VI. soutint cette académie efficacement, et y ajouta la classe de l'architecture, Marie Thérèse et Joseph II. la protégèrent avec zèle, et cherchèrent à la perfectionner de plus en plus.

En 1786, après plusieurs changements de son local, cette académie a été établie à St. Anne, au troisième étage. Au dessus de l'entrée on voit l'inscription : BONIS LITTERIS INGENUISQUE ARTIBUS JOSEPHUS II. 1786. Elle y possède des sallons et chambres assez spacieuses pour toutes les classes et pour toutes sortes de travaux, et peut profiter avantageusement de la lumière, qui n'est interceptée d'aucun côté par les édifices voisins.

Outre le grand sallon, destiné aux assemblées académiques, qui est orné des portraits de tous les Souverains du pays depuis la fondation de l'académie, et de quelques ouvrages distingués, travaillés par des membres de l'institut, elle a encore quatre salles à son usage: dans l'une on voit les monuments de l'art de la Grece; savoir Laocoon, la Venus Médicis, l'Hercule Farnèse, l'Apollon du Vatican, le taureau Farnèse, le gladiateur Borghèse, le gladiateur mourant, Flore etc. etc. dans une autre se trouvent les bustes antiques et modernes, une grande quantité de statues etc. Dans ces sallons on donne durant toute l'année (excepté le mois de Septembre et d'Octobre) les leçons académiques. Dans la cour de l'edifice est une maison destinée aux travaux de la sculpture et une fonderie pour les ouvrages en bronze.

Le Curateur de l'académie est le Prince Clement de Metternich, Ministre des affaires étrangères; c'est par lui, quelle a obtenu de nouveaux statuts et une meilleure organisation. Après le Curateur vient le Praeses, le Secrétaire et le Bibliothecaire, puis les conseillers extraordinaires et les conseillers ordinaires. — L'académie est divisée en quatre écoles, savoir a) l'école de peinture, de sculpture, de gravure et de la mosaïque; b) l'école de l'architecture; c) l'école de tailler en pierres precieuses, en metal, en acier etc.; d) l'école d'appliquer les arts aux manufactures. — Les personnages appartenant à toutes ces classes, sont quatre directeurs, quatorze professeurs, quelques adjoints et correcteurs.

Tous les ans on distribue aux élèves qui exécutent les meilleures pièces proposées, des primes consistant en medailles d'argent, et tous les deux ans des médailles d'or de la valeur de 25 ducats chacune, pour des pièces d'une exécution plus difficile. De tems en tems il se fait une exposition publique de pièces nouvelles, executées par des membres de l'académie et autres artistes.

§. XVIII.

COLLECTIONS EN FAIT DES ARTS.

La galerie I. R. de tableaux.

Après plusieurs changements de son local, cette galerie a été placée, par ordre de l'Empereur Joseph II. en 1777 au Belvedère supérieur, où elle se trouve encore. Ce monarque fit venir à Vienne Mr. Mechel de Basle, pour arranger la galerie; celui-ci commença en 1778 son travail, et le termina en 1781.

Pendant les années suivantes l'Empereur Joseph supprima dans ses états héréditaires plusieurs couvents et à cette occasion il en fit transporter les meilleurs tableaux, surtout de ceux des Pays-bas et de la Lombardie à Vienne; il augmenta la collection encore par des achats et autres acquisitions. Ces circonstances et l'éloignement de la majeure partie des tableaux pendant l'invasion française en 1809 eurent pour suite, qu'on arrangea les dernières années la galerie dans l'ordre suivant:

Le grand sallon au milieu, brillant partout d'or et de marbre, et dont le plafond est peint par Carlo Carlone, partage l'édifice en deux ailes, dont chacune contient sept chambres et deux cabinets. Dans ce sallon on voit en grandeur naturelle les portraits de Marie Thérèse et de Joseph II., peints par Antoine Maron, et de plus les portraits de Charles VI. et de l'Archiduc Leopold Guillaume, dont les corps sont peints par Soliméne et les têtes par Auerbach.

Dans les sept chambres à droite du grand sallon se trouvent les tableaux de l'école italienne, et nommément dans la première et la seconde ceux de l'école Venitienne dès l'époque de Giorgione; dans la 3ème ceux de l'école Romaine dés l'époque de Raphael; dans la 4ème ceux des peintres Florentins dés l'epoque de Michel-Ange et André del Sarto; dans la 5ème ceux de l'école de Bologne ou des Caracci; dans la 6ème ceux de l'école Lombarde dés l'epoque de Correge; dans la 7ème des piéces de toutes les écoles susdites et de quelques peintres Napolitains.

Dans les sept chambres à gauche on trouve des tableaux de toutes sortes de l'école Flamande.

Au second étage, dans la première et seconde chambre à droite on voit des piéces de l'ancienne ecole Allemande; dans la 3ème dés piéces de l'ancienne école Flamande: dans la 4ème des piéces du moyen âge. — A gauche dans la 1ème chambre des tableaux de peintres d'Italie du tems ancien, moyen et moderne; dans la 2de des piéces de peintres Flamands du moyen âge et de quelques peintres allemands du tems moderne; dans la 3ème des tableaux de peintres allemands et nommement autrichiens; dans la 4ème des tableaux mêlés de peintres flamands et allemands.

Dans chaque chambre on trouve un catalogue écrit des noms des peintres des tableaux y placés. Mais on va publier sous peu un catalogue imprimé de l'arrangement actuel de cette galerie.

La galerie a aujourd'hui pour directeur le ce-

lèbre peintre Henri de Füger, et deux gardes.
Elle est ouverte toute l'année le lundi et jeudi,
depuis le 30 Septembre jusqu'au 23 Avril dés
le 9 heures du matin jusqu'à 2 heures apres midi, et depuis le 23 Avril jusqu'au 30 Septembre,
de 9 heures jusqu'à midi, et de 3 jusqu'à 6 heures après midi, excepté cependant les jours de
fête et ceux auxquels il fait très mauvais tems,
afin que les appartements ne soient pas salis par
les entrans.

Il n'est pas permis d'entrer à la galerie avec
canne ou épée, parce que des personnes indis-
cretes en ont deja endommagé des tableaux.

Les jeunes peintres, qui souhaitent de copier
des tableaux de cette galerie, s'adressent au directeur; qui leur en accorde sans difficulte la
permission.

La Collection d'Ambras.

Cette collection, jadis conservée dans le chateau d'Ambras en Tyrol, fut transportée en 1806
à Vienne et établie au Belvedère inferieur dans
plusieurs sallons. Elle fut fondée au 16ème siècle
par l'Archiduc Ferdinand fils de l'Empereur Ferdinand I. et consiste principalement en armûres,
armes et portraits du moyen âge; en objets ra-

res et curieux de l'art et de la nature, en vases, tableaux etc. Elle est ouverte au public tous les jeudis après midi.

Collection de tableaux et d'estampes de la famille de Lichtenstein.

Le premier fondateur de cette collection de tableaux fut le Prince Jean Adam de Lichtenstein, qui la déclara pour un fideicommis inaliènable de sa famille. Ses successeurs, les Princes Wenceslas et François de Lichtenstein, augmentèrent cette collection à toutes occasions, et feu le Prince Aloys, l'enrichit continuellement.

Cette collection est placée au jardin de Lichtenstein, situé au faubourg Rofsau; elle renferme des tableaux de l'école italienne, de la flamande, de l'ancienne et moderne école allemande, en tout 716 pièces; les maîtres les plus distingués en sont Raphael d'Urbino, Correggio, Guido Reni, Leonardo da Vinci, Guercino da Cento, Francesco Mavvola, Giulio Romano, Paolo Veronese, Antonio Franceschini, Antoine van Dyck, Rubens, Albert Dürer, Jean Holbein etc. etc.

Outre les tableaux il s'y trouve une collection de 138 pièces de sculpture, consistant en statues, groupes, vases etc. travaillés en marbre, albâtre, bronze etc. et parmi ceux-ci, on voit un beau portrait du Prince Wenceslas en mosaïque. Le tout mérite l'admiration et l'attention des connoisseurs.

En 1780 il parut un catalogue en langue française de cette collection (description des tableaux et pièces de sculpture, que renferme la galerie de S. A. François Joseph chef et Prince regnant de la maison de Lichtenstein, Vienne 1780). Depuis cette époque la galerie a été considerablement enrichie. Elle n'est cependant pas ouverte au public; ceux qui désirent la voir, doivent en chercher la permission dans la maison du Prince.

Feu le Prince Aloys a encore établi une précieuse collection d'estampes: il en forma la base en achetant pour 30,000 florins la riche collection du feu referendaire d'Empire, Baron de Gundel, laquelle il n'a cessé d'augmenter continuellement par l'acquisition des meilleures gravures tant anciennes que modernes. Cette collection est placée dans le palais à la Herrengasse, et on ne refuse pas de la faire voir aux personnes de qualité et aux connoisseurs.

La collection d'estampes et de dessins du Duc Albert de Saxe-Teschen.

Elles se trouvent au palais du Duc sur le bastion. La collection d'estampes passe le nombre de 80,000 pièces, renfermées en 428 volumes; elle n'est pas rangée d'après l'ordre des graveurs mais d'après l'ordre chronologique des peintres, et partagée en neuf écoles, savoir: la romaine, la venitienne, la boulonaise, la lombarde, la flamande, l'hollandaise, l'allemande, la française, et l'anglaise. L'école romaine, y compris la napolitaine et la florentine, remplit 52 volumes, la vénitienne 47, la boulonaise 15, la lombarde 9, la flamande 43, l'hollandaise 36, l'allemande 62, la française 83, et l'anglaise 27. Sans donner une longue liste de noms, on peut assurer en deux mots, que cette collection renferme les ouvrages des premiers peintres, executés par les premiers graveurs.

Outre les écoles separées on y trouve encore 64 volumes remplis de pièces de toutes les écoles, de pièces coloriées, de pièces en manière noire etc. Parmi ces pièces mêlées on voit les antiquités d'Herculanum et de Pompeia; les gravures des peintures de Raphael au Vatican; la galerie Farnése; les bains de Titus, les vues des anciens monuments, edifices et jardins de Rome et de Tivoli; les estampes du Musée de Portici, et celles des galerie de Dresde, de Dusseldorf et de Paris, et en outre une quantité de plans et de cartes géographiques.

La collection des dessins monte à près de 5000 pièces, renfermées en 130 volumes, et arrangées selon l'ordre chronologique de leurs maîtres. On y trouve des dessins de la plupart des peintres et graveurs les plus celebres, et surtout des pièces tres rares d'Albert Durer et de Ch. G. Dietrich.

La collection de tableaux du comte de Lamberg.

Le Comte de Lamberg posséde une collection de tableaux de l'école flamande et hollandaise, qui n'est pas trop nombreuse, mais trés-choisie: on y trouve de pièces précieuses de Rubens, van Dyck, Rembrand, Poelenburg, Loutherburg, Teniers, Courtois, Weeninx, Houdekoeter, Wouverman etc.

Elle est placée au logis du propriétaire, au second étage de la maison de Lopresti, qui fait le coin de la Koernerstrafse vers la porte, et le

Q

Comte ne fait pas des difficultés d'y introduire les connoisseurs. La précieuse collection de vases étrusques du comte, se trouve actuellement au cabinet d'antiques de la cour.

La collection de tableaux du Prince Nicolas Esterhazy.

Elle est établie au faubourg Mariahülf, dans le jardin appartenant ci-devant au Prince Kaunitz, actuellement propriété du Prince Esterhazy. C'est une collection précieuse et riche en tableaux, estampes et dessins. — Au rez de chaussée du palais se trouve la bibliotheque et une collection de mineraux. Elle est ouverte tous les mardis et jeudis.

La collection de pièces d'arts du Comte de Fries.

Elle a été faite principalement par le frère du propriétaire actuel, pendant son voyage en Italie, et consiste en tableaux, estampes, camées, bustes etc. dont elle renferme de chaque branche plusieurs pièces précieuses. Parmi les tableaux on voit des pièces d'Andrea del Sarto, de Maratti, Guido Reni, Dominichino, Albano, Baroccio Giorgione, Mantegna, Tintoretto,

Caraccio, Leonardo da Vinci; de van Dyck, Rembrand, Wouvermanns, Ostade, Eckhout, Millet; d'Albert Dürer, Mengs, Elsheimer, Füger, Wutky, Roos; de Poussin, Claude Lorrain etc.

La collection de tableaux du Comte de Schoenborn, elle renferme plusieurs centaines de' pièces et parmi elles de superbes tableaux de Guido Reni, Rembrand, Rubens, van Dyck, Rosalba Carriera, Vanderwerf, Teniers, Hamilton etc.

La collection de tableaux du Comte de Czernin, dans sa maison dans la Wallerstraſse.

La collection d'estampes, du Comte Jean de Harrach, qui a acheté pour 22000 florins la collection du ci-devant conseiller Hertelli, et l'augmente continuellement, comme aussi sa collection de carricatures, unique dans son genre.

La collection d'estampes du Prince de Paar renferme plusieurs milliers de| pièces très choisies.

La collection id'estampes|de Mr. van der Null, qui entre autres contient la suite entière de toutes les pièces de Bartholozzi.

La collection de médailles du Baron de Heſs.

Les Marchands d'estampes.

Ils sont au nombre de 17, et vendent des estampes, des cartes géographiques, instruments d'optique et mathematique, des couleurs à peindre, des pièces de musique, des tableaux, bustes etc. Les plus connus d'entre eux sont Riedl sur le hohen Markt, Artaria sur le Kohlmarkt, Mollo sur le Kohlmarkt, Cappi sur le Kohlmarkt, Mecchetti place St. Michael, Bermann au Graben, Stoeckl dans la Seizergasse Weigel, et Steiner au Graben etc.

La société de Musique.

Elle existe depuis trois ans, compte plusieurs centaines de membres des deux sexes et de toutes les classes, et donne plusieurs grands concerts par an, partie gratis pour ses membres partie payés pour tout le public. Elle travaille à établir un conservatoire de Musique.

§. XIX.

ETABLISSEMENTS MILITAIRES.

Conseil de guerre...Commandement général...Garnison.

Du conseil de guerre, qui dirige toutes les branches militaires dans la Monarchie autrichienne, et qui est établi à Vienne, il a déja été fait mention ci-dessus, où il se traitoit des départements suprêmes de l'etat.

D'aprés un arrangement, qui existe depuis longtems, il est établi dans chacune des provinces des états héréditaires un département militaire, appelé le commandement général, qui dirige les affaires militaires de sa province, et dont le chef est un officier général commandant de la province en question. Le commandant général de la haute et basse Autriche est etabli a Vienne, et ce même commandant est pour l'ordinaire aussi commandant de Vienne, place importante et honorable, qui n'est donnée qu'à un officier de mérite, et dont actuellement est revêtu le Prince Ferdinand de Würtemberg.

Le commandant de la ville est le chef de la garnison de Vienne. En tems de paix elle est pour l'ordinaire composée:

1) de deux bataillons de grenadiers, chacun de 6 compagnies; et chaque compagnie de 114 hommes, fait 1368

2) de six bataillons de fusiliers, chacun de 6 compagnies, et chacune de 150 hommes. 5400

3) d'un régiment d'artillerie de 12 compagnies, chacune de 200 hommes . . . 2400

4) d'un régiment de cavallerie, ordinairement des cuirassiers 1200

5) du corps du charriage, de 8 escadrons, chacun de 60 hommes 480

6) enfin du corps des invalides de . 800

En tems de guerre cet état est naturellement sujet à bien des changements et variations, et depuis l'an 1788 la garnison de Vienne étoit tantôt plus forte, tantôt plus foible, tantôt composée de régiments allemands, tantôt de régiments hongrois, cependant il s'y trouve toujours un corps de cavallerie.

La ville de Vienne, proprement dite, est pour toujours exemte de tout logement de troupes, parce qu'elle a bàti à ses depens la caserne sur le marché au bléd, et celle sur le Salzgries. Aussi, excepté les corps de garde journalière, il n'est logé dans la ville qu'un seul bataillon d'infanterie dans la caserne du Salzgries. Les faubourgs au contraire ne jouissent pas de cette exemtion, et sont obligés de prendre dans leurs maisons les troupes qui passent occasionnellement par Vienne.

L'école d'ingenieurs et cadets.

Les premiers fondemens de cet institut ont

été posés en 1738; dans la suite il a été plus per-fectionné, et après plusieurs changements de sa constitution intérieure et de son local, il a été placé en 1797 pour la seconde fois au Stiftge-baeude, dans le faubourg Laimgrube No. 169.

Le but de cet institut est de former d'habiles ingénieurs et cadets. Pour y être reçu, le jeune homme doit être sans défaut corporel, doit avoir des talents, une bonne et robuste constitution, et être de l'âge entre neuf et quatorze ans. Il y a 43 places fondées dans cette école, dont 16 sont de la nomination du Souverain, et le reste de celle de plusieurs familles, par lesquelles elles ont été fondées. Outre ces elèves fondés l'insti-tut reçoit aussi d'autres qui desirent s'appliquer aux sciences du genie, et payent une pension an-nuelle: un tel pensionnaire paye à son entrée pour l'uniforme et les autres objets de nécessite 150 flor. et puis annuellement 600 flor. il reçoit la nourriture, l'instruction, la guerison en cas de maladie etc. Le nombre des elèves est de 200.

Les objets qu'on y enseigne, sont la langue allemande, française et bohème; l'orthographe, la calligraphie, le style; la morale chrétienne; l'hi-stoire, la géographie, la physique expérimentale, l'arithmétique, l'algèbre, la géométrie, la méchanique, l'hydraulique, les mathématiques ; le dessin de figures, de plans de situation, d'objets géométriques : l'art de niveller ; les éléments de la tactique et de la castramétation ; l'architecture civile et militaire ; la science de l'artillerie et de la fortification ; l'art du mineur ; l'art d'attaquer, de defendre et de construire des places fortes.

Les élèves ont aussi des maîtres pour apprendre à faire les armes, et la danse : on leur procure l'occasion pour s'exercer à monter á cheval.

Les objets d'instruction, comme aussi les elèves, sont partages en cinq classes. Après avoir achevé la quatrième classe, les elèves sont sujets à un examen très rigoureux ; ceux qui s'y distinguent d'une manière marquante, sont reçus à la cinquième classe ; on leur donne le titre de cadets du corps du génie et un salaire fixe de la caisse militaire ; ils terminent en cette qualité le cours des sciences de l'ingénieur, et ensuite quand il y a des places vacantes dans le corps des officiers du gènie, ils y entrent. Les autres sont recommandés par la direction au conseil de guerre, qui les place peu à peu comme officiers dans les régiments de l'armée.

C'est S. A. I. l'archiduc Jean, qui est aprésent directeur suprême de l'institut ; la direction interieure et économique de la maison est soignée par le général Nobili. Pour l'intendance et l'instructio il y a plusieurs officiers du génie, professeurs et maîtres. Le cours d'instruction dure entre six et huit années. L'uniforme des cadets est blanc avec collet rouge; l'uniforme des officiers et cadets du génie, bleu foncé avec collet couleur de cerise.

On reçoit dans cet institut des elèves de la religion catholique, reformée, luthérienne et grecque.

Le corps des bombardiers.

Il a été créé en 1787 par l'Empereur Joseph II. On prit des régiments d'artillerie deja existants tant les officiers que les bombardiers, et on leur donne les instructions particulières pour tout ce qui regarde l'art de jetter les bombes. Ce corps est composé à peu près de 300 hommes, établi à Vienne, et porte la même uniforme comme le corps de l'artillerie, avec la distinction d'une petite bombe au chapeau.

La fonderie de canons.

Elle se trouve au faubourg Wieden, dans la Favoritengasse, et a été établie par l'Impératrice Marie Thérèse vers l'an 1750. Ici sont les fourneaux avec tous les ustensiles y nécessaires ; quand la fonte est faite, les canons neufs sont transportés à Ebergassing, où se trouvent les machines pour percer les canons, établissement fait par le Prince Wenceslas de Lichtenstein, au tems qu'il étoit directeur de l'artillerie. *Les perçoirs reposent immobiles, et les canons tournent autour d'eux, moyennant des machines mises en mouvement par l'eau.*

La fonderie est sous l'intendance de plusieurs officiers d'artillerie, et on y a encore établi une école de chimie, en tant que cette science a du rapport à la fonte des métaux. A cette école se trouvent de grands livres in folio, où sont dessinés tous les instruments et machines, et toute la manipulation nécessaires à la fonderie, et cela pour donner une instruction préalable aux gens employés à ce travail.

La surintendance de cet établissement est confiée au maréchal Comte Joseph de Colloredo, directeur général de l'artillerie. La direction dans la maison est commise à Mr. de Weigel, major de l'artillerie.

Pour voir la fonderie et le percement des canons, il faut une permission particulière du surintendant.

La fabrique I. R. des armes à feu.

Elle se trouve à l'entrée du faubourg Waehrin-gergasse, dont elle fait le coin, et l'édifice est d'une grande étendue, avec une vaste cour. C'est l'Empereur Joseph II. qui l'a mise sur son pied actuel en 1785, et c'est dans cette fabrique que se fait la plupart des armes à feu pour les armées autrichiennes comme pour les arsenaux de l'etat. Le nombre des personnes qui y travaillent journellement, monte à près de 400. La fabrique possède beaucoup d'instrumens et machines artificieuses, moyennant lesquels on facilite et accelére beaucoup la fabrication des armes, de sorte qu'elle livre annuellement près de 30,000 pièces.

La direction suprême est confiée au directeur général de l'artillerie; l'inspection de la partie méchanique des travaux est commise à Mr. le colonel Zierwurz d'Eisenblum.

Pour voir cette fabrique, il faut une permission particulière de la direction.

Les arsenaux.

Le grand arsenal I. R. dans la Renngasse.

C'étoit l'Empereur Maximilien II. qui construisit une partie de cet édifice ; il fut achevé sous Leopold I. et par lui et ses successeurs peu à peu rempli de toutes sortes d'armes et d'attirail militaire.

L'édifice a une cour d'un quarré long, outre le rez de chaussée encore un étage, et en dedans tout autour des corridors ouverts, avec de grands sallons.

Dans un des sallons on voit le buste en bronze du Prince Wenceslas de Lichtenstein, que fit eriger en 1758 l'Impératrice Marie Thérèse, avec l'inscription : RESTAURATOR REI TORMENTARIAE, et cela comme une marque de gratitude pour le zéle, avec lequel il a travaillé à l'amélioration de l'artillerie. Vis-à-vis de ce buste sont les bustes en bronze de l'Empereur François I. et de Marie Thérèse, que le même Prince de Lichtenstein a fait ériger en l'honneur de ces Souverains.

Cet arsenal, qui renfermoit autrefois une quantité immense d'armes et plusieurs objets de curiosité, les a perdus dans les dernières guerres contre la France.

L'arsenal sur le Salzgries n'est autre chose que le depôt d'un nombre de canons et mortiers, sur tout de grand calibre, ou d'artillerie de siège avec leur attirail nécessaire. Au reste il s'y trouve la grande boulangerie pour la garnison de Vienne.

Le petit arsenal sur la Seilerstadt n'est qu'un attelier, où l'on travaille les affuts, caissons, chariots de muniton, et autre attirail nécessaire à l'artillerie.

L'arsenal de la bourgeoisie. C'est un bel édifice sur la place le Hof, que la bourgeoisie de Vienne fit construire à ses depens dans sa forme actuelle; il porte l'inscription : IMPERANTE CAROLO VI. INSTAURAVIT S. P. Q. V. ANNO 1732.

Les bourgeois de Vienne se sont signalés en plusieurs époques dangereuses, par leur courage, leur fidelité et leur attachement à leur Souverain ; ils ont surtout pendant les deux siéges des turcs, par leur constance et leur valeur, beaucoup contribué à la défense et à la conservation de Vienne, Pour ces raisons les Souverains leur ont de tout tems laissé leurs armes, et ils possèdent cet arsenal en propriété; c'est un bâtiment qui entoure une cour spacieuse, et a un étage outre le rez de chaussée ; dans cet étage se trouvent trois sallons remplis d'armes modernes et de bonne qualité, en quantité suffisante pour en armer 24,000 hommes; au rez de chaussée est

placée une quantité proportionnée d'artillerie
de bonne qualité avec l'attirail nécessaire.

Outre les armes ordinaires on voit dans cet
arsenal une quantité d'armes antiques, surtout
de celles des turcs, de différentes espèces,
comme aussi la tête du grand-Vizir Kara Musta-
pha, qui commanda le dernier siège, et qui par
ordre du Sultan a été étranglé à Belgrad où les
troupes Impériales, après la conquête de cette
place, déterrèrent son cadavre, et envoyèrent
sa tête à Vienne.

Au sallon du milieu est placé le buste de S. M.
l'Empereur François II., et à ses cotés les bustes
du Duc Ferdinand de Würtemberg et du Comte
François de Saurau, tous les trois travaillés par
Mr. Fischer, professeur à l'académie des arts.

Ces bustes y ont été placés en mémoire de la
levée générale de l'Autriche, effectuée au mois
d'avril l'an 1797, quand le général français Bonaparte avança avec l'armée républicaine de l'Italie jusqu'à Bruck sur le Muhr en Styrie, et menaça
Vienne même. Le Comte de Saurau, alors président de la régence de la basse Autriche, fit
tout son possible pour effectuer et organiser la
levée générale; le Prince Ferdinand de Würtemberg en fût nommé commandant.

La bourgeoisie de Vienne est divisée en plusieurs compagnies d'infanterie, le corps d'artillerie, le corps des arquebusiers, le corps de chasseurs, le corps de cavalerie dont les drapeaux sont déposés en partie à cet arsenal, et en partie à l'hôtel de la ville.

Pendant la dernière invasion des français, ceux-ci avoient enlevé de cet arsenal six canons, que l'Empereur Leopold I. avoit donné à la bourgeoisie. l'Empereur regnant fit fondre six canons, avec une inscription en memoire de la loyauté des bourgeois de Vienne pendant la susdite invasion, et les fit remettre avec solemnité le 5 Octobre 1810 aux mêmes bourgeois, qui les placerent dans cet arsenal.

Pour voir cet arsenal il faut s'adresser à l'inspecteur qui y démeure.

Les casernes.

La caserne sur le marché au bled, hors le Bourgthor; elle a été construite aux dépens de la ville; c'est un bel édifice, destiné aux grenadiers en garnison à Vienne, dont il peut loger au delà d'un bataillon.

La caserne dans l'Alsergasse; c'est la plus grande de toutes, bel édifice, destiné aux fusiliers en garnison à Vienne, et qui peut loger plus de 6000 hommes.

La caserne de cavalerie au faubourg Leopold-stadt: elle a été bâtie par les états du pays et c'est un grand et bel édifice. Comme la Leopold-stadt est quelques fois exposée à des inondations, on a fait des arrangements dans cette caserne, à pouvoir en cas de besoin mener les chevaux au premier étage et les y loger pendant quelque tems.

La caserne de cavalerie au faubourg Joseph-stadt.

La caserne d'infanterie dans la ville, sur *le* Salzgries, pour un bataillon.

Outre les casernes sus-mentionnées il y en a encore quelques unes moins grandes, à Gumpen-dorf, sur le marche au foin etc.

L'Hôtel des Invalides.

Il est située au dehors du Stubenthor, et forme le coin de l'entrée au faubourg Landstrafse. Des le tems de l'Empereur Charles VI. c'etoit un hôpital: l'Empereur Joseph II. en fit la maison des Invalides, et lui donna sa belle forme actuelle. Outre le rez de chaussée cet édifice a deux etages et une vaste cour avec des allées d'arbres.

Le sallon est orné de bustes des grands capitaines autrichiens, et d'un grand tableau de Krafft, qui représente la bataille de Leipsic, le même artiste est occupé d'un pendant qui aura pour objet la bataille d'Aspern.

Le corps des Invalides est de 800 hommes; ils portent [l'uniforme gris avec collet rouge. Ils font la garde à quelques postes de moindre importance dans la ville. Outre cela ils sont postés au Belvédère, à l'Augarten, etc. pour y veiller à l'ordre, à la tranquillité et à la décence, et en récompense de ce service ils jouissent d'une augmentation de leur paye ordinaire.

Après la longue guerre contre les français, qui multiplia extremement le nombre des Invalides, le gouvernement invita les habitans de toute la monarchie de contribuer par des dons gratuits à améliorer le sort des braves qui s'étoient sacrifiés pour la patrie. Cet appel fut suivi d'un succès éclatant: tous les ordres de l'etat concoururent à un but si bienfaisant, et en peu de tems on reçut plus d'un million de florins pour former un nouveau fonds en faveur des Invalides.

La médaille et la croix militaire.

En 1788, au commencement de la guerre con-

R

tre les turcs, l'Empereur Joseph II. créa les médailles militaires, destinées en recompense aux bas officiers et soldats; elles sont de deux classes, les unes d'or, les autres d'argent; sur l'avers est l'effigie du Souverain, et sur le revers le mot: À LA BRAVOURE (der Tapferkeit) entouré d'un laurier. On porte cette médaille attachée à un ruban rouge et blanc, sur la poitrine. Elle se donne pour des actes de bravoure et de loyauté, qui méritent une récompense et distinction particulière, mais pour lesquels le soldat ou le bas-officier en question, faute des connoissances nécessaires ou autres, ne peut *pas* être avancé au grade d'officier. Celui qui a mérité la médaille d'or, reçoit double solde; la médaille d'argent porte le double de la moitié de la solde ordinaire, et cela tant que le soldat décoré reste au service militaire. S'il est avancé au grade d'officier, ou s'il quitte le service, en ce cas il lui est toutefois permis de porter la médaille, mais le bénéfice y attaché cesse.

En 1797, à l'occasion de la levée générale contre l'invasion des français, l'Empereur aprés le retablissement de la paix, fit distribuer à tous ceux qui avoient marché contre l'ennemi, une médaille d'argent, portant d'un coté le portrait

du Souverain, et de l'autre la legende: La re-
CONNOISSANCE DU PÈRE DE LA PATRIE AUX FILS
LOYAUX DE L'AUTRICHE. Comme cette médaille ne
fut distribuée qu'une seule fois, elle dévient de
jour en jour plus rare.

En 1814, après que les armées autrichiennes,
conjointement avec les troupes des autres alliés,
eurent expulsé les français de tous les pays de
l'Europe, conquis une grande partie de la France,
occupé Paris, et forcé Napoleon Bonaparte à
abdiquer la dignité Impériale, l'Empereur François fit fondre du metal des canons pris sur les
français, de petites croix, et les distribuer à
tous les generaux, officiers et soldats qui firent
cette campagne, de même qu'aux Ministres et
autres Employés civils, qui par leur zéle et
activité avoient dans leur carriere contribué à
cet événement glorieux. Cette croix présente la
devise: LIBERTATE EUROPAE ASSERTA $\frac{1813}{1814}$ GRATI
PRINCEPS ET PATRIA FRANCISCUS IMPER. AUG. Il est
permis à chacun qui en fut décoré, d'y faire
graver son nom. Elle ne fût distribuée qu'à cette
seule occasion, et on la porte attachée à un ruban noir et jaune à la boutonnière.

R 2

La milice bourgeoise.

Son origine date de l'époque du premier siège de Vienne par les turcs. On forma alors 4 compagnies de bourgeois, tirées et dénommées des 4 quartiers de la ville, savoir le Stubenviertel, le Koernerviertel, le Widmerviertel et le Schottenviertel. A l'occasion du second siège de la ville par les turcs, on doubla ces compagnies, et on y ajouta une compagnie d'artillerie, qui defendit très bravement le bastion des dominicains; peu à peu se forma une compagnie d'arquebusiers. L'organisation présente de la milice bourgeoise de Vienne date principalement des années 1797 et 1805, et actuellement elle est composée des corps suivants: l'artillerie bourgeoise, le premier régiment bourgeois de fusiliers, le second régiment de fusiliers, les grenadiers bleus, gris et verts, les arquebusiers verts, les arquebusiers gris, la cavalerie bourgeoise de 2 escadrons, le corps académique. Le tout est bien uniformé, a une très belle tenue, composé plus de 4000 hommes, et rendit dans les derniers tems, quand la ville n'avoit pas de garnison, et même pendant les invasions des français, des services très signalés. Le colonel de toute la milice bourgeoise est toujours le bourguemestre.

§. XX.

LE COMMERCE.... CLASSES DES COMMERÇANS.... TRIBUNAL MERCANTIL ET DE CHANGE.

Le commerce des pays héréditaires de l'Autriche étoit, jusque sous le régne de Marie Thérèse, généralement parlant, presque tout à fait passif. l'Empereur Charles VI. fit à la vérité plusieurs tentatives pour relever le commerce de ses états, mais diverses causes et circonstances les firent alors échouer. L'Autriche vendoit toujours les richesses naturelles de son sol pour un bas prix à l'étranger, et rachetoit à haut prix les objets que d'autres en avoient fabriqués. Ce n'étoit que sous Marie Thérèse, que quelques fabriques importantes furent établies dans le pays même. Mais l'Empereur Joseph II. donna le plus grand essor au commerce de ses provinces: il attira avec beaucoup de peine et de dépenses, des manufacturiers habiles de différents pays et branches dans ses états; il fit voyager des gens à talents, pour apprendre à connoître les machines et les travaux de différents métiers et fabriques, pour les établir après chez lui; il soutint et aida les entrepreneurs de fabriques par des privilèges, des donations, des prêts en argent comptant etc. Après avoir pris les arrangements nécessaires pour fournir à ses sujets tous les objets nécessaires , fabriqués dans le pays même, il défendit en 1786 l'importation des marchandises étrangères, sans cependant, comme c'étoit son plan , pouvoir l'empêcher tout-à-fait ; par cette prohibition il tarit l'exportation annuelle de près de 14 millions de florins , qui sortoient pour des marchandises étrangères.

Le commerce passif de l'Autriche se réduit aujourd'hui presque tout-à-fait à des produits bruts de pays étrangers, savoir, du bois, du coton, des peaux et pelleteries, de l'huile, *des drogues*, de soie.

De l'autre côté il fait un commerce actif assez considérable avec les provinces internes, et puis avec l'Italie, la Turquie, la Russie, la Pologne, la Silésie et la Bavière, en vins, safran, fer, cuivre, plomb, laiton, tabac, houblon, grenades, verreries, cuir, linge, sel, draps, montres et pendules, étoffes de soie et de laine, chapeaux, porcelaine, carosses, objets de quincaillerie etc.

Classes des commerçants.

Le corps des commerçants à Vienne se partage en les classes suivantes:

1. Les banquiers.
2. Les marchands en gros.
3. Les marchands bourgeois.
4. Les marchands orientaux.

Les banquiers sont tous aussi marchands en gros, mais tous les marchands en gros ne sont pas également banquiers. Les banquiers les plus renommés sont actuellement: Arnsteiner et Comp. Coith et Comp.; Frank et Comp.; Fries et Comp.; Geymüller et Comp. Henikstein et Comp.; Herz et Comp.; Müller; Scheidlin; Schuller et Comp.; Smitmer; Stametz; Steiner et Comp.; Thomann; Wayna etc.

Les marchands en gros font un corps séparé, et ceux qui désirent d'y être reçus, doivent prouver la propriété d'un fonds de 50,000 florins, et obtenir l'assentiment de tout le corps. Leurs affaires sont des affaires de change, ou de commission, ou de marchandises en gros, leur nombre n'est pas fixé, actuellement il y en a 86, et leurs noms se trouvent dans l'almanac de commerce.

Les marchands orientaux sont pour la plupart des Grecs, des Rasciens, quelques Juifs et Turcs.

Ils s'occupent de l'importation de produits du Levant dans les états héréditaires, et de l'exportation des produits et marchandises de l'Autriche en Turquie, Valachie, Moldavie, Grece, aux côtes et îles du Levant.

Les marchands bourgeois de la ville se partagent encore en plusieurs classes :

Les commerçans en gros s'occupent des objets de spéculation, de spédition et de commission.

Les marchands épiciers vendent du sucre, thé, caffé, cacao, riz, amandes, figues, olives, citrons et oranges, toutes sortes d'épices, les frommages fins, l'huile, le papier, les poissons de mer, *les* vins de Hongrie, etc. tant en gros qu'en détail.

Les marchands droguistes vendent, outre quelques articles des marchands épiciers, toutes sortes de résine, d'huile, d'écorces, d'herbes, de terre, de semences, de racines, baumes, pierres, sels, feuilles, liqueurs, sucs, les simples nécessaires aux pharmacies etc.

Les marchands de soie vendent toutes sortes de soie crue et teinte, de boutons de cette étoffe, toutes sortes de rubans, du coton, de la laine etc.

Les marchands d'étoffes de soie vendent toutes sortes d'étoffes de soie, simples, façonnées, et brochées, du velours, du satin, du damas, moire, croiset, des gazes, rubans, gants etc.

Les marchands des marchandises dites courantes, vendent les étoffes de laine et de coton, manchestre, demi-draps, casimirs, flanelles etc.

Les marchands de bijouteries vendent toutes sortes de tabatières, montres, chaînes, éventails, cannes, flacons, étuis, enfin tout ce qui s'appèle nippes.

Les marchands de quincailleries vendent les objets communement appelés marchandises de Nuremberg, du papier blanc et teint, des cannes, des pipes à fumer et toutes sortes d'autres objets de mode d'Angleterre et de France, mais fabriquées dans le pays.

Les marchands de chapeaux et galons vendent toutes sortes de chapeaux, de galons d'or et d'argent, les boutons de fil d'or et d'argent etc.

Les marchands de cuir vendent toutes sortes de cuir cru et teint, les peaux de boeufs et vaches, des housses de chevaux, du savon, la colle du poisson, etc.

Les marchands de linge vendent toutes sortes de linge, de canevas, de futaine, de fil etc.

Les marchands de drap vendent des draps, des demi-draps, des casimirs.

Les marchands de fer vendent le fer cru et toutes sortes de ferraille.

Les marchands libraires.

Les marchands d'estampes et de musique.

Les marchands de miel et de pain d'épices.

Les marchands pelletiers.

Les marchands de semences.

Les marchands de cire.

Les marchands de vin.

Les marchands verrier.

Les marchands de gibier.

Les marchands des faubourgs ne tiennent point les marchandises précieuses de luxe, des modes et de bijouterie, mais uniquement les articles nécessaires à l'usage journalier de ménage, comme toutes sortes de drogues, les marchandises de laine, de fil, de coton, les rubans, bas, chapeaux, le papier etc. etc.

Le tribunal mercantil et de change, pour la basse Autriche.

Ce tribunal tient ses séances à la Herrengasse, dans la maison Nr. 69 et est établi pour prononcer sur les procès et différends touchant les affaires de change et celles de commerce en général, tant entre des commerçans mêmes, qu'entre ceux-ci et autres particuliers. Il est composé d'un président; actuellement le B. d'Aichen, de deux conseillers et référendaires, de trois assesseurs du corps des marchands en gros et trois substitués, puis d'un secrétaire et d'autres individus appartenants au bureau.

§. XXI.

LES FABRIQUES.

LA FABRIQUE I. R. DE PORCELAINE.... LA FABRIQUE I. R. DE GLACES....FABRIQUES DE PARTICULIERS.... DÉPÔTS DES FABRIQUES DES PROVINCES.... LA FOIRE.

La fabrique I. R. de porcelaine.

Elle mérite la première place parmi les fabriques de Vienne, et est établie au faubourg Rofsau, dans la rue de porcelaine, Nr. 137. Claude du Paquier, natif des Pays-bas, et agent de Cour à Vienne, l'établit de premier en 1718; il n'y avoit alors que 10 personnes qui y travailloient, et leur nombre ne surpassa jamais celui de 20; ce petit nombre de travaillants ne produisit pas grande chose; l'entrepreneur fut forcé de contracter des dettes, et la fabrique auroit disparue, si l'Impératrice Marie Thérèse n'avoit pris la résolution de s'en charger elle-même, ce

qui arriva au mois de Mars en 1744. On paya à
Paquier, pour l'édifice avec tout l'attirail et les
marchandises, 45000 florins, et il eut en outre
une pension annuelle de 1500 florins. La fabrique fut mise sous l'intendance de la députation
ministerielle I. R. de la banque, et les présidents
Rodolphe Chotek et Charles Hatzfeld travaillè-
rent particulièrement à sa perfection: on acheta
l'édifice actuel, on y fit les arrangements nécessaires, et il fut à peu près tellement aggrandi, que
l'argent employé de 1748 jusqu'en 1773 surpassa
la somme de 100000 florins. L'édifice a, outre le
rez de chaussée, deux étages et cinq cours; son
diamètre d'est à l'ouest est de 55, du nord au
sud de 67, et la périphérie de 240 toises.

Les chambres de l'édifice sont employées d'a-
près les différents genres des travaux: les unes
pour purifier les materiaux, les autres pour donner la première forme à la vaisselle, d'autres
pour la nettoyer et polir; il y a un laboratoire
pour les opérations chimiques et la préparation
des couleurs. La plus grande partie des chambres est destinée à la peinture, et le nombre
des personnes qui travaillent dans ce genre, va
au delà de 100. Au premier étage est le grand
magazin de toutes sortes de vaisselle, arrangé

avec une élegance superieure, qui mérite d'être vu de tout amateur, et auquel l'accès est ouvert tous les jours de 8 heures du matin jusqu'à midi, et de 2 jusqu'à 6 heures du soir.

La fabrique occupe plus de 500 personnes, distribuées en plusieurs classes, dont chacune a son chef. La classe des peintres est la plus nombreuse; elle a un directeur, un inspecteur et six maîtres. La fabrique et sous l'intendance de la chambre des finances.

L'espèce de terre propre aux travaux de la fabrique se trouve en Autriche, en Styrie, en Hongrie, et dans les environs de Passau. La porcelaine de Vienne est d'une solidité qui resiste au feu le plus fort; elle se distingue encore par sa blancheur. Quant à l'elegance des formes, du dessin, de la peinture et dorure, on y raffine continuellement, pour donner la plus grande perfection à la vaisselle: on fait des assiettes, dont une seule coute 100 florins.

La fabrique a des dépôts à Linz, Prague et Lemberg; son plus grand debit est dans les provinces du Levant et de la Russie. On a un tarif imprimé de ses marchandises, dont les pièces ordinaires ont un prix fixe; mais pour les pièces précieuses on fait un prix extraordinaire.

La fabrique I. R. de glaces à Neuhaus près de Fahrafeld.

Elle est à la distance de quatre lieues de Vienne, cependant il y a beaucóup de voyageurs qui vont la voir. Elle a été établie par ordre de l'Empereur François I. et fournit des glaces de la plus grande dimension jusqu'à la plus petite. Elle a son dépôt à Vienne, et les glaces ont un prix fixe, qui augmente en proportion de la quantité de pouces de grandeur. Les glaces de seconde qualité diminuent d'un tiers dans leur prix. Le nombre de personnes employées à cette fabrique monte à 92.

La plus grande glace que cette fabrique a fournie, se trouve au palais du Prince de Liechtenstein dans la Herrengasse.

Fabriques de particuliers à Vienne.

Les fabriques de particuliers ont été principalement établies par le soutien et les avantages que leur accorda l'Empereur Joseph II.; elles se trouvent dans tous les faubourgs, et fournissent presque tous les objets dont on a besoin dans le commerce journalier. Il existe à l'héure qu'il est, des Fabriques d'alun.

Fabriques d'argent haché.
        de bleu de Berlin.
        de céruse.
        d'etoffes de coton.
        de rubans.
        de fleurs.
        de verd de gris.
        de Berchtoldsgaden.
        d'étoffe de frise.
        de crayons.
        de blondes.
        de porte-feuilles.
        de crème de tartre et vinaigre.
        de jettons.
        de tabatières.
        de lames d'épées et sabres.
        de fil d'archal.
        de gaze.
        d'éventails.
        de plumes.
        de cotés de baleine.
        de crepe.
        de noir de Francfort.
        de dés.
        de stuc.
        de galons d'or et d'argent.

Fabriques de verreries.
         de gants.
         de chapeaux.
         de toiles de coton.
         de vergettes.
         de boutons.
         de masques.
         de cuir.
         de lustres.
         de manchester.
         de vaisselle de Majolica.
         de mouchoirs de Milan.
         de marchandises de laiton.
         de marchandises de bronze.
         de mousseline.
         d'aiguilles.
         de points de Brabant.
         de papier.
         de tapisseries de papier.
         de parapluies et parasols.
         de cartons.
         de montres.
         de potasse.
         de velours.
         de salmiac.
         de nitre.

Fabriques de fard.

d'étoffes de soie.

d'esprit de savon.

de boucles.

de cartes à jeu.

de marchandises d'acier.

de bas.

de cire d'Espagne.

de pipes à fumer.

de tapisseries.

de tapis.

de draps.

de petites cloches.

d'étoffes de laine.

de toile cirée.

de taffetas ciré etc.

Les noms des propriétaires des fabriques, des faubourgs, des rues et des maisons où elles se trouvent, sont insérés dans l'almanac de commerce de Vienne. Chaque fabricant a aussi le privilège de vendre en detail. Il faut avouer, que quant aux marchandises d'acier, aux boutons, rubans, étoffes de soie, bijouteries, mousselines etc. on les fabrique actuellement à Vienne aussi belles et bonnes, quelles venoient autrefois de l'Angleterre, de France et d'Italie.

S

Dépôts de fabriques provinciales.

Outre les nombreuses fabriques établies à Vienne, il y a encore beaucoup d'autres bien importantes, établies en Autriche, en Hongrie, en Bohème, Moravie, Styrie etc.

Telle est la grande fabrique I. R. de fayence, à Holitsch en Hongrie.

La fabrique de cuirs, d'après la façon anglaise, à Potzneusiedel en Hongrie.

La fabrique de lames de sabre du Sieur Steiner, à Pottenstein en Autriche.

La fabrique de laiton du Comte Bathiany, à Nadelbourg près de Neustadt.

Les fabriques d'étoffes de coton à Fridau, Sassin en Hongrie, à Schwechat et Ebreichsdorf en Autriche.

La fabrique I. R. de draps, d'étoffes de laine et tapis, à Linz.

La fabriques d'étoffes de laine, à Neugedein en Bohème.

La fabrique d'étoffes de laine et de casimirs, à Maehrisch-Neustadt.

Les fabriques de draps, à Neu-Oettingen en Moravie et à Clagenfourt en Carinthie.

La fabrique d'étoffes de coton et d'indiennes, à Letowitz en Moravie.

La fabrique d'étoffes de coton et d'indiennes, à Althart en Moravie.

La fabrique d'étoffes de coton et d'indiennes, à Graetz en Styrie.

La fabrique d'étoffes de coton et de linges teints, à Prague.

La fabrique de cambrais et mousselines, à Schwanstadt.

La fabrique d'étoffes de coton, mousselines, eau forte, verd de montagne et vitriol, du Prince Auersberg, en Bohème.

La fabrique de coton filé par machines, du Comte Bathiany, à Burgau en Styrie.

La fabrique de manchestres et autres étoffes fines de coton, à Schoenberg en Moravie.

La fabrique de battistes et linges, du Comte Harrach, en Bohème.

La fabrique de fayence et majolica, à Prague.

La fabrique de marchandises de fer du Prince de Schwarzenberg en Styrie, qui livre à Vienne de l'acier, du fil d'archal, du fer-blanc et des limes.

Les fabriques d'acier, de fer et de ferrure fine, à Kirschentheuer et à Ferlach en Carinthie.

Toutes ces fabriques tiennent des magazins à Vienne, où l'on vend pendant toute l'année leurs marchandises.

La foire.

La ville de Vienne tient foire deux fois par an: la première dès le lundi après Jubilate jusqu'au samedi avant la Pentecôte ; la seconde dès le second Novembre jusqu'au samedi avant l'avent.

L'importation des marchandises étrangères en Autriche étant prohibée, il s'ensuit naturellement, que la foire de Vienne ne peut pas être de grande importance. Les marchands de la ville, qui vendent les articles de mode et autres marchandises de prix, ont la coutume, d'établir pendant la foire des boutiques sur le Hof, et autres places et d'y vendre leurs marchandises, mais on n'y trouve pas pour cela d'autres choses que ce qu'ils debitent toute l'année dans leurs boutiques ordinaires.

Le seul avantage que le public tire de la foire, c'est que quelques fabriques, qui communement n'osent vendre qu'en gros, peuvent pendant la foire vendre en détail; puis, que durant la foire les marchandises et fabricats des provinces, p. e. les toiles et les verreries de Bohême, les marchandises de fer de la Styrie etc. sont vendues en détail et de la première main, par conséquent à meilleur prix.

Le faubourg Leopoldstadt tient à la fête de St. Marguérite une foire de 14 jours ; et une foire pour l'achat et la vente de chevaux se tient chaque mois sur le Heumarkt.

§. XXII.

LES FONDS PUBLICS.... LA BOURSE. ... LES BILLETS D'ÉCHANGE ET D'ANTICIPATION.... LES MONNOIES DU PAYS. ... LES MONNOIES ÉTRANGÈRES QUI ONT COURS.... LA BANQUE NATIONALE D'AUTRICHE.

Les fonds publics actuellement existants sont les suivants :

Obligations de la banque de Vienne, à 2½, et à 2 pour 100.

Obligations de la chambre des finances, à 3 à 2½, à 2¼, à 2, et à 1¾ pour 100.

Obligations de la chambre de Hongrie, à 2½ pour 100.

Obligations du syndicat (Ober-Kammer-Amt), à 2½, à 2, et à 1¾ pour 100.

Obligations de la chambre de la caisse des dettes étrangères, à 2½ et à 2¼ pour 100.

Obligations des états de la basse Autriche et de chaque province de la monarchie, à 3, à 2½, et à 2 pour 100.

On trouve encore à la Bourse de Vienne des

obligations des états de la haute Autriche, de Bohème, de Moravie, de Silesie, de Styrie et Carinthie.

La longue durée des dernières guerres a fait qu'on a ouvert plusieurs lotteries d'Etat, dont la durée n'est que pour un certain nombre d'années.

Les obligations des fonds publics sont à differentes sommes, de 50 jusqu'à 100,000 florins. Tout possesseur de ces obligations peut en tout tems, au lieu de plusieurs petites se faire dresser une seule grande, ou faire morceler une seule grande en plusieurs petites.

Tout le monde, tant les natifs du pays, *que les* étrangers peuvent acquérir des obligation des fonds publics, et les faire inscrire ou sur leur vrai nom ou sur un nom fictif. Cependant l'achat ou la vente se doivent faire à la Bourse publique de Vienne. Les intérèts sont payés de six mois à six mois, à compter de la date de l'obligation; il est cependant permis de les prendre annuellement et même à des periodes plus longues. Les quittances pour les intérèts des obligations de la banque sont les seules exemtes du timbre.

Dans chaque obligation des fonds publics se trouve à la vérité la déclaration, que la somme en question seroit remboursée à un terme fixé, après la dénonciation faite par le possesseur ; mais il est à remarquer, qu'en tems de guerre l'etat n'accepte aucune dénonciation, et ne rembourse aucun capital. Et comme en tems de paix les papiers d'état alloient ordinairement avec un bénéfice d'un, de deux et même de trois pour cent, la dénonciation et le remboursement n'ont presque jamais lieu ; les obligations circulent toujours dans le public, et vont de main en main, selon que les possesseurs croyent tirer avantage de leur achat ou vente. Aussi l'etat ne dénonce-t-il jamais les capitaux mis dans ses fonds, mais quand il veut on peut se delivrer d'une partie de ses dettes, il achete ses papiers, et diminue par là la somne des intérèts à payer.

Comme surtout en tems de guerre le cours des papiers d'etat est sujet à force changements, on a pris le parti de publier officiellement deux fois par semaine dans la gazette d'ici le cours des obligations, pour mettre le public à l'abri de toute supercherie des agioteurs.

D'après des ordonnances, reiterées tout achat et vente de papiers d'etat doit se faire à la Bourse, par les sensals ou courtiers de change, et la sensarie ou taxe pour 1000 florins est de un florin.

La Bourse.

Elle fut ouverte le 1 Août de l'an 1771, et se trouve actuellement dans la Weihburggasse No. 997. au premier étage. Elle est subordonnée au gouvernement, et dirigée par une commission du Souverain; les affaires courantes y sont soignées par plusieurs sensals ou courtiers de Bourse et de change. L'entrée est libre à tout le monde, excepté les femmes, les banqueroutiers, les mineurs et les hommes légalement déclarés prodigues. Toutes les affaires pécuniaires, qui ont rapport à l'achat ou à la vente des papiers d'état et de lettres de change en dùe forme, sont conclues à la Bourse, ou au moins leur conclusion doit y être annoncée. Les papiers qu'on cède à ses créanciers comme de l'argent comptant, ou au moyen desquels on bonifie l'achat de biens immeubles, de maisons etc. ne sont pas du ressort de la Bourse. Celui qui fait un négoce en papiers ou en lettres de change, sans en faire l'annonce à la Bourse, est tenu de bonifier la moitié de la somme, quand le négoce n'excède pas 1000 florins, mais quand il excède 1000 florins, on doit autant payer en amende, dont le tiers revient au dénonciateur. Une punition pareille est infligée à ceux, qui dans leurs logements tolèrent des conventicles, dont les objets sont du ressort de la Bourse. De même un chacun est condamné à 1000 florins d'amende, et en outre exclus pour jamais de l'entrée de la Bourse, qui par des vues intéressées, ou pour faire baisser le prix du change ou d'autres papiers, proclame hautement leur prix, ou le découvre à un autre par signes. En faisant des affaires à la Bourse, on peut s'adresser à tel sensal qu'on veut; celui-ci met le negoce conclu dans le journal, et reçoit en récompense ce qu'on nomme la sensarie. La bourse est ouverte tous les jours, de midi jusqu'à deux heures après-midi, excepté les dimanches et les jours de fête; les affaires soit en argent, en papiers d'état, ou en lettres de Change se font journellement, cependant les dernières principalement le mercredi et le samedi par semaine.

Les changement des differentes courses d'argent et des papiers sont annoncés au public tous les jours, par la Bourse même, et le lendemain dans la gazette de Vienne.

Les billets d'Échange et d'Anticipation.

Sous le règne de Marie Thérèse on fabriqua, pour 12 millions de billets de banque. Au premier Juin de 1785 on mit en cours de nouveaux billets de banque pour la somme de 20 millions de florins.

Les guerres continuelles et dispendieuses,
qu'eut à essuyer l'Empereur actuellement regnant,
firent qu'on augmenta peu à peu la masse des billets
de banque au point, qu'au mois de Fevrier 1811
elle se trouva monter en tout à 1,060,798,753 florins.
Cette multiplication diminua tellement leur cre-
dit, que l'état trouva nécessaire de prendre, à
l'égard du papier monnoie, de nouvelles mesures.
Une patente, datée du 20 Fevrier et publiée le
15 Mars 1811, mit les billets de banque au cinquième de leur valeur nominale, et substitua les Billets
d'échange et d'amortissement aux ci-devant billets
de banque, qui cesserent d'avoir cours le 31 Janvier 1812.

Ces billets d'échange et d'amortissement montent à la somme totale de 211,159,750 florins. Ils
sont à 1, à 2, à 5, à 10, à 20, à 100 et à 500 florins. — La guerre de 1813 a amenè la necessité de
eréer un nouveau papier-monnoie, nommé Billets
d'anticipation, de la même valeur nominale que
les Billets d'échange.

Espèces de monnoies qu'on frappe dans les États Autrichiens.

Les places de monnoie actuellement existantes

dans les états Autrichiens, sont Vienne, Kremnitz et Prague.

Les espèces qu'on y frappe, ou qui sont encore en circulation, sont les suivantes :

Espèces en or.

Le souverain d'or; il vaut en Autriche 13 florins 20 kreuzer.

Le demi-souverain d'or, à 6 florins 40 kreuzer.

Le ducat Impérial, à 4 florins 30 kreuzer.

Le ducat de Kremnitz, à 4 florins 30 kreuzer.

Espèces en argent.

L'écu Impérial, à 2 florins.

Le florin Impérial, à 1 florin.

Le demi-florin, à 30 kreuzer.

La pièce de 20 kreuzer.

La pièce de 10 kreuzer.

La pièce de 5 kreuzer.

Le gros, ou la pièce de 3 kreuzer.

Espèces en cuivre.

La pièce de 6 kreuzer.

Le gros ou la pièce de 3 kreuzer.

La pièce de 2 kreuzer.

Le kreuzer, à 4 deniers.

Le demi-kreuzer.

En 1811, à l'occasion de la réduction de billets de Banque, les monnoies en cuivre ont été également reduites au cinquième de leur valeur nominale.

Espèces de monnoies étrangères, qui ont cours en Autriche.

Parmi les espèces d'or étrangères il n'y a que les ducats de Hollande qui ayent cours, et qui sont mis à 4 florins 30 kreuzer. Toutes les autres pièces d'or étrangères ne sont regardées que comme marchandise, que l'on reçoit comme telle à la monnoie, et contre laquelle on y donne des espèces du pays, ce que font aussi quelques marchands de la ville.

Parmi les espèces d'argent étrangères, en Autriche ont cours les ecus, et les pièces de 20 et de 10 kreuzer, qu'on frappe en Bavière, en Souabe, en Franconie, et en Saxe.

La Banque nationale d'Autriche.

En date du 1 Juin 1816 on publia plusieurs Patentes, dont le but etoit de regler le systême monétaire de la monarchie Autrichienne, et qui portent en substance ce qui suit:

Il ne sera désormais émise aucune espéce de nouveau papier-monnoie d'une valeur et circulation forcée. — Le papier-monnoie actuellement existant sera totalement retiré de là circulation, moyennant un échange spontané, et la circulation de l'argent sera ramenée à la base d'une monnoie metallique frappée au coin de l'argent de convention. — L'échange du papier-monnoie est commis à une Banque nationale privilégiée, laquelle sera établie sans delai. Elle émettra des billets de Banque (Bank-Noten) lesquels pourront être échangés en plein et en tout tems contre des espèces sonnantes. — La Banque, comme Institut privé privilégié, deviendra propriété des actionnaires qui par la mise de leur argent prennent part à sa fondation. — Pour garantir les billets de la Banque nécessaires à l'échange du papier-monnoie, le gouvernement cède à la Banque les contributions des Puissances étrangères, les sommes disponibles existant dans les caisses d'Etat, et lui donne une hypothèque sur les mines de l'Etat. — Les billets de Banque sont déclarés moyen d'acquitter, reconnu par les loix, mais dont l'emploi entre les particuliers dépend d'un accord réciproque, sans que leur acceptation soit aucunement forcée; le gouvernement les accepte dans toutes les caisses publiques comme de l'argent de convention selon leur valeur nominale. Ces billets sont émis par la Banque et en son nom, pour la valeur de 5, 10, 25, 50, 100 et 1000 florins. Ce sont des assignations sur la Banque, laquelle est obligée de les payer à vue au possesseur, s'il le demande, d'après leur valeur nominale et en argent de convention. — L'administration des finances remettra à la Banque une charte, qui lui assure le revenu annuel d'un million de florins en argent de convention, destiné pour un fonds d'amortissement. — La Banque n'émettra jamais plus de billets que ne permettra le fonds destiné à leur échange et qui se trouve chés elle en dépôt. — Le papier-monnoie rentrée par voye d'échange, ne sera dans aucun cas remis en circulation, mais de tems en tems anéanti.

Depuis la Banque nationale a été organisée et établie dans la Singerstrafse Nro. 940, ou elle exerce ses fonctions, selon les statuts, publiés en Janvier de l'année présente.

§. XXIII.

SPECTACLES. . . . AMUSEMENTS PUBLICS.

Les théatres de la Cour.

Il y a dans la ville deux théatres publics appartenants à la Cour: le théatre du palais, ou le théatre national, et le théatre près la porte d'Italie, dit le Koernerthor-Theater. Ces deux théatres ont essuyé de tems en tems différents changements, qu'il seroit superflu de rapporter.

Toutes les personnes et tout l'ensemble de ces théatres est subordonné en dernière instance au grand chambellan de la Cour. Pour l'économie, le choix des pièces, leur représentation, l'engagement des acteurs etc. il y a un commissaire de la cour et cinq regisseurs pris parmi les acteurs.

Le théatre est composé de trois branches, qui sont la comédie allemande, l'opera allemand, le ballet. Les acteurs et les actrices de la comédie allemande sont engagés ou pour la vie, et en ce cas, dans l'incapacité de jouer, à cause de vieillesse, ou d'autre accident, ils sont pensionnés d'après le réglement établi pour les employés civils du gouvernement; ou ils sont engagés à une ou plusieurs années seulement, et en ce cas, outre les appointements convenus, la direction n'est obligée à rien de plus envers eux.

Les membres du ballet ne sont ordinairement engagés que pour une ou plusieurs années.

Le nombre des acteurs est de 28, celui des actrices de 26. — L'opéra allemand compte 10 chanteurs, 12 chanteuses et 37 individus des deux sexes pour chanter aux choeurs.—Le nombre des danseurs est de 12, celui des danseuses de 10, et de 37 figurants des deux sexes. — L'orchestre des deux théatres compte 75 musiciens. — Le nombre de tous les individus employés pour la représentation, l'administration et les travaux nécessaires, monte à 334.

Le théatre du palais a un premier parterre ou parterre noble, et un second parterre, trente loges au premier étage, et autant au second : puis au troisième et quatrième étage des galeries ouvertes. Le meme arrangement est au théatre près du Koernerthor, avec la difference, qu'à chaque étage il n'a que 24 loges, et encore une troisième galerie ou cinquième étage.

La famille I. R. a ses loges aux deux théatres, et quand elle assiste au spectacle, c'est devoir, d'oter le chapeau.

Il y a spectacle tous les jours de l'année, tantôt

aux deux théatres, tantôt à l'un ou l'autre : ils ne sont fermés que pendant la semaine sainte, quelques jours avant le Noël, aux grandes fêtes de l'Eglise, comme Noël, Pâques, Pentecôte, fête-Dieu, aux anniversaires de la mort des Empereurs Joseph et Leopold, et des Impératrices dernièrement défuntes ; cependant dans la semaine de Noël et la semaine sainte s'exécute au théatre du palais deux fois une grande académie de musique à l'avantage des veuves et orphelins de la société des musiciens. Aux mois de Juillet et d'Août les acteurs, les chanteurs et les danseurs ont tour à tour leurs vacances, sans pourtant que le théatre soit fermé un seul jour.

Les comédiens allemands donnent des comédies, des tragédies, des drames et melodrames. Les operistes représentent des opera comiques ou serieux ; les membres du ballet donnent des petits divertissements et de grands ballets tant eomiques que tragiques.

Depuis plusieurs années on ne donne au théatre national que les pièces allemandes, et les opéra et ballets au Körnerthor-Théatre.

Les théatres des faubourgs.

Le théatre sur la Vienne (la rivière). Ce théatre,

T

le plus beau à Vienne, a été construit en 1800 et appartient actuellement au comte Ferdinand Palfy, il a 28 loges et 4 galeries. On y donne des pièces régulières, comédies, drames, tragédies, et beaucoup d'opéra comiques, qui sont bien exécutés, tant pour le chant que pour l'orchestre.

Le théatre au faubourg Leopoldstadt. Il existe depuis long-tems, et appartient aux heritiers de Mr. de Marinelli. Autrefois il ne donnoit que des pièces du bas comique et sans règle, dans lesquelles le dit Casperl, faisoit le bouffon. Depuis quelques années on y donne aussi des pièces en règle, surtout des pièces de chevalerie et populaires. Outre celles-ci on donne des opéra comiques et des pantomimes. Les acteurs de ce théatre sont en grand nombre, et l'orchestre est assez bon. Il est ouvert tous les jours excepté ceux auxquels les spectacles sont fermés en règle.

Le théatre au faubourg Josephstadt. Le proprietaire et directeur est Mr. Huber. La maison est petite, et ce théatre en général vaut peu de chose; on y donne cependant des pièces de toutes sortes, tant comiques que serieuses.

291

Théatres de société.

Les principaux sont ceux au palais de Lichtenstein, au palais d'Auersberg, et au palais du Comte de Fries, avec quelques autres. Quelquefois en hiver une société de la première ou de la seconde noblesse se rassemble et y représente des pièces allemandes ou françaises.

La Rédoute.

Dans la partie du palais Impérial, qui ferme un des cotés du Josephplatz, sont les deux salles pour la rédoute, dont une est extrémement vaste, l'autre moins grande. Les rédoutes commencent après le nouvel an, et continuent jusqu'au dernier jour du carnaval. D'abord il n'y a rédoute que chaque dimanche, puis chaque semaine deux fois, et à la fin pendant tous les trois jours du carnaval. Les salles s'ouvrent à 9 heures du soir; elles sont éclairées par des bougies nombreuses, et chacune a son orchestre à part, qui joue, tour à tour des menuets et des allemandes: la musique finit à six heures du matin du jour suivant.

Ce n'est qu'à la rédoute, qu'il est permis de paroitre en masque, et strictement parlant chacun y devroit être en masque, dont le plus usité

T 2

pour les hommes est le manteau de Vénise ; celui qui ne veut pas entrer masqué, doit au moins mettre le masque sur le chapeau.

Quand il n'y a que mille personnes à la rédoute, on la trouve trop peu nombreuse ; 1500 jusqu'à 2000 personnes font une rédoute agréable : pendant les derniers jours on y trouve toujours 3000 personnes et plus, et alors tout le monde est dans la presse. A l'ordinaire on y danse fort peu.

Les revenus de la rédoute appartiennent à la caisse du théatre, et une somme fixée revient à l'institut des pauvres.

Tout près des salles on trouve des chambres, où l'on est servi de toutes sortes de rafraîchissements. Il y a encore d'autres chambres, ou l'on peut souper en forme, ou demander divers mets et vins, dont le prix est affiché.

Le jeu de paume.

Il est situé sur la place qui en a son nom, derrière le palais Impérial, et arrangé aussi pour les amateurs du billard. Les gens de qualité tant du pays qu'étrangers, qui veulent se donner de l'exercice ou de l'amusement par ces jeux, y peuvent entrer à toutes les heures du jour.

Salles à danser. — Bals de société.

Dans la ville même il n'y a que deux salles publiques à danser : celle à l'Empereur Romain, sur la Freyung, ouverte à la danse uniquement pendant le carnaval; et à la Mehlgrube, sur le Neumarkt. Toutés les autres salles de cette espèce sont aux faubourgs, comme au Sperl dans la Leopoldstadt; à la lune, au Rennweg; au bouc, sur la Wieden; et au cygne, dans la Rofsau, etc. Ces salles sont beaucoup frequentées par la bourgeoisie : les propriétaires y donnent musique tous les dimanches et fêtes en automne, hiver et printems, et servent leurs chalands de toutes sortes de mets et vins.

Les bals de société peut donner qui veut dans sa démeure; il faut cependant l'annoncer préalablement à la direction de police, en recevoir un billet de permission, et payer pour chaque musicien qu'on y emploie, 15 kreuzer.

Feu d'artifice.

Cet amusement public se donne chaque année trois à quatre fois dans la belle saison. La place destinée à ce spectacle est le Prater; là est etabli un grand échaffaudage, sur lequel s'étalent les

decorations pyrotechniques. Vis-avis de l'echaffaudage est un petit amphithéatre pour les spectateurs de qualité; l'espace entre l'amphithéatre
et l'echaffaudage est pour le public.

Le feu d'artifice est annoncé quelques jours
avant son exécution avec une description en
détail; il présente à l'ordinaire six à huit frontons
ou décorations, dont on brule à petits intervalles
l'une après l'autre; ces frontons représentent des
jardins, temples, grottes, palais, villes, cascades,
parterres à fleurs, forteresses etc. Le tout est
toujours terminé par une forte canonade; le
spectacle commence à la nuit tombante, et dure
près de trois quarts d'heure. Il s'y trouve quelques fois 10 à 12000 hommes.

Les assemblées.

Un des amusements les plus agréables de la
ville sont les assemblées; elles se donnent dans
toutes les classes, à commencer par la première
noblesse jusqu'au bourgeois aisé, et principalement en hiver, depuis le mois de Novembre
jusqu'à la fin du carème; elles sont plus rares
pendant la belle saison, parce que nombre de
familles va à la campagne, et que les gens qui
restent en ville, préfèrent une promenade au soir.

295

En hiver elles commencent à 7 heures, et durent jusqu'à 10 heures.

Dans quelques maisons on les donne trois fois par semaine, dans d'autres deux fois, une, et même une seule fois en quinze jours, dans peu de maisons tous les jours. L'entretien est très varié : dans quelques unes tout le monde est obligé de jouer ; dans d'autres joue qui veut ; ici on fait de la musique, là on danse ; autre part on se contente d'une conversation amicale. Toutes les assemblées sont mixtes : on y trouve des veuves, des femmes et des filles, et des hommes de toutes les classes : employés, prêtres, hommes de lettres, officiers, artistes, bourgeois etc. il en faut pourtant excepter les assemblées de la haute noblesse, où les roturiers sont exclus.

Pour un étranger ces assemblées sont d'une bonne et agréable ressource ; il fait tout d'un coup la connoissance d'un grand nombre de personnes ; il faut cependant s'y faire introduire par un homme deja connu, et alors l'accès lui est pour toujours ouvert, et il trouve par là occasion de fréquenter peu à peu plusieurs maisons.

§. XXIV.

Promenades....Jardins.

La promenade la plus proche de la ville est le rempart (le bastion) dont il a deja été fait mention ci-dessus.

Le glacis ou l'esplanade, qui entoure toute la ville, etoit autre fois un terrain desert et hideux, plein d'immondices, de décombres et de fange, sans chemin régulier ni pour les piétons, ni pour les voitures. L'Empereur Joseph II. fit nettoyer tout ce terrain, fit construire des chaussées pour les voitures, des trottoirs larges et commodes pour les piétons, et y fit planter en 1781 par-tout des allées, de sorte que le glacis est actuellement une des plus agréables promenades autour de la ville.

Le Belvedère. On a deja fait mention ci-dessus de ce palais et de la galerie des tableaux. Le jardin appartenant à ce palais est pendant la belle saison ouvert à tout le monde. Il n'est pas fort étendu, est assez uniforme et donne peu d'ombre, exceptée la partie près du palais superieur, où etoit jadis la ménagerie et où l'on trouve plusieurs allées de marronniers. En revanche on y jouit d'un air bon et pur, et d'une vue charmante sur la ville.

Le j'ardin du Prince de Schwarzenberg est situé tout près du Belvedère, et également ouvert aux gens comme il faut; il a des parties agréables, beaucoup d'ombre, et plus de variation que le jardin du Belvedère, ce qui fait qu'il est plus frequenté que celui-ci.

Le jardin du Prince de Lichtenstein, dans le faubourg Roſsau, aussi ouvert au public. Le palais y attenant est dans un beau style et renferme la riche et precieuse collection de tableaux et autres objets d'arts de cette illustre famille. Le jardin n'est pas trop spacieux, mais orné de belles parties et de beaucoup d'arbres exotiques.

L'Augarten.

Il est situé au nord de la ville, au bout du faubourg Leopoldstadt, par consequent sur la grande île du Danube, et communique par deux allées avec le Prater; il fait un quarré presque régulier, touehe du côté du sud et d'est à la Leopoldstadt, du côté d'ouest à la Brigittenau, et vers le nord à un bras du Danube. Son etendue est à peu près de 164,000 toises quarrées.

Ce jardin a été d'abord planté sous l'Empereur

Ferdinand III., agrandi sous Leopold I, embelli sous Joseph I., et mis dans son état actuel par Joseph II., qui en 1775 le consacra à l'usage et à l'amusement du public en tout tems: dans la suite il le fit entourer d'une digue, pour le mettre à l'abri des inondations, qui surviennent de tems en tems à l'époque de la fonte des neiges et des glaces.

L'entrée est du côté de sud-est; sur la grande porte on voit l'inscription allemande, que Joseph II. lui même y a posée:

» Lieu d'amusement consacré a tous les hommes par leur appréciateur. «

Les fiacres doivent rester hors de cette entrée, et il n'est permis qu'aux voitures des particuliers ou qui sont réputées telles, de passer dans la grande cour, qui est plantée d'une double allée de chaque côté, et qui a en front le grand pavillon, où se trouvent deux grandes salles à manger, une chambre à billard, et encoré un couple de chambres. On y dîne chez le traiteur Jan à différents prix; et peut se faire servir des raffraichissements usités, dont on trouve le prix affiché.

Quand on a passé le pavillon, on voit à droite la maison tout simple, qu'habitoit autrefois l'Empereur Joseph II.; avec un petit jardin à fleurs;

devant soi on a une allée de plusieurs milles, taillée par des forèts, et dont la perspective finit par une èglise de village; à gauche se trouve une terrasse elevée, d'où l'on jouit d'une vue romanesque vers le Kahlenberg, avec les vignobles, villages et maisons de campagne voisines.

Au reste l'Augarten n'a ni cascades, ni grottes, statues ou autres embellissements, qu'on voit aux jardins celèbres des grandes capitales. Malgré cela c'est une promenade agréable, qui remplit son but, savoir de donner aux habitans de Vienne de l'ombre, de la verdure, et un air raffraîchissant: il y a des allées bien ombrageantes, et maintes autres parties charmantes en arbres et bosquets.

Sous l'Empereur Joseph II. ce jardin étoit extrèmement fréquenté; le Monarque s'y promenoit souvent, entouré de ministres, généraux et dames, au milieu de la foule du peuple par toutes les allées; depuis sa mort l'Augarten l'est beaucoup moins.

Le Prater.

Aucune des grandes capitales de l'Europe ne jouit de l'avantage, d'avoir tout près de ses portes un parc aussi vaste et agréable que l'est le Prater, car il n'est éloigné des dernières maisons du faubourg Jaegerzeile que de 200 pas.

Le Prater est situé sur la grande île du Danube, où se trouvent la Leopoldstadt et l'Augarten. C'est un grand parc, entremêlé de prairies, et dont les arbres sont un assemblage de marronniers, de tilleuls, de chênes, et d'hetres. On y voit une faisanderie, autrefois on y nourrissoit aussi des cerfs et des sangliers.

Autrefois le Prater n'étoit ouvert que pour les courses de carosse, et seulement pendant les trois mois d'été. L'Empereur Joseph II., qui en tout occasion aimoit à multiplier les amusements du public, effectua deja en 1766, que le Prater fut ouvert au public. Depuis ce tems il y fit faire plusieurs embellissements et établissements de commodité; il fit fermer et combler un bras du Danube qui couloit entre le faubourg et le Prater; il fit multiplier et mieux soigner les allées; en 1786 il fit creuser plusieurs puits à coté de la grande allée, où le concours des voitures et des chevaux est le plus nombreux, desquels puits on verse l'eau sur cette allée, pour étouffer la poussière.

Le chemin de la ville au Prater va, ou par le faubourg des tanneurs sur le pont y etabli sur le Danube, ou par la Leopoldstadt et la Jaegerzeile; ce dernier est le plus fréquenté. Hors de la Jaegerzeile on voit une belle plaine en forme de demi-cercle, et delà quatre grandes allées conduisent au Prater. Les deux allées du côté gauche sont peu fréquentées; la troisième mène à la place du feu d'artifice et aux guinguettes, qui sont établies parmi les arbres entre cette allée et la quatrième. Ces guinguettes sont des jolies maisonnettes de bois, entourées chacune de trois à quatre autres, où l'on dîne, et tout autour il y a encore une grande quantité de tables sous les arbres, de même que plusieurs jeux aux quilles et autres jeux destinés à l'amusement de la jeunesse et des enfans. C'est ici l'assemblage de la bourgeoisie et des moindres classes du public, qui les dimanches et fêtes accourrent par milliers, pour y dîner, ou passer joyeusement l'après-midi.

La quatrième allée, à droite, c'est le rendez-vous du beau monde; presque tout ce qui vient là, va en carosse ou à cheval; la large chaussée au milieu est pour les voitures; la chaussée à droite pour les hommes à cheval: et la chaussée à gauche pour les promeneurs à pied. Près de cette allée sont trois caffés; des tables en grand nombre sont posées sous les arbres, et les dimanches, plusieurs centaines de chaises sont placées le long de l'allée, que les promeneurs occupent pour voir passer le beau monde. La plus grande quantité de voitures vient au Prater les dimanches et fêtes des dernières semaines du mois d'Avril et au commencement du Mai, savoir avant que la noblesse et les riches partent à leurs terres et à la campagne, et puis à la fin du Septembre et au commencement d'Octobre, quand ces mêmes gens reviennent en ville; dans ces jours-ci on voit quelquefois près de mille carosses au Prater, qui à l'approche de la nuit retournent à pas lents sur le pont de Leopoldstadt à la ville; (il existe une ordonnance sévère d'aller lentement sur tous les ponts tant du Danube que des fossés de la ville). En général on peut compter, qu'à chaque beau dimanche d'été il vient 12 à 15,000 hommes au Prater.

A droite de cette allée se trouve le Cirque gymnastique de Mr. de Bach, bâtiment élegant, en forme d'amphithéatre, dans lequel le dit proprietaire donne pendant la plus grande partie de l'année, ses exercices d'équitation et autres jeux gymnastiques.

A gauche de l'allée est la maison construite pour la représentation des Panoramas. On y a vu successivement le Panorama de Londres, de Vienne, de Prague, de Gibraltar et de Paris.

A l'extrémité orientale du Prater, tout près d'un bras de Danube, est situé le Lusthaus, pavillon rond avec deux sallons et trois galeries qui l'entourent au dehors, et desquelles on jouit d'une belle vue des environs. Ce Pavillon est ouvert pendant toute l'année au public, et dans un cabaret voisin on trouve des raffraîchissements. Il a tout autour des allées et des promenades agréables: aussi les jours du printems est-il beaucoup fréquenté. La grande allée, qui de l'entrée du Prater y mène, est longue de 2500 toises.

Il y avoit autrefois un grand nombre de cerfs fort apprivoisés au Prater, mais tous ont été tués en 1809 par les soldats français.

La Brigitten-Aue.

C'est encore une espèce de parc, derrière la Leopoldstadt et l'Augarten, avec une église, deux cabarets et une maison de chasse, où l'on peut dîner et trouver des raffraîchissements. Ce parc est baigné par un bras du Danube, et sur la digue y construite est une belle promenade jusqu'à la forêt voisine. Dans la belle saison on y trouve presque journellement quelques cotteries. Le chemin des voitures va par la Leopoldstadt, mais pour les piétons la voye plus courte et plus agréable mène par l'Augarten, où l'on a ouvert une porte pour faciliter la communication avec la Brigitten-Aue.

Le premier dimanche après le jour de St. Brigitte se celèbre ici la dédication de l'église, fête populaire, qui rassemble ordinairement près de 30000 hommes, qui s'y amusent par des danses et toutes sortes de jeu.

§. XXV.

POPULATION. . . . CLASSES DES HABITANS. . . . ASSEMBLAGE DE NATIONS. . . . . LANGUES. . . . - CHEVAUX. . . . CHIENS.

La population de Vienne etoit sans contredit au plus haut degré entre les années 1780 et 1788; elle montoit alors à peu près à 272000 ames; au commencement de la guerre contre les turcs, qui avoit pour suite de forts recrutements et une cherté sensible de plusieurs denrées, elle commença à diminuer. La guerre de turcs à été sans delai suivie par celle contre la France, et avec elle la cherté et les recrutements continuoient; par conséquent depuis l'époque susdite la population n'a plus augmenté.

En 1815 Vienne avec les faubourgs avoit 7150 maisons et 239373 habitants. Dans ce nombre se trouvoient:

Nobles 4259
Ecclesiastiques 863
Bourgeois, artistes, artisans . 9766
Jardiniers, ouvriers etc.. . 32000

A cette population il faut ajouter les Ministres, étrangers avec leur domesticité, à peu près 400 ames; la garnison d'au moins 15000 hommes, enfin les passagers tant des provinces que des pays étrangers, près de 40000 par an.

Le bétail existant au dedans de la ligne monte à peu près

Chevaux 7500
Boeufs 120
Vaches 1200

Après la cour I. R. les classes principales des habitans de Vienne sont les suivantes:

La haute noblesse; elle est composée de Princes, Comtes et Barons. Les revenus ordinaires annuels d'une famille princière sont entre 150,000 et 800,0000 florins; les revenus d'un comte entre 50,000 et 150,000 florins. Il y a actuellement vingt-une familles princières établies à Vienne, septante familles de Comtes et cinquante de Barons.

La seconde noblesse; elle est composée de Chevaliers et Landmans, et de Nobles.

U

La bourgeoisie; elle comprend à peu près 7000 bourgeois. En général elle est assez aisee, et compte un nombre considérable de maisons riches. L'etat commercial est le plus opulent de cette classe.

Les employés; ils appartiennent partie au Souverain, partie aux etats, partie à la ville, et font un nombre de près de 4500 individues.

Les autres classes sont celles du clergé, du militaire, des membres de l'université, des artistes, des officiers de la noblesse, des artisans, métiers, fabricants, ouvriers et manoeuvres de la dernière classe. Le nombre des domestiques de l'un et de l'autre sexe monte à 40,000, parmi lesquels il y a environ 3000 laquais.

Un spectacle frappant à l'oeil de l'étranger donne ici la variété du costume national de différents pays. Le peuple de Vienne ne porte pas l'habillement uniforme, usité dans presque toutes les capitales de l'Europe. On voit ici continuellement une quantité d'hongrois, polonois, rasciens, croates, valaques, moldaviens, grecs et turcs, vetus de leur costume national, ce qui donne des nuances plaisantes dans la foule générale.

La langue dominante et la plus commune à Vienne c'est l'allemande; après elle on parle

Beaucoup le français et l'italien; puis l'illyrien et le grec moderne; enfin encore le polonois, le bohême, l'hongrois, le croate et slavaque.

Mr. de Luca calculoit le nombre des chiens à Vienne à 30000, et donnoit ce calcul comme authentique. Il me paroit enflé de quelques milliers; il est sûr cependant, que la quantité des chiens est toujours de beaucoup trop excessive: à l'exception des chiens nécessaires aux bouchers, aux jardiniers, aux blanchisseurs et aux charretiers, le reste est une charge très odieuse et même dangereuse pour le public. Des gens apostés pour cela tuent bien de tems en tems les chiens qui courent les rues sans collier, et qui ont l'air malade; mais il seroit à souhaiter, qu'on trouvat encore d'autres moyens pour diminuer la foule embarrassante des chiens.

§. XXVI.

INSPECTION DES MORTS.... FEUILLE JOURNALIÈRE DES MORTS.... CIMETIÈRES. ... FUNÉRAILLES. ... MALADIES DOMINANTES... LISTES DES NAISSANCES ET DES MORTS.

Aussitôt qu'une personne meurt à Vienne, le médecin qui a traité le défunt, est obligé de dresser une annonce, contenant le nom de batème et de famille, l'âge et la maladie de l'Individu mort, avec l'observation, si la maladie étoit peut-être d'une espèce maligne, qui rendroit nécessaire d'user de quelque circonspection avec les lits et la chambre du défunt, ou de les faire purifier. Cette annonce du médecin doit être portée au bureau des morts, qui envoie l'inspecteur des morts; celui-ci fait l'inspection du cadavre, et en est payé avec 20 kreuzer. En cas que le médecin auroit annoncé, ou que l'inspecteur des morts auroit trouvé, que le mort a décédé d'une maladie contagieuse, il envoie les Siechknechte (valets des incurables) qui prennent les lits du mort, et les purifient d'après la méthode prescrite, après quoi ils sont rendus à la famille, moyennant une taxe pour le travail. Dans des cas extraordinaires l'inspection des morts fait aussi fermer les chambres du mort, et puis les purifier de la contagion soupçonnée, d'après les règles prescrites; cette inspection a encore à vérifier: si le mort n'a pas perdu la vie d'une manière violente. En cas de suicide ou autre mort subite, la police fait prendre inspection extraordinaire.

De toutes les personnes mortes au dedans des lignes (à l'exception des enfants au dessous d'une année) on imprime et vend journellement une annonce, nomme la feuille des morts. Sur ce bulletin on trouve le nom, l'état, l'âge, le sexe, le quartier, le numéro de la maison et la maladie des défunts. Les morts y sont rangés en deux classes, savoir ceux qui sont morts dans la ville même, et ceux qui sont morts hors la ville. Les faubourgs étant beaucoup plus grands que la ville; tous les hopitaux étant établis aux faubourgs; le menu peuple et les pauvres démeurant pour la plupart aux faubourgs: il est très naturel, que le nombre des morts hors la ville surpasse journellement de beaucoup le nombre des morts dans la ville.

Le nombre ordinaire de ceux qui meurent en un jour, est entre 8 et 36 personnes.

Autrefois les cimetières à Vienne, comme partout ailleurs, étoient dans la ville même. Dans les tems postérieurs on les a transférés de la ville aux faubourgs. Enfin l'Empereur Joseph II. par les motifs connus, les a placés tout-à-fait hors des lignes, où depuis le 1. Janvier de l'an 1784 tous les morts sont transportés et enterrés. On établit à cet effet dans une distance considérable des lignes, en champ ouvert, cinq grands cimetières, dont on assigna chacun à un certain nombre des paroisses de la ville et des faubourgs, pour y enterrer leurs morts. Ces cimetières se trouvent hors de la ligne de St. Marc, hors celle de Matzleinsdorf, celle de Hundsthurm, celle de Wachring, et celle de Mariahülf.

Ces cimetières sont environnés d'une muraille, et n'ont point de chapelle, mais uniquement au milieu un grand crucifix. Il est permis d'ériger des monuments, non pas sur les tombeaux des morts, mais aux murailles.

Les funérailles qui étoient jadis très coûteuses et onéreuses, ont depuis l'époque susdite été fort simplifiées: on les a arrangé d'après trois classes, qui se distinguent par plus ou moins de cloches, de chant et de cortège: la première classe dans la ville coute 78 florins 18 kreuzer; la seconde, 42 florins 57 kreuzer; la troisième, 14 florins 32 kreuzer; aux faubourgs la première 42 florins 40 kreuzer; la seconde, 24 florins 27 kreuzer; la troisième, 8 florins 46 kreuzer. De cette somme est déduite une taxe fixe pour le chariot des morts, qui à l'heure indiquée vient prendre le mort à sa maison, le mene à la paroisse, où il reçoit la bénédiction, et puis le transporte au cimetière.

La mortalité est en vérité assez grande à Vienne, comme dans toutes les capitales de l'Europe, où règne beaucop de luxe et beaucop de débauche, et tout près de richesses 'cnormes la plus grande pauvreté. Parmi les maladies, qui tuent la plupart des personnes d'un certain âge, la pulmonie, la phthisie, la fièvre putride et nerveuse sont les dominantes ; entre 5000 morts, le sixième homme meurt toujours d'une maladie des poumons. Cette maladie naît principalement de la masse extraordinaire de poussière, dont surtout en été Vienne est continuellement couverte ; c'est une poussière fine de chaux et de caillou, qui attaque les yeux, se jette sur les poumons, et y cause toutes sortes de maux, dont ils sont susceptibles. La quantité des escaliers à monter dans les hautes maisons de la ville, augmente encore ces maladies. Les enfans meurent en très grand nombre au dessous d'une année.

Liste des naissances.

L'année 1775 nés 7658 enfans
. . 1780 . 8220 . .
. . 1790 . 10209 . .
. . 1800 . 14836 . .
. . 1805 . 14777 . .
. . 1810 . 10013 . .
. . 1814 . 11614 . .

L'année 1815 nés 12326 enfans.

- . 1816 . 11546 . .
. . 1817 . 11228 . .

Enfans né morts.

L'année 1775 né morts 404.

. . 1780 . . 343.
. . 1790 . . 389.
. . 1800 . . 426.
. . 1805 . . 412.
. . 1810 . . 412.
. . 1814 . . 500.
. . 1815 . . 489.
. . 1816 . . 456.
. . 1817 . . 409.

Liste des morts.

L'année 1785 morts 11603.

. . 1790 . 16157.
. . 1800 . 18452.
. . 1805 . 16742.
. . 1810 . 17445.
. . 1814 . 15309.
. . 1815 . 11520.
. . 1816 . 12306.
. . 1817 . 12742.

Liste des mariages.

L'année 1780 couples mariés 1808.
. . 1790 . . . 2296.
. . 1800 . . . 2655.
. . 1805 . . . 2213.
. . 1810 . . . 3532.
. . 1814 . . . 2148.
. . 1815 . . . 2437.
. . 1816 . . . 2881.
. . 1817 . . . 2205.

Sans des causes extraordinaires on peut compter qu'à Vienne meurt annuellement le vingt sixième homme.

§. XXVII.

CONSOMMATION.... IMPORTATION DES PROVINCES.... DENRÉES; LOGEMENTS.

Consommation de l'année 1816.

Boeufs et vaches . . 90170 pièces
Veaux . . . . 96892 —
Brébis . . . . 52295 —
Agneaux . . . . 85418 —
Cochons . . . . 82932 —
Oeufs . . . . 20702572 —

Poissons . . .	9682 quintaux
Beurre . . .	17771 —
Fromage . . .	6911 —
Vins d'Autriche . .	313000 Eimer
Vins d'Hongrie . .	39016 —
Vins étrangers . .	667 —
Bière . . .	596563 —
Farine . . .	793416 quintaux
Gruau . . .	8461 —
Pain . . .	22677 —
Legumes, . . .	1414 Metzen.
Froment et seigle .	601451 —
Orge . . .	136658 —
Awoine . . .	958875 —
Foin . . .	20943 chariots.
Paille . : .	1469341 bottes.
Bois à bruler . .	272590 cordes.
Charbon de terre .	68407 quintaux.

Consommation de l'année 1817.

Boeufs et vaches . .	82592 pièces
Veaux . . .	67030 —
Brebis . . .	120569 —
Cochons . . .	71554 —
Oeufs . . .	6889607 —
Poissons . . .	292 quintaux.

Beurre	20948	quintaux.
Fromage	4188	—
Vins d'Autriche	285010	Eimer
Vins d'Hongrie	31740	—
Vins étrangers	546	—
Biere	542203	—
Farine	855501	quintaux.
Gruau	9337	—
Pain	21055	—
Legumes	134444	Metzen.
Froment et seigle	386042	—
Orge	103893	—
Avoine	710172	—
Foin	15538	chariots.
Paille	903809	bottes.
Bois à bruler	214908	cordes.
Charbon de terre	63206	quintaux.

Cependant à l'article bière il est à remarquer, qu'il y a quatre brasseries au dedans des lignes de Vienne, dont le débit en bière équivaut à peu près à la quantité importée du dehors.

L'importation des denrées et marchandises de toute espèce se fait de toutes les provinces de l'état autrichien; on tire

de la basse Autriche: du vin, du bois, des veaux, des oeufs, du lait, du beurre, des légumes, des pois, fèves etc. du froment, des fruits d'arbres, de la volaille, du foin, de la paille, de la bière, du charbon de terre.

De la haute Autriche: des fruits, des étoffes de laine, du bois à bruler, du bois de construction, du sel, du charbon de terre.

De la Hongrie: des boeufs, des chevaux, des cochons, des brebis, des agneaux, du foin, du froment, de la paille, du vin, des poissons, du tabac, de la volaille, des oeufs, du gibier, des articles de pharmacie, des peaux d'animeaux, de la laine, des metaux, des couleurs, du fromage des charbons de terre, de la potasse et de l'alun.

De la Bohême et Moravie: du houblon, du verre, du lin, du linge, des draps, du beurre fondu, du gibier, de l'étain, du papier, des poissons, du fromage.

De la Styrie et Carinthie: des boeufs, des chapons, du fer brut et de l'acier, des marchandises de fer et d'acier.

Du Tirol: du fer, des veaux, des fruits, des fabricats de bois.

Du pays de Salzbourg: du bois, du fer, du sel.

Du Frioul et de l'Istrie: des vins, des oranges, des citrons, marons, huitres, de l'huile, des poissons de mer.

De Venise et Milan: des fruits du midi, de la soie, du frommage etc.

Quant aux prix des denrées et autres objets nécessaires, on vivoit à Vienne à beaucoup meilleur marché que dans toutes les capitales de l'Europe du premier rang, même à meilleur prix que dans des capitales du second et troisième ordre et dans des villes d'une population bien moins forte. Les logements et le bois à bruler étoient les seuls articles chers en proportion des autres objets. Dans les dernières années du regne de Marie Thérèse le prix de quelques objets augmenta, mais insensiblement, et les choses en restèrent là jusqu'en 1788. Alors, la guerre contre les turcs ayant commencée, bien des articles haussérent considérablement surtout ceux, qui viennent de Hongrie, parcequ'il falloit faire de grands transports à la frontière orientale, ce qui diminuoit le transport à Vienne en proportion. Depuis cette époque rien n'a retrogradé au prix d'autre fois; au contraire beaucoup d'objets ont encore enchéri considérablement, surtout ceux qui ne sont sujets à aucun taux fixé par le gouvernement, et principalement depuis 1801 et 1812.

Les meilleures espèces des vins d'Autriche croissent aux environs de Vienne, elles sont celles de **Weidling**, **Grinzing**, **Nufsberg**, **Pisam-berg**, **Brunn**; les plus vieux sont les meilleurs.

Les vins de la moindre qualité et nouveaux ont à la verité une certaine aigreur, qui ne convient pas aux estomacs faibles, mais ceux de meilleure qualité et qui ont suffisamment vieilli, mêlés avec un peu d'eau ordinaire ou minerale, donnent un bon et salutaire boisson pour la table.

Quant aux vins d'Hongrie, les espèces ordinaires sont celui de **Bude**, de **Nefsmühl**, de **Schumlau**, de **Ratzersdorf** etc. Les meilleurs sont ceux d'**Erlau**, de **Rust**, de **Neustadl**, de **Szexard**, de **St. George**, de **Menisch** etc. Les vins d'Hongrie sont en général plus forts, plus aromatiques et plus chauffans que ceux d'Autriche. c'est pour cela qu'il faut les boire avec plus de modération et précaution; il y en a peu qui souffrent un melange d'eau.

Le premier vin d'Hongrie (et après celui du cap. peut-être le meilleur et le plus salubre) le vin de **Tokaï**, ne se vend qu'en petits flacons à 1½ pintes (Seitl,) dont quatre font un pot ordinaire); le prix ordinaire d'un tel flacon est de 3 florins, puis de 4 florins, d'un ou même deux ducats.

Les logements annuels et les chambres garnies ont depuis peu extrêmement haussé de prix:

savoir les logements annuels dans les rues principales et mieux peuplées, ont encheri depuis quelques années au moins d'un tiers, et les chambres garnies de la moitié ou même de deux tiers de ce qu'elles coutoient autrefois.

§. XXVIII.

CENSURE DES LIVRES....LIBRAIRES ET IMPRIMEURS. BIBLIOTHEQUES D'ABONNEMENT. .... FEUILLES PUBLIQUES: LA GAZETTE DE VIENNE; L'OBSERVATEUR AUTRICHIEN; LES FEUILLES PATRIOTIQUES. FEUILLES ET OUVRAGES PÉRIODIQUES.

Tout ce qui s'imprime dans le pays, doit préalablement être présenté en manuscrit au bureau de la censure des livres (qui se trouve près de la grande douane); celui-ci le soumet à un des censeurs, qui décide, si le manuscrit en question peut-être imprimé ou non. Tous les livres qui viennent de l'étranger doivent être déposés au bureau de la censure, et un exemplaire d'un chacun doit être lu par un des censeurs, qui prononce, si le livre peut être publiquement mis en vente ou non.

Il y a douze censeurs appointés et salariés, parmi lesquels sont partagées toutes les branches des sciences. Au bureau de la censure sont employés un préposé, deux reviseurs et un écrivain. En cas qu'un des censeurs n'ose décider, si tel livre peut être publié on non, il doit le soumettre au département de police et de la censure, qui prononce en dernier ressort.

Il y a actuellement 24 libraires à Vienne et tous sont établis dans la ville proprement dite ; les principaux d'entre eux, qui sont en correspondance avec ceux de l'étranger et tiennent des magasins bien fournis, sont Schaumbourg, dans la Wollzeile ; Schalbacher, dans la Wallerstraße; Beck, dans la Seizergasse ; Heubner et Volke, au Bauernmarkt ; Gerold, à la place de St. Etienne; de Moesle, au Graben ; Binz, dans la Schullerstraße, Mayer, dans la Singerstraße etc. — Les imprimeries sont au nombre de 23, avec 123 presses ; les meilleures sont, outre l'imprimerie de la cour, celles de Strauß, Schmidt, Bauer, Ghelen et Gerold.

Bibliothéque d'abonnement de Lecture. Il y en a trois; celle de Charles Armbruster dans la Singerstraße, qui est la meilleure assortié ; de Tauer dans la Currentgasse, et de Wallishausser dans la Plankengasse; dont chacune publie des catalogues imprimés : on s'y abonne par an ou pour un ou plusieurs mois et reçoit chaque jour un volume ; l'abonnement est de 3 florins par mois.

Les feuilles publiques sont:

La gazette de Vienne. Elle est écrite en langue allemande, paroit tous les jours, excepté les dimanches et les jours de fête, et est partagée en deux section, dont la première contient les nouvelles du pays, la seconde les nouvelles étrangères. A la première section on trouve les naissances et morts de la famille Impériale, comme aussi des personnages d'une haute qualité et·d'autres personnes célèbres ou marquantes; les élevations en rang et dignités, les avancements dans l'état civil, militaire et ecclésiastique; les graces conférées par le souverain, les édits publics sur les affaires politiques, militaires, judiciaires et financières; enfin les évenements mémorables de toute espèce arrivés dans la monarchie autrichienne. La seconde section donne les nouvelles courantes en fait de politique. A la gazette est toujours joint un supplément; celui-ci contient l'arrivée et le depart des étrangers, le cours du change; le cours des papiers d'état; les observations météorologiques, l'état du baromètre, du thermomètre et la direction des vents d'après les observations faites à l'université; les édits de la Cour et de la régence; la liste des morts en ville et aux faubourgs; le

X

taux mensuel de la viande, de la farine et du pain à Vienne, comme aussi les prix des grains au marché de Vienne; puis les citations par édit; les annonces des banqueroutes; des emplois vacants civils, de charges de professeurs; des choses perdues et trouvées; des personnes qui cherchent des emplois, ou qu'on cherche à employer; des maisons, jardins, chevaux, carosses, terres à vendre, des ventes à l'encan en meubles, livres etc. des logements en ville ou à la campagne, qu'on offre ou qu'on cherche, les annonces d'inventions nouvelles, de pièces d'art, des concerts, de maitres de langue, de cabaretiers etc. de plus des annonces litteraires en livres, estampes, cartes géographiques et musique; en un mot, toutes sortes de notices particulières qu'on veut donner au public, et pour l'insertion desquelles il faut payer une taxe fixée.

Ce sont les héritiers de van Ghelen, qui sont au delà d'un siècle en possesion de l'impression de la gazette de Vienne, pour le privilège de laquelle ils payent actuellement 19050 florins en argent de convention.

L'Observateur autrichien, (Der oesterreichische Beobachter) écrit en allemand, paroit tous les jours. Cette feuille donne les neu-

velles politiques et autres , tant de la monarchie autrichienne que des pays étrangers; le
cours du change et des papiers d'état; l'annonce
des spectacles de tout genre, des nouvelles litteraires etc. quelques fois aussi des critiques
des pièces de théatre etc. Elle se débite chez
l'imprimeur Straufs, sur la place de St. Pierre.

Le Voyageur, (Der Wanderer, eine Volks-
zeitung und Unterhaltungsblatt) se publie tous
les trois jours à la même adresse.

Les feuilles patriotiques (Vaterländi-
sche Blätter) pour l'Empire d'Autriche, également écrites en langue allemande, ont pour
but, à mieux faire connoître, cherir et esti-
mer aux sujets autrichiens leur patrie; pour
cette fin elles donnent des notions de toutes
sortes qui peuvent interesser le public, comme
des descriptions de villes, provinces et contrées
remarquables de l'Empire d'Autriche; l'état de
la population, de la culture, des sciences, des
arts, de l'économie rurale, des fabriques; des
inventions nouvelles; des traits de génerosité et
de bienfaisance; des instituts nouveaux; des re-
compenses accordées par le souverain, des traits
memorables en fait de moralité; des projets utiles etc. etc. Ces feuilles paroissent deux fois la se-

maine, et se débitent également chez l'imprimeur Strauſs.

Archiv pour l'histoire et la Géographie (Archiv zur Geographie, Historie, Staats- und Kriegskunst) paroit par mois à la même adresse.

Le Compilateur (Der Sammler) feuille amusante qui se publie trois fois par semaine chez le même.

Journal de Modes (Wiener Zeitschrift für Kunst, Literatur und Mode) paroît trois fois par semaine.

Journal de Théatre (Wiener allgemeine Theaterzeitung für Freunde der Kunst, Literatur und des geselligen Lebens) paroit trois fois par semaine.

Journal de Musique (Musikalische Zeitung) dont paroit une feuille chaque semaine.

Journal militaire (Militairische Zeitschrift) se publie chez Strauſs chaque mois.

L'Almanac Impérial (Hof- und Staats-Schematismus); il paroit ordinairement chaque année, et contient la généalogie de la dynastie regnante; les grands dignitaires de la cour; la cour de tous les membres de la famille I. R.; les che-

valiers des ordres civils et militaires, les conseillers intimes, les chambellans, les dames du
palais, les Ministres et conseillers d'état; les
Ministres autrichiens aux cours étrangères, de
même que les Ministres des cours étrangères
residants-ici; les employés de tous les départements tant dans la capitale que dans les provinces; le haut clergé; l'état militaire; les etablis-
semens pour l'instruction publique et ceux de
bienfaisance dans tous les pays héréditaires. — Il
se vend dans l'imprimerie d'état.

L'Almanac militaire, (Militair-Schema-
tismus) publié par le Departement de la guerre,
paroit chaque année.

L'Almanac de commerce, (Handlungs
Gremien, und Fabriken Adressenbuch), se publie chaque année.

§. XXIX.

La Poste.

Le bureau suprême et général de toutes les
postes aux lettres des états Autrichiens se trouve
à la Wollzeile No. 918. où est également établie
la petite poste.

Ce bureau soigne l'expédition des lettres par-

tantes et des paquets d'écritures, dont le poids
n'excède pas 5 livres, la distribution des lettres
et paquets arrivans, les estaffettes qui partent
et arrrivent. Il est ouvert chaque jour depuis
8 heures du matin jusqu'à midi, et de 2½ heures
après midi jusqu'à 7½ du soir (les mercredis et
samedis jusqu'à 8 heures). — Pour les lettres qui
ne sortent pas des états Autrichiens, on peut les
affranchir ou non ; les frais de port se reglent
d'après la distance de remise. Les lettres qui
partent pour les pays étrangers, ou qui en arrivent, doivent etre payées jusqu'à la frontière,
ou de là jusqu'à Vienne. — Celui qui fait récom-
mander une lettre, doit l'affranchir, on lui donne
un reçu, et sa lettre est enregistrée.

Dans la bonne saison toutes les postes arrivent
avant midi. Les lettres aux personnes connues,
ou dont l'adresse est bien exacte, sont portées
encore le même jour à leur déstination; les lettres à des personnes, dont la démeure n'est pas
connue, doivent être cherchées à la poste même,
où on les distribue chaque jour dépuis 9 heures du matin jusqu'à midi, et dès les 2 jusqu'aux
6 heures du soir. Les lettres arrivées avec un
reçu, payent 4 kreuzer outre la taxe ordinaire,

et le recevant doit signer le reçu avant que la lettre lui soit livrée.

Les estaffettes peuvent être expédiées à toute heure du jour et de la nuit ; celui qui en envoye, paye la dépense entière de l'endroit de l'expédition jusqu'à l'endroit de sa destination, et en reçoit une quittance du bureau. On porte les estaffettes arrivées à toute heure du jour et de la nuit à leur adresse ; le recevant paye au porteur, en ville 1 florin, aux faubourgs 2 florins et rien de plus.

Le bureau de la diligence est à coté de la grande douane ; il soigne l'envoi et la distribution de pièces de transport de moindre pésanteur, d'argent comptant, de lettres chargées de billets d'échange, de papiers d'Etat, de lettres de change, assignations, quittances etc. On rémet ces objets un jour avant le départ de la diligence. Les lettres chargées d'argent, de billets d'échange, papiers d'Etat etc. doivent être portées ouvertes à l'expedition, la somme incluse présentée à l'employé et après cette exhibition la lettre est cachetée. La distribution des objets venus par la diligence se fait à la douane.

Ceux qui partent par la diligence, payent, dans les provinces allemandes, 1 florin par station.

et la moitié de la somme payable pour le voyage entier doit être payée d'avance, encore est elle confisquée, si l'individu en question néglige le départ de la diligence ; il est permis de mener 50 livres de bagage gratis. Sur les routes d'Hongrie existe une taxe particulière.

La poste aux chevaux est en ville à l'Auwinkel près de la grande douane (Hauptmauth) No. 839. Un chacun qui veut partir avec la poste doit ordonner les chevaux nécessaires dans cette maison, mais préalablement il faut obtenir de la chancellerie d'état le billet de poste, sans quoi aucun maître de poste aux trois premières stations autour de Vienne n'est autorisé à lui fournir des chevaux.

La taxe pour les chevaux de poste varie de tems en tems, tant pour les diverses provinces de la monarchie, qu'en proportion de la cherté des fourages ; en Autriche elle est actuellement de 2 florins par cheval sur une station simple.

§. XXX.

LE CANAL.

Le manque du bois à brûler, qui se fait sentir de plus en plus dans toute l'Europe, a depuis quelques années fait des progrès alarmans à Vienne.

On chercha à y remédier par d'autres matériaux, et on découvrit des mines de charbons de
terre derrière Wiener-Neustadt à Schauerleiten,
Klingenfurt et près d'Oedenbourg en Hongrie au
Brennberg; mais comme le transport par terre
de ces charbons, les fait trop enchérir, quelques
particuliers imaginèrent les premiers, de construire un canal navigable en Autriche. Ils envoyèrent quelques hommes à talents en Angleterre et en Ecosse, pour y prendre des informations
tant sur la construction des canaux, que sur la
manière de se servir des charbons de terre aux
mines de fer etc. pour en introduire l'usage en
Autriche.

En 1795 la construction du canal fut commencée. Les frais, depuis le 1 Mars 1795 jusqu'au
30 Avril 1802, montèrent en tout à 3058219 florins.
Sa surface est de 28, la largeur au fond de 16, la
profondeur de 4 pieds. Son étendue est de Vienne à Wiener-Neustadt. Il vient des environs de
Laxembourg à la ville, traverse la ligne et le
faubourg Landstrafse, passe sur le glacis, où
devant la maison des Invalides est formé le grand
bassin pour le débarquement des transports, et
a son débouché dans la rivière la Vienne. Il a
de Vienne jusqu'à Neustadt 52 écluses. Les bar-

ques dont on se sert sur ce canal, ont 72 pieds
de long, 6 pieds 8 pouces de largeur, et 3 pieds
9 pouces de profondeur, portent 500 quintaux,
et sont trainées par un seul cheval. Les objets
à transporter sur ce canal sont le charbon de terre, des briques et des tuiles, puis le bois qui jusqu'ici étoit transporté par terre des environs de
Baden en ville, et enfin toutes sortes de marchandises et de denrées des endroits voisins du canal.

Pour mieux faire réussir une entreprise si utile
S. M. l'Empereur lui-même s'y est interessé, a
avancé une grande somme de son propre bien,
et a accordé à la société des entrepreneurs plusieurs prérogatives. Dans la suite les entrepreneurs
furent remboursés, et actuellement ce canal est
une proprieté de l'état. La navigation effective
a commencé au mois de Mai 1803. — Pendant l'année 1804 un nombre de 1715 bateaux a traversé le
canal, et le transport montoit en tout à 573906 quintaux; en 1807 le nombre des barques y employés
étoit de 1958, et le transport de 691756 quintaux;
en 1808 il étoit de 757240 quintaux.

En 1810 on a recommencé les travaux pour
la continuation du canal vers Oedenbourg en
Hongrie.

LES ENVIRONS

DE LA

VILLE DE VIENNE.

I.

SCHOENBRUNN.

Palais et jardin Impérial, au sud-ouest de Vienne, à une demi-heure des barrières. L'ancienne maison de chasse avec le parc fut devastée par les Turcs en 1683. En 1696 l'Empereur Leopold I. fit construire une maison de campagne avec un jardin. — L'Impératrice Marie Thérèse fit mettre le château et le jardin dans l'état où il est actuellement ; l'Empereur François fit planter le jardin botanique. — Entre 1775 et 1780 le jardin eut ses principaux embellissemens. — L'Empereur Joseph II. enrichit le jardin botanique, et l'Empereur regnant lui accorde sa protection particulière.

L'entrée au palais est fermée d'une grille de fer, des bases de laquelle s'élevent deux obelisques de granit, sur la cîme desquels flottent deux aigles dorés. Dans la cour spacieuse sont deux fontaines ornées de statues. — Le palais a trois étages, au premier étage, tant du coté de la cour que de celui du jardin, un grand balcon, au quel

on monte sur des escaliers de marbre. — Dans
la balle ouverte au rez de chaussée sont deux
statues du bronze représentant Hercule.

L'interieur du palais a de beaux escaliers, des
sallons spacieux, des appartements meublés avec
richesse, mais dans le goût de l'époque de sa
construction, des communications et dégagements
commodes. Les appartements sont decorés d'une
foule de tapisseries précieuses, de porcelaines
de la Chine, de grands trumeaux, de lustres de
cristal, de beaux tableaux représentant des évenements memorables du tems de Marie Thérèse,
de portraits et bustes de la famille Impériale,
de pendules etc. Le plafond du grand sallon est
peint par Guglielmi. — Le plafond de la chapelle
est de Daniel Gran, le tableau du maître-autel de
Troger et les statues de Koehl.

Dans les vastes bâtiments sur les deux cotés
du chateau est un théatre, une pharmacie, plusieurs manéges, les logements des officiers et
domestiques de la cour, des artisans et jardiniers; les cuisines, magazins, écuries, remises
etc. quelques chambres pour un traiteur, qui
donne à diner et souper pendant l'été.

Le Jardin

entoure le château de trois cotés: à droite et à gauche il y a des plantations de fleurs et fruits exquis et une petite orangerie; cette partie n'est ouverte qu'à la famille Impériale.

Le grand jardin, ouvert à tout le monde et pendant toute l'année, se trouve derriere le château; il est planté dans l'ancien style français-hollandois. — La partie au milieu est un parterre avec des bouquets de fleurs, qui a une trentaine de statues de marbre blanc du Tyrol, représentant des personnages de l'histoire et de la mythologie, et à l'extremité un bassin avec un groupe de dieux marins. — En partant du parterre du milieu, on trouve à droite et à gauche des fontaines, des feuillées, des terrasses, des viviers, une faisanderie, un petit labyrinthe, des allées ouvertes et couvertes, surtout la grande allée de vieux tilleuls, qui traverse le jardin dans toute sa largeur, et encore quelques statues, la plupart travaillées par Beyer et Hagenauer.

Les objets les plus remarquables du jardin sont:

La Gloriette

sur une colline vis-à-vis du château, décorée des deux cotés de trophées romaines, et contenant au milieu un grand sallon; le tout a 300 pieds de longueur sur 60 de haut; la cîme du bâtiment est construit en plate-forme, de la quelle on a une belle vue sur tous les environs.

LES RUINES,

à gauche du château, au pied de la colline, représentant les débris d'un magnifique édifice romain; la pièce principale est un bel arc de triomphe, deja crevassé, et en partie enfoncé dans la terre; à l'entour on voit des fragmens de murailles, des débris de colonnes, des statues mutilées, des vases cassés, des chapiteaux, des fragmens de figures etc.

L'OBÉLISQUE,

à l'extremité orientale du jardin; il repose sur une grotte de rocher, et est la copie d'un obélisque egyptien existant à Rome, ayant à son sommet un aigle doré.

LA FONTAINETTE (DAS BRÜNNCHEN)

du même coté; dans un bosquet ombrageant se trouve un temple, dans lequel est un bassin de marbre, au dessus duquel est couchée une nymphe tenant une urne, dont il sort une souce limpide. On pretend que le nom de Schoenbrunn (belle fontaine) vient de cette source, dont l'eau sert de boisson aux habitans du château.

Le Monument de la Reine Caroline de Naples, du même coté; dans un enclos d'arbres on voit une colonne de granit, dont la partie de devant présente en forme de medaillon de bronze la tête de la Reine avec celles de ses trois Princesses cadettes et le Prince Leopold. La partie opposée contient une inscription qui dit, que la Reine Caroline encore enfant cultiva cette place, et voua en 1802 ce monument à son attachement à la chère patrie. Le tout est fait par Thaller. — La grande Orangerie avec une serre de 100 toises de long et 36 pieds de large.

La Ménagerie

fut établie par l'Empereur François en 1752; elle fait une partie separée du jardin, fermée d'une grande grille de fer, et forme un cercle, au centre du quel se trouve un pavillon, dont les fenêtres donnent sur les demeures des animaux placés tout autour; ces demeures sont au nombre de 13 et forment un quarré long avec une fontaine au milieu et au fond la loge de l'animal en forme d'une maison champêtre. — Le nombre et la qua-

Y

lité des animaux varient trop souvent pour en pouvoir donner un état exact. A présent il s'y trouve un éléphant femelle, un chameau, des ours, des loups, des aigles, des singes, des oiseaux de plusieurs parties du monde etc.

Le Jardin botanique

fut planté en 1753 par l'Empereur François, et continuellement enrichi par ce Monarque, par Joseph II. et par l'Empereur actuellement regnant, lequel augmenta tant le nombre des plantes exotiques que celui des serres, qui sont aujourd'hui au nombre de 14, et dont les plus spacieuses ont de 84 jusqu'à 235 pieds de long, de 19 à 26 pieds de largeur, sur 14 jusqu'à 25 de haut. Elles sont divisées en serres froides, temperées et chaudes; celles de la seconde classe sont appellées les serres du cap, parce qu'elles ne renferment que des plantes du cap. — Le nombre des plantes exotiques conservées dans ces serres est immense, et peut-être le plus considerable après celui au jardin Royal à Kew: on voit ici le cocos, la vanille, le caffé, les girofles, les muscats, toutes sortes de palmiers etc. — Près des serres est un terrein pour des plantes exotiques qui viennent en plein air, et un bassin pour les plantes aquatiques. Une connoissance détaillée de ces richesses botaniques donne l'ouvrage de Mr. Jacquin, intitulé: »Plantarum rariorum horti caesarei Schoenbrunnensis descriptiones et icones.« Ouvrage précieux en quatre volumes in folio. Un autre petit ouvrage, la Flore de Schoenbrunn, publié par Mr. Boos, renferme la description systématique de toutes les plantes dans ce jardin et peut servir pour satisfaire la curiosité du botaniste.

Dans ce jardin se trouve le buste de son fondateur l'Empereur des Romains François I. et la statue équestre de l'Empereur d'Autriche François I. tous deux de bronze, l'un travaillé par Moll, l'autre par Zauner. — Le directeur de ce jardin et de la ménagerie est Mr. Boos.

Dans une autre partie du jardin, au coté occidental est la collection des plantes alpines et celle des sub-alpines, établie par l'Archiduc Jean. — Près du château existe encore un établissement botanique pour l'instruction élementaire, contenant 24 carreaux, qui comprennent les 24 classes du systême sexuel de Linné; il est sous la direction de Mr. Bredemayer.

Y 2

II.
HETZENDORF.

Petit château et jardin Impérial derriere Schoenbrunn. L'ameublement du château est extrêmement simple; le sallon est peint par Daniel Gran. Devant et derriere le château sont deux jardins d'une mediocre étendue.

III.
LAXEMBOURG.

Beau-bourg avec un château et parc Impérial à une poste, au sud-est de Vienne. La chaussée qui y mène est plantée d'arbres. — Le vieux-château du 14ème siècle, petit et irregulier, quoique habitable au besoin, ne merite aucune attention.

LA MAISON BLEUE,

ou le nouveau palais, sur une place spacieuse, n'est pas magnifique, mais construit et meublé agréablement; il a un joli théatre, un manège etc. le jardin attenant n'est pas ouvert au public, il est joli et renferme principalement des parterres de fleurs et d'arbres fruitiers.

Le parc ouvert est grand et traversé dans toutes les directions par des chaussées et des sentiers, comme aussi par plusieurs branches d'un canal. — Voici les objets qui meritent préferablement l'attention :

Le Temple de Diane

au centre de huit allées y aboutissantes, avec un tableau tiré de la mythologie.

Le petit Prater,

une copie très ressemblante du Prater à Vienne, et orné d'un pavillon élegant.

Le Temple de la Concorde,

à une extrêmité du parc, au milieu d'une plantation d'abres, il est rond et porté par huit colonnes de l'ordre corinthien ; le travail en stuc est beau ; le fronton porte l'inscription : Templum Concordiae, avec les lettres F. II. et M. T. initiales du nom de l'Empereur et de l'Impératrice qui le firent construire.

L'Hermitage

qui renferme sous un toit rustique deux hermites en oraison, est entouré d'un petit jardin.

LE VILLAGE DE PÊCHEURS

contient une espèce de temple de pêcheurs et plusieurs cabanes, le temple est rustique et decoré d'ustensiles necessaires à la pêche; la maison principale a une chambre, joliment meublée, sur la table de laquelle tout ce village est peint en miniature.

LA CASCADE

est à l'endroit où le grand canal se partage en deux bras, elle est petite mais bien pittoresque.

L'ÉTANG AVEC LE PONT CHINOIS

est d'une étendue modique: d'un coté du rivage un joli pont chinois méne jusqu'à son centre, où se trouve un pavillon ouvert, du quel on jouit d'une belle vue sur les environs pittoresques de l'étang; le pont et le pavillon sont dans le style chinois, avec des inscriptions et decorations chinoises. Sur l'étang se trouvent plusieurs gondoles elégamment fabriquées.

LE PETIT CAROUSEL

présente au dehors une mosquée turque avec un minaret, une inscription et des décorations turques. Les petits chevaux et carosses tournants sont joliment travaillés et peints, et tirés par des esclaves.

LE BÛCHER

renferme dans son intérieur un cabinet très elegant avec de jolis tableaux et meubles.

LA MAISON DE CAPRICE

est un grotesque en architecture en dehors : mais au dedans elle a plusieurs cabinets extrêmement jolis, tel que le cabinet au jeu, celui de musique, d'estampes, de paille, d'études etc.

LA METAIRIE

a en dehors l'air simple de celle d'un paysan aisé ; au dedans les chambres sont de même arrangées d'une manière rustique, mais on y voit des tableaux exquis et des meubles d'un ouvrage précieux et en partie antique.

LE CHATEAU DE CHEVALERIE

à une autre extrêmité du parc, fut bâti par l'Empereur regnant au commencement de ce siècle ; il est situé sur une plaine, et entouré d'un canal navigable. Il y a ordinairement un jour fixé par semaine, auquel ce château est montré dans tout son détail aux curieux par des gens apostés à ce but. Consideré comme bâtiment, il présente d'une manière frappante un château de chevalier du moyen âge, avec tous les arrangements alors usités, jusqu'au moindre détail. Aussi les antiquités qu'on a trouvées dans plusieurs couvents, châteaux et autres lieux, et placées là, composent une collection de monuments sur le tems de la chevalerie, sur les moeurs, les usages, les arts, les amusements, l'ameublement et la manière de vivre de cette époque reculée, qui ne peut que vivement intéresser tout amateur de l'histoire.

Il y a deux chemins, par lesquels on arrive à ce château : à droite, le long du canal; qui va jusqu'au château et l'entoure; ou bien plus à gauche, où l'on passe devant une chapelle sépulcrale du rit grec, après quoi on entre dans une plantation d'arbres encore assez récente, et qui s'étend jusque près du château. Au milieu de cette plantation s'eleve une colonne assez haute, de pierre, sur l'extrêmité de laquelle est placé un chevalier en harnois, s'appuyant sur les armes d'Autriche; la colonne repose sur un piedestal de pierres, et à son pied sont couchés deux grands lions; ce piedestal est creusé au dedans, et fermé de grilles de fer, derrière lesquelles sont placés six bustes d'albâtre.

Le château est situé sur une plaine, et entouré d'un canal navigable, derrière lequel est construit un rempart d'une hauteur médiocre. Quand on a passé le pont-levis, on se trouve tout de suite devant le château même. Etant enfin entré par la porte assez étroite dans la cour du château, on se trouve sur une place irregulière, où l'on voit un grand puits de pierre, dans un coin un canon delabré, plusieurs pièces d'architecture mal combinées, avec quantité de vitres coloriés et rangés sans symetrie.

Les gens apostés pour conduire les curieux suivent un certain ordre reglé, auquel il faut se soumettre, sans oser parcourir le château à son propre gré.

Cet ordre est le suivant:

On monte d'abord sur une tour assez haute, laquelle a une plate-forme ouverte avec des crenaux, et delà on monte encore plus haut, à la cîme d'une tour, en forme de rondelle, d'où l'on jouit d'une vue superbe et très étendue sur Laxembourg, sur le parc et la contrée voisine, jusques en Hongrie et sur les montagnes de la Styrie. — En descendant de la dite cîme, on arrive par une galerie, en longeant les murailles, au grand sallon, dans lequel on voit de vieux tableaux, de vieilles chaises et une belle table à jeu, de l'an 1591.— De là on passe à la demeure de l'aumonier du château, sur les vitres coloriées de laquelle on voit diverses vieilles figures et inscriptions ; cette demeure est pratiquée dans une tour avec une galerie ouverte tout autour, de laquelle ou jouit encore d'une belle vue.

En longeant la grande muraille, on arrive dans un corridor, qui est garni de soixante petits tableaux, représentant les costumes de diverses nations des deux sexes du moyen-âge. A droite et à gauche de ce corridor se trouvent les appartements du concierge ; dans la chambre à gauche on voit quelques beaux tableaux, à droite, des habillements antiques, et dans un coin le bois de lit de l'Empereur Charles IV.— De là on passe sur le corridor de défense et sur le balcon de capitulation, à la porte fermée à verroux de la chambre du tribunal. A côté d'elle on descend sur un escalier de pierre, en passant devant une lampe assez sombre, dans une prison obscure, divisée en plusieurs compartiments, foiblement éclairés par quelques lampes suspendues au plafond. Sur un des escaliers on voit la figure d'un templier enchainé, portant l'habit de son ordre. Tout près est un large trou rond,

grillé de fer, par lequel on a la vue dans le cû
de basse-fosse encore plus profond, et vis-à-vis
de ce trou on voit dans la voûte superieure un
autre trou, par lequel on montoit les prisonniers
de la basse-fosse à l'examen du tribunal.

En retournant des prisons, on arrive dans
un corridor, où un grand tableau représente un
bal masqué du moyen-âge. De là on passe à la
salle d'assemblée, dont les meubles, le plafond,
le fourneau, les tableaux, sont des pièces originales d'antiquité; une armoire avec des colonnes
d'azur et avec de belles peintures, a été achete
à Rome, et placée là comme un monument de
l'ancien tems. — En passant outre, on arrive à
l'arsenal, consistant en deux chambres; aux murailles de toutes deux est suspendue une quantité
d'anciennes armures de toute espèce, parmi lesquelles se trouvent plusieurs objets très remarquables. Parmi des drapeaux aux armoiries des
provinces autrichiennes, sont placés des chevaliers en pleine armure, comme aussi quelques
dames en harnois. Dans la seconde chambre on
voit le groupe suivant de figures en grandeur
naturelle: l'Empereur François, entouré de ses
frères Ferdinand, Charles, Joseph et Jean, crée
chevalier son prince héréditaire, âgé de sept

ans. — A la porte on voit la figure du fameux rebelle de la haute Autriche, Etienne Fadinger.

Des lors on est conduit à l'appartement du maître du château. Au milieu de celui-ci on voit un portrait de l'Empereur Maximilien I.; à droite un tableau, lequel représente ce même Empereur à Neustadt, pardonnant aux paysans rébelles mais répentis; à gauche un tableau, représentant ce même Empereur à la chasse. Sur les vitres de l'appartement sont peintes les portraits des frères et soeurs de l'Empereur regnant. — A côté de cet appartement est la salle à boire, toute de marbre rougeâtre, et au milieu est placée une grande et vieille table à manger, dont le piedestal renferme une orgue, la table même est d'un bois brun, decoré d'or, d'ivoire et de nacre de perles, et représente des histoires tirées de la bible. Sur cette table est placé un grand livre, auquel il est permis à un chacun d'inscrire son nom et une dévise. Sur le buffet on voit beaucoup de tasses et vases à boire précieux et rares. Aux vitres on voit les portraits de l'Empereur François et de sa seconde épouse.

Des à present on entre dans l'appartement de la maîtresse du château, au milieu duquel se trouve un grand tableau représentant l'adoration de la sainte Trinité, lequel tableau fut fait en 1654 d'après un original d'Albert Dürer, qui date de l'an 1511. Sur deux prie-dieu sont placés des livres de prières, écrits en caractères usités avant l'invention de l'imprimerie; l'un d'eux est de l'an 1314. — Une espèce d'alcove attenant à cet appartement, forme la chambre à coucher, et on y voit placé le bois de lit de l'Empereur Rodolphe II. — Un autre cabinet forme la chambre à travail de la dame; il est rond et reçoit le jour d'en haut. — Près de celui-ci est une chambre toute simple, destinée à la lecture, et qui n'est meublée que d'une vieille armoire à glaces.

Enfin on entre au sallon de cérémonie. Son plafond est d'une boiserie polie très artificieuse. Au milieu se trouve une espèce de trône, et aux deux côtés deux grands tableaux, dont l'un représente le couronnement de l'Empereur François, à Francfort sur le Mein, et l'autre le sallon Romain dans la dite ville. Les figures sur ces deux tableaux sont les portraits des personnes les plus illustres, qui ont assisté au dit couronnement, mais peintes en costume antique. Dans ce même sallon on voit encore un ancien clavecin et une armoire décorée d'ouvrage en mosaïque. Au dessus des portes se trouvent les portraits de l'Empereur François II. et de son épouse Marie Thérèse, en ancien costume allemand. Aux vitres coloriées on voit les portraits de la jeune famille Impériale, également en costume ancien.

La dernière visite se fait dans la chapelle du château; cette chapelle se trouvoit autrefois à Kloster-Neubourg, où on la demolit, pour la réconstruire ici. Dans la sacristie on montre deux Sts. Ciboires remarquables par leur façon antique et singulière. — En sortant de la chapelle, on voit un tableau, qui représente l'Empereur actuel, posant la pierre fondamentale de cette chapelle, ce qui s'executa le 27 Juillet 1801.

Au delà du fossé du château et tout près, se trouve la démeure des écuyers, à laquelle on passe sur un pont; c'est un bâtiment tout simple, à rez de chaussée, également dans le style antique, dans lequel se trouvent les logements des domestiques, les cuisines, les écuries et autres appartements nécessaires au ménage.

IV.
ERLAA.

Château et jardin du Baron de Braun, à une lieu derrière Schoenbrunn. Le debors du château n'est pas fort magnifique, mais le bâtiment est spacieux, et son interieur très bien meublé. — Le jardin est dans l'ancien style français, grand, avec salle à danse, pavillons, statues, bassins etc.

———

V.
MEIDLING, HIETZING et PENZING.

Trois jolis villages à droit et à gauche et tout près de Schoenbrunn, avec une quantité de jolis jardins et de belles maisons de campagne, où les gens aisés de la capitale, les étrangers etc. passent la belle saison.

Meidling au coté oriental de Schoenbrunn, avec un bain froid mineral et un joli théatre.

Hietzing et Penzing sont au coté occidental de Schoenbrunn; on y trouve un théatre, un bain, et de jolis jardins.

———

VI.

HERREN-ALS.

Propriété du chapitre de St. Etienne, située au nord-ouest de la ville et tout près de la ligne. Cet endroit a au delà de 150 maisons, parmi lesquelles se trouvent plusieurs beaux bâtiments, de jolis jardins, maisons de campagne, et de fabriques d'importance. — Près de l'église se trouve un mont calvaire et un St. Sépulcre, construit après le modèle de celui de Jerusalem; Le monument du général Clerfayt; la maison d'éducation pour les filles d'officiers autrichiens. — La maison et le jardin du comte Palfy est ce qu'il a y de plus joli à Herren-Als.

VII.

HEILIGENSTADT.

Village agréable à l'ouest et à une heure de la villé, situé parmi des vignobles. Le bain mineral établi depuis 1784 et le jardin attenant y attirent beaucoup de monde pendant la belle saison.

VIII.
PETZLEINSDORF.

Propriété du chevalier de Geymüller, banquier de Vienne, avec un château et parc ouvert au public : ce parc a des parties très agréables, de jolis pavillons, des viviers, et sur-tout beaucoup de plantes exotiques. Un monument érigé à la memoire du poëte Alxinger se trouve près du château, l'inscription est :

» Es wird doch niemahls dem an einen Freunde fehlen,
Der fähig ist ein Freund zu seyn. «

Sur le sommet de la montagne se trouve une maison rustique élegamment meublée, d'où l'on jouit d'une vue pittoresque, très étendue et variée sur toute la contrée de Vienne.

IX.
DORNBACH.

A l'ouest et à une heure de la ville. Le château et le parc furent établis par feu le Maréchal Lacy, après la mort duquel le Prince regnant de Schwarzenberg en est dévenu le propriétaire. — Le château, situé sur une colline, est entouré de plan-

Z

tations de fleurs, d'arbres et arbustes exotiques et de vignes; les sallons sont vastes; leur ameublement, ainsi que celui des chambres et cabinets, est d'un bon goût; mais sans faste; on y voit quantité de tableaux et estampes, tant portraits de la famille Impériale d'Autriche, que paysages, villes etc. Du château et de la terrasse on jouit d'une belle vue sur les environs et la capitale.

Derrière le château on entre par une grande allée dans le parc; dans celui-ci les objets qu'on visite par préférence, sont les suivans: aprés avoir passè par

LE JARDIN DU PARADIS

on arrive sur une éminence avec un pavillon, duquel on a la vue sur une prairie, au milieu de laquelle est la statue de Mars en repos.

LE PARASOL CHINOIS

sur un ruisseau, a d'un coté une vaste prairie avec des bouquets de fleurs, de l'autre une epaisse forêt.

LE PAVILLON CHINOIS,

sur une colline assés élevée, est une maisonette agréable, construite en octogone, et entourée au dehors d'une galerie, divisée par huit colonnes en autant de compartiments, dont chacun donne une vue differente l'une de l'autre sur les diverses parties du parc. — De là on va à

LA STERNEMISE,

place entourée d'un triple rang d'arbres et fleurs avec un bassin au milieu. — Non loin delà se trouve

LE SPIEGELTEICH,

vivier rempli de poissons chinois et oiseaux aquatiques étrangers, avec une isle au centre. — Tout près est

LA STATUE DU GLADIATEUR MOURANT;

il est assis sur la terre, s'appuyant sur un bras et ayant devant lui le poignard.

LES SEIZE CARRÉS

forment un petit jardin fermé, partagé en 16 carrés, dont chacun est planté de quelques arbres et arbustes exotiques et rares.

LE VERGER ET LA FAISANDERIE

renferment de beaux fruits et des faisans étrangers.

LE PARAPLUIE

à une des extrêmités du parc; il est attaché à un tronc d'arbre et entouré d'un double rang de tilleuls; on y jouit d'une vue agréablement variée.

LE TEMPLE DE DIANE

à une autre extremité du parc, sur une éminence verdoyante, appuyée à une épaisse forêt de
beaux chênes et hêtres.

LE TOMBEAU DU MARÉCHAL LACY,
appelé Repos de Maurice.

Il se trouve dans une partie éloignée du parc, au
milieu d'un petit bois sombre : c'est une espèce
de chapelle, dans l'interieur de laquelle se trouvent deux pierres sépulcrales, dont l'une couvre
la depouille mortelle du Maréchal, et l'autre celle de son neveu, le Général Brown ; aux murailles on voit les armes de famille avec une notice
biographique sur ces deux hommes illustres.

Hors du parc proprement dit, sur une montagne assès élevée se trouve

LE VILLAGE HOLLANDOIS OU LE HAMEAU,

c'est un assemblage de 17 cabanes champêtres de
forme égale, dont l'interieur est joliment meublé.
La maison N.° 1 se distingue des autres par sa
grandeur et par un étage, auquel se trouve un
vaste sallon, duquel on jouit d'une vue très etendue sur le Danube, le Marchfeld, le Prater et
une partie de la capitale.

X.

LE KAHLENBERG.

Il est situé à 1¼ heure des barrières de Vienne, et deux chemins y conduisent: l'un par Grinzing, praticable aussi pour des chevaux et carosses; l'autre par Nufsdorf et le Kahlenberger-Doerfel, seulement pour les piétons mais plus court. — Le Kahlenberg est divisé en deux parties: le sommet extrème, tourné vers le Danube, est appelé

LA MONTAGNE DE LÉOPOLD,

parceque le Margrave Leopold IV. y établit sa residence, sur l'emplacement de laquelle se trouve aujourd'hui l'église dédiée à St. Leopold, devant laquelle on jouit de la vue la plus étendue, savoir jusqu'aux montagnes de la Bohême et Moravie et jusqu'au château de Presbourg. Ce sommet est élevé de 140 toises sur le niveau du Danube.

De là on passe dans une demi-heure au Kahlenberg proprement dit, où l'on trouve une église, un village de 27 maisons et un bâtiment habité par un traiteur, où l'on peut dîner et coucher. De ce bâtiment et des maisons appartenantes ci-devant au Prince de Ligne, on jouit presque de la même vue superbe comme au Leopoldsberg.

XI.

LE REISENBERG,

ou la

MONTAGNE DE COBENZL.

Cette campagne, établie par le dernier Comte Cobenzl, est située à une heure du Kahlenberg et sur la même chaine de montagnes. Ayant depassé Doebling et Grinzing, on y arrive après une demi-heure. D'abord on voit un bel établissement économique; de là on entre dans le jardin, au milieu duquel est la demeure du propriétaire, simple et champêtre, où plusieurs poëmes de Gefsner sont représentés par l'art du pinceau, et des croisées de laquelle on jouit d'une belle vue sur la capitale, le Danube et le Marchfeld. Cette maison est entourée de bosquets d'arbres, de parterres de fleurs etc. — Le parc s'etend sur tout le dos du Reisenberg jusqu'à son pied d'un coté, et s'élève de l'autre jusqu'à la moitié du Kahlenberg, situé vis-à-vis. En le traversant on trouve de jolis sites, ponts, grottes, temples, cascades etc.— Le propriétaire actuel est le Baron de Pfaffenhofen. L'entrée est ouverte au public, et il s'y trouve un traiteur.

XII.
LE HIMMEL.

Petite mais jolie campagne sur un des points saillants du Kahlenberg, donnant vers la capitale. On y passe par un paysage très agréable. Le tout forme un assemblage de jardins, bosquets, hermitages, viviers, maison rustique, bois etc. et fournit une vue magnifique sur les isles du Danube et la capitale. Le propriétaire est Mr. de Schosulan.

XIII.
KLOSTER-NEUBOURG.

Ville et Monastère, à trois heures de chemin au dessus de Vienne, sur la rive droite du Danube. La ville avec 3000 habitans, n'a rien de remarquable, si non le chantier pour construire des pontons et autres bâteaux, avec l'état major du corps des pontonniers, qui fait là de tems en tems ses manoeuvres sur le Danube.

Le Monastère de chanoines réguliers de St. Augustin, fut fondé par le Margrave Leopold IV. à l'endroit où il avoit trouvé, dans la forèt d'alors, le voile, qu'un coup de vent avoit enlevé à son épouse Agnès du château sur le Kahlenberg. Ce Monastère est un des plus riches de l'Autriche; il a une église très ancienne et une chapelle avec les reliques de St. Leopold et son épouse. Dans la trésorerie on voit divers objets religieux assés rares et le Bonnet ducal d'Autriche, lequel à l'hommage solemnel rendu à chaque nouveau Souverain d'Autriche est toujours transporté à Vienne. — L'edifice est très ancien et très irrégulier. Vers 1730 le Prélat d'alors commença un édifice nouveau et magnifique, mais qui ne fut pas achevé, il ne contient que quelques appartements pour la cour, le logement du Prélat et de quelques chanoines. Sur les deux payillons du fronton on a placé une Couronne impériale et un Bonnet ducal, travaillés en cuivre, creux, et d'une taille qu'ils peuvent recevoir six à huit personnes. — Ce Monastère possède une bibliothèque de 25000 volumes, de 200 volumes de la première époque de l'imprimerie, de bons ouvrages sur l'histoire, la diplomatie et la critique, et une collection de médailles — Un objet remarquable sont les caves tant par leur étendue que par la construction.

XIV.
LA MONTAGNE DE GALITZIN.

Un des points saillants de la chaine des montagnes qui du Kahlenberg s'étendent au sud, s'appeloit autrefois le Predigtstuhl (la chaire). Le Prince russe Galitzin, ambassadeur à Vienne, acheta ce terrein et en fit une très jolie campagne avec un jardin, un parc, des pavillons, temples etc. et dès lors elle fut appelée la Montagne de Galitzin. Une vue agréable et un traiteur y établi firent, que du vivant du Prince cette campagne fut beaucoup frequentée. Après sa mort cet établissement est devenu la proprieté de plusieurs particuliers, sous lesquels il n'est plus qu'une possession économique.

XV.
HÜTTELDORF.

Village agréable à 1½ heure de la capitale, renfermant plusieurs belles maisons appartenantes à des habitans de Vienne. — Dans l'église est le tombeau du celèbre poëte Michel Denis. — La campagne de la famille de Lichtenstein a un jardin avec plusieurs jolies parties. — La campagne de Paar, avec une maison élegante et un petit parc, où le vieux château, la maison de chêne, le temple champêtre, le tonneau de Diogène, la maison forestière, et la maison bleue sur une montagne, donnant une vue vaste et superbe, meritent d'être vus par les amateurs.

La brasserie établie dans ce village et la salle à danser font fort fréquenter ce lieu durant la belle saison.

XVI.
HADERSDORF.

Terre appartenante à la famille de Loudon, à une lieue de Vienne. Le celèbre Maréchal Gidéon Loudon y a passé les dernieres années de sa vie, et y est enterré. — Le château tout simple, contient quelques objets appartenants autre fois à ce guerrier. Le jardin attenant est bien cultivé, auquel se joint un parc spacieux, qui offre des parties agréables et pittoresques. A une de ses extrêmités est le jardinet turc avec le tombeau de Gidéon Loudon et planté de peupliers, cyprés et saules; le monument est de granit gris, orné de trophées et bas-reliefs représentaht des faits d'armes du défunt. Sur le devant on lit :

TIRO AD BORYSTENEM ; DUX AD MORAVAM,
VIADRAM, BOBERIM, NEISSAM, VISTRITIAM ;
VETERANUS AD UNNAM, ISTRUM, SAVUM ;
CLARUS TRIUMPHIS, SIMPLEX, VERECUNDUS :
CARUS CAESARI, MILITI, CIVI.

Sur le coté opposé est l'inscription :

GEDEONI ERNESTO LOUDONO
CONTRA VOTUM
SUPERSTES CONJUX AC HAEREDES POSUERUNT
MDCCXC.

XVII.
MEDLING, LICHTENSTEIN, LE BRIEL.

Le vieux bourgade de Medling, avec un château du même nom, etoit au moyen âge pendant longtems la résidence des Margraves d'Autriche. Le château, sur le sommet d'une montagne, ne présente plus que de foibles ruines. — Le bourg de Medling a quelques fabriques et une église, autour de laquelle on trouve encore des restes d'une résidence et de quelques souterrains construits par les chevaliers Templiers dans les quels, à l'époque de l'abolition de l'ordre, quarante de ces chevaliers furent assassinées en une heure.

A droite de Medling est situé sur une montagne le vieux château de Lichtenstein, depuis longtems en ruines, et uniquement remarquable comme monument du moyen âge et pour la vaste vue qu'il donne sur le pays d'alentour. Le possesseur actuel, Prince Jean de Lichtenstein, y a fait faire des réparations pour que les curieux y pussent entrer avec sûreté, et examiner ces restes de l'antiquité, en partie encore assés bien conservés. —

A une distance de là est le nouveau château, meublé avec elégance, et propre à être habité par le propriétaire. Sur la tour du château on a pratiqué une camera obscura. Le jardin y attenant a eté fort aggrandi et embelli par le possesseur actuel; il finit par un point élevé, nommé le Belvedère, d'où l'on jouit d'une vue extrémement étendue et variée.

Vis-à-vis du nouveau château à gauche se trouve sur un de semmet des montagnes le Temple des immortels, monument que le Prince Jean Lichtenstein a fait ériger à la memoire de la memorable bataille d'Aspern donné le 21 Mai 1809.

Derrière le bourg de Medling est situé le Briel, paysage d'une beauté romanesque, et lequel s'ètend de là jusqu'à l'abbaye de Ste. Croix. — Ayant quitté Medling, on entre dans une vallée étroite ou plutôt dans un défilé, flanqué des deux cotés d'une masse de rochers pittoresquement éscarpés et crevassés, et couronnés par-ci par-là de bâtiments en ruines; au fond coule un ruisseau, le long duquel est d'un coté un chemin pour les voitures et de l'autre à droite un sentier très agréable, de distance en distance des cabanes de paysans s'appuyent aux rochers. On nomme cela la Klause ou le Vorder-Briel. — Après une demie heure ce ravin s'elargit en collines verdoyantes, à travers desquelles on entre dans le Hinter-Briel, paysage moins sauvage, qui presente tour à tour des points de vue riants et des solitudes les plus sombres.

Dans le Vorder-Briel est une bonne hôtellerie avec une salle à danser et un jardin fort fréquenté durant la belle saison et dans le Hinter-Briel on est bien traité chez un meûnier, nommé Hilderich.

XVIII.
SCHŒNAU.

Cette seigneurie, à deux postes de Vienne, autrefois propriété du Baron de Braun, dont le parc a eté embelli par lui, et ouvert au public, fut acheté en 1817 par Jérôme Buonaparte, qui y vit sous le nom du Prince de Montfort.

Ce parc renferme tout ce que le goût moderne demande d'un semblable établissement: savoir, parties économiques, canaux, ruisseaux, grottes, collines, ponts, pavillons, cascades, étangs etc. et surtout le fameux temple romanesque de la nuit, lequel demande des préparatifs particuliers, pour faire dans son ensemble tout l'effet dont il est suscéptible.

XIX.
BRUCK SUR LEYTHA.

Petite ville frontière entre l'Autriche et la Hongrie; sur la rivière de Leytha, à trois postes de Vienne; elle n'a rien de remarquable, mais tout près d'elle est un château appartenant au Comte Jean de Harrach, avec le parc, qui est un des plus beaux et des mieux entendus aux environs de Vienne. — Le vieux château a quelques appartements meublés avec goût; dans le grand sallon on voit les portraits de tous les Harrach, possesseurs de ce château jusqu'au père du propriétaire actuel, dans le costume de leur tems.

Le parc spacieux est, pour ainsi dire, unique dans son genre, tant pour l'étendue et l'application judicieuse du terrein, que pour sa richesse en végétaux de toutes espèces, et le propriétaire le fait encore embellir d'année en année. La rivière de Leytha, qui le traverse, lui donne un charme de plus, et fait qu'on en peut faire le tour par eau. — Pour le parcourir, il faut absolument un guide, afin de ne manquer aucune de ses parties saillantes; on y voit des pavillons, des feuillées, des statues, des parterres de fleurs, des ponts champêtres, des bosquets, des temples, des points de vue sur les paysages voisins, des pièces d'eau etc. une quantité prodigieuse de plantes, d'arbres et d'arbustes de toutes les parties de la terre. — Près du château se trouvent un jardin séparé, planté d'après le systême de Linné; une belle orangerie; une collection de plantes du Schneeberg; de vastes serres; enfin dans la démeure du jardinier une bibliothèque botanique choisie, une collection des semences les plus rares dans plus de 2000 pots de verre, et un herbier parfaitement bien arrangé.

Aucun voyageur ne doit quitter Vienne et ses environs, sans avoir été voir le parc de Bruck.

XX.
BADEN.

La ville de Baden est à la distance de deux postes ou de quatre petits milles de la capitale. On y va sur la chaussée qui conduit à Neustadt, et de là en Styrie, et l'on fait ce chemin dans le coche en quatre heures, par la poste en trois, et avec de bons chevaux en deux heures.

Durant la saison des eaux, c'est à dire, des le premier Mai jusqu'au dernier Octobre, tous les jours à 3 heures après midi, un coche de poste à quatre places part de Vienne pour Baden, et à 7 heures du matin de Baden pour Vienne, pour lequel on s'abonne un ou plusieurs jours d'avance, à Vienne dans le bureau de la petite poste, et à Baden chez l'expediteur de la poste; même il faut payer d'avance le prix tout entier, et à chaque station un pourboire au postillon. — L'ordinaire (die Stellfuhre) part de meme tous les jours à 3 heures après midi de Vienne pour Baden, et à 6 heures du matin de Baden pour Vienne; pour aller par cette ordinaire, il faut arrêter sa place la veille du départ, à Vienne chez le porteur des lettres de Baden, et à Baden à l'auberge dite au cerf; outre le prix fixe pour la voiture, il faut encore payer un pourboire au cocher. — On trouve en outre, à l'auberge dite à l'Archiduc Charles dans la Koernerstraſse à Vienne, pendant toute l'année journellement les voitures de Baden: ce sont des coches couverts à quatre places, qui partent pour Baden aussitôt que les quatre places sont prises; au reste il est permis à tout individu, de prendre à lui seul une pareille voiture, s'il consent à payer les quatre places.

La ville de Baden est située au pied d'une branche du Kahlenberg, et tient son nom des bains chauds qui s'y trouvent, et qui furent déja connus et pris par les Romains; ils s'appeloient alors AQUAE CETIAE (les bains cetiques, du Mons Cetius, aujourd'hui le Kahlenberg) ou bien aussi AQUAE ou THERMAE PANONICAE (les bains de Panonie).

La ville en elle même n'est pas grande, elle ne compte que 88 maisons, outre quelques édi-

A a

fices publics; mais les quatre faubourgs y attenant comptent 212 maisons. Le climat est plus
doux qu'on ne pourroit l'attendre dans ce voisinage des Alpes de la Styrie.

Comme toutes les anciennes villes, de même
celle de Baden est d'une forme très irrégulière;
cependant depuis une douzaine d'années on y a
construit beaucoup de belles maisons dans le
style moderne; et notamment elle a beaucoup embellie depuis le grand incendie en 1812; le pavé
a été fort amelioré, et depuis quelques années
la ville est éclairée de nuit par des lanternes
publiques.

Le nombre des habitans proprement dits, va
à près de 1400. La ville a une église paroissiale

Comme la ville tire une grande partie de sa
subsistance du séjour des étrangers, qui viennent y prendre les eaux, la plupart des maisons
est, arrangée de manière à pouvoir loger ces
étrangers; aussi chaque propriétaire d'une maison est autorisé à louer des chambres aux étrangers, comme encore à leur donner à manger,
mais seulement dans sa maison. On trouve par
consequent dans tous les quartiers de la ville, et
surtout dans le voisinage des bains ,logement et
table.

Outre les maisons bourgeoises on trouve deux
traiteurs publics: l'un à l'auberge de la couronne,
l'autre au casino; ceux-ci ont seuls le privilège de
donner à manger hors de leur maison; cependant
on peut aussi dîner chez eux, seul ou en compagnie, pour un prix fixe, qui va d'un écu jusqu'à
5 florins. — Il y a en outre deux auberges dans la
ville: celle au cerf d'or, et l'autre à l'aigle noir,
où l'on trouve logement et table à différents prix.

L'objet le plus important à Baden sont les
bains, établis en partie dans la ville même, en
partie dans les faubourgs, et qui ont ou des
sources propres à eux, ou auxquels l'eau est conduite par des tuyaux venant de la source.

La source principale des bains d'ici est ce qu'on
appele l'Ursprung (la source), et elle se trouve
au pied du mont calvaire. On arrive à cette source par une galerie de la longueur de 45 pas, et
à laquelle il faut descendre sur quelques gradins.
Sur la porte de cette galerie on lit l'inscription:
» BIENFAIT DE LA NATURE VOUÉ À L'HUMANITÉ SOUF-
FRANTE. « —

Le bassin de la source, situé au bout de la
galerie, a six pieds carrés, et a du côté d'ouest
une profondeur de deux toises; du côté d'est se
trouve le rocher, de l'ouverture duquel sortent

A a 2

les eaux, de l'épaisseur d'un bras d'homme et en bouillonnant.

Ces eaux sortent dans toutes les saisons et dans toute temperature de l'air, en quantité et chaleur égale ; aussi leurs ingrédients sont en tout tems de la même quantité.

Outre la source principale il y en a encore d'autres, et par rapport à elles on a observé, que la difference de la chaleur est de 22 à 29 dégrés du thermomètre de Reaumur.

Moyennant plusieurs expériences chimiques on a trouvé, que les ingrédients des eaux de Baden sont les suivans : air fixe, air hepatique, soufre, sel ordinaire, sel de Glauber, sel amer, plâtre, terre calcaire et de magnésie, décomposée en eau commune et imprégnée de calorique.

Les effets salutaires de ces eaux sont : dépuration de la peau et accroissement de son élasticité, activité croissante des fibres et de la circulation du sang, dissolution de la matière pituiteuse, désopilation des vases engorgés et affoiblis, évacuation des humeurs corrumpues et malfaisantes, par la transpiration et d'autres voyes.

Par contre ces eaux pourroient produire un effet funeste en cas d'inflammations extérieures et internes, de toutes sortes de fièvre, de l'hydropisie, de maladies topiques, d'ulcérations internes, d'entrailles corrompues ou fort constipées, comme aussi pour les corps fort pléthoriques et fort affoiblis.

Les differentes bains existans ici, sont : le Fuſsbad (bain pour les pieds), le Halbbad (bain à demi), le Frauenbad, le Theresienbad, le Herzogbad, l'Antoniusbad, le Neubad, le Josephsbad, le Johannesbad, le Peregrinusbad, l'Engelburgbad, le Sauerbad, le Petersbad, le Bettlerbad (batin des gueux). — La plûpart de ces bains ont un large bassin, propre à recevoir 50 jusqu'à 60, et même jusqu'à 100 personnes en même tems. — Les deux sexes prennent les bains tour à tour et chaque individu doit se servir d'un habit de bain expressement préscrit, et que chacun apporte lui même, ou qu'on loue pour un certain prix des desservants des eaux — On prend le bain, ou en se tenant debout, ou assis, ou bien en s'y promenant lentement.

Quelques bains ont de petits compartiments pour une ou deux personnes.

On trouve aussi des bains froids, soufrés, et des bains de douche, pour ceux qui en ont besoin.

Le prix des bains est très varie; il monte de quatre gros jusqu'à un florin par tête.

Ceux qui font usage de ces bains, ont adopté le régime suivant: on entre au bain le matin, à 6, à 7, ou au plus tard à 8 heures, et on y reste pendant une ou deux heures, suivant l'ordonnance du medecin. Après le bain les uns doivent reposer durant une heure, les autres se donner du mouvement modéré, tout comme le medecin l'ordonnera. Après quoi on prend le déjeuner; alors on peut faire des visites, ou bien une petite promenade dans le voisinage de la ville, et celà jusqu'à une heure après midi, tems auquel on prend ordinairement le dîner. Après dîner on fait une promenade à pied ou en voiture à un des endroits voisins. Le soir on va à la comédie, la quelle commence à sept, et finit à neuf heures.

Ce n'est que depuis vingt quatre ans, qu'on a commencé à former des établissements, pour rendre la place plus agréable aux étrangers. Parmi ceux-ci sont la plantation de plusieurs allées autour de la ville; les jolies promenades établies depuis peu par l'Archiduc Antoine, la Comtesse Alexandrowicz, le Baron Lang etc. l'établissement d'un Casino et de plusieurs caffés; la plantation du parc; la construction d'un bâtiment commode pour les bals publics ou redoutes; l'embellissement et l'amelioration du théatre.

Le parc n'a été planté qu'en l'an 1792; il est situé tout près de la ville, hors le Theresienthor, au pied du mont calvaire. Son étendue n'est pas fort considérable; malgré cela il fournit au public une place agréable pour la réunion et pour la promenade.

Un des embellissements les plus importants de ce parc est le Kiosk oriental, construit par une société de personnes distinguées en l'an 1800, d'après le dessin qu'en donna l'ambassadeur ottoman, établi alors à Vienne.

Les inscriptions mises au dessus des quatre entrées, disent en langue allemande, française, italienne et turque, que ce Kiosk est consacré à l'usage du public par une société. — Les frais de la construction allèrent à 7886 florins.

A l'extrêmité du parc, qui est opposée à la ville, entourée d'arbres et de vignes, au bout de la grande allée, qui mène au mont-calvaire, est situé le Temple d'Esculape, d'une belle architecture.

Le Casino est un bâtiment assez spacieux sur la grande place; il a au rez de chaussée un caffé, au premier étage une grande salle à danser, élegamment décorée, où pendant la saison des eaux se donnent de tems en tems des bals publics. A côte de la salle sont des chambres destinées au jeu et à la table.

Il y avoit depuis long tems un Théatre à Baden, mais on n'y donnoit que des pièces du plus bas-comique. Quand la salle des redoutes fut établie, on y joignit encore un joli théatre, sur lequel on donne, pendant la saison des eaux, tous les jours des pièces régulières, des opera-comiques et de petits ballets.

Outre ces établissements pour se donner des amusements dans la ville même, les étrangers trouvent aussi une contrèe agréable aux environs de Baden : les jardins du Baron de Dobblhof et du Baron de Wetzlar, les promenades le long de la Schwechat, les villages voisins de Breiten et de Lehesdorf, et surtout la vallée romanésque de Ste. Heléne, offrent aux amateurs des promenades autant de points intéressants. Ceux qui ont assez de force pour faire un tour plus lointain, trouveront dans les montagnes ou les endroits voisins toujours un divertissement agreable. Ceux enfin qui peuvent faire la depense d'une voiture, feront des excursions à Laxembourg, à Moedling et au Briel, à Draiskirchen, à Neustadt, Voeslau, Schoenau, aux châteaux de Lichtenstein, Rauhenstein, Merkenstein et Starkenberg, à l'abbaye de Heiligen-Kreuz, à la fabrique de glaces à Neuhaus, à diverses autres fabriques à Pottenstein, Gutenstein etc. enfin même au Schneeberg, qui n'est eloigné que de six milles; de sorte, qu'ils jouiront pendant plusieurs semaines presque journellement d'amusements aussi variés que nouveaux.

Le paysage le plus intéressant aux environs de Baden, s'est la vallée de Ste. Heléne, dont l'entrée n'en est éloignée que d'un quart d'heure.

Trois vieux châteaux, nommés Raubenstein, Rauheneck et Scharfeneck, chacun dans un plus ou moins grand état de délabrement, sont situés autour de l'entrée de ladite vallée, sur les sommets des montagnes voisines, couverts de bois.

XXI.
VOESLAU.

Terre appartenante au Comte de Fries, à une heure de Baden. Dans le château on voit quelques tableaux d'une grande valeur. — Le parc, ouvert au public, a quelques parties agréables en plantations d'arbres et allées, quelques pièces d'eau avec des cascades et des statues de Venus,

Leda etc. une belle orangerie et un hermitage. —
L'objet le plus intéressant est le temple avec les
deux tombeaux des Comtes de Fries, savoir le
père et le frère ainé du possesseur actuel.

Par une allée de tilleuls on passe dans un bois
sombre, situé hors du jardin même. Des sentiers
ombragés conduisent sur un parterre de gazon,
du milieu duquel s'élève une petite colline; sur
cette éminence est situé le mausolée en forme d'un
temple antique. Au dessous du temple est le caveau avec deux tombeaux fermés et plusieurs autres encore ouverts. Sur le marbre d'un des tombeaux fermés on lit: »JEAN COMTE DE FRIES, MORT
EN 1785, NÉ À MUHLHAUSEN EN SUISSE.« — C'étoit
le père du propriétaire actuel, et le premier des
Fries qui fut élevé à la dignité de comte.

Sur le marbre du second tombeau fermé on
lit : »ICI RÉPOSE Mr. FR. JOS. JEAN DE FRIES,
COMTE DU SAINT EMPIRE ROMAIN, FILS PREMIER NÉ,
MORT EN 1788.« — C'étoit le frère aîné du chef
actuel de la famille, connoisseur et protecteur
des arts et des sciences, mort à la fleur de l'âge.

Le temple renferme le monument du père; entre deux urnes sépulcrales, on monte sur six gradins à ce temple, qui contient le groupe suivant:
sur un piedestal de marbre de Styrie, on voit

deux figures en grandeur naturelle de marbre de Carare : c'est Fries le père, qui prend par la main son premier né, et le conduit à l'immortalité.

Ces deux figures sont fort bien travaillées, et ont en outre le mérite de la parfaite ressemblance à leurs originaux. — Les figures sont de Zauner, le temple de Fischer.

XXII.
LE SCHNEEBERG.
[Mont aux neiges.]

Il est à neuf milles de Vienne, mais chaque année visité par beaucoup d'amateurs de l'histoire naturelle et de paysages intéressants. — La meilleure saison pour aller au Schneeberg est celle de la mi-Juillet jusqu'à la mi-Septembre. En voiture on fait le voyage de Vienne au Schneeberg et le retour à la capitale en 36 heures. Arrivé à Buchberg il faut prendre un guide et un porteur chargé de quelques provisions de bouche ; il faut aussi se vêtir chaudement, pour prévenir les refroidissements. — Si le tems est assés favorable pour monter le Schneeberg, on fera bien de prendre le chemin sur ce qu'on appéle l'eau froide (das kalte Wasser) et la Selle (der Sattel) pour atteindre le sommet de la montagne. En s'avançant au dessus du Sattel on observe, combien les arbres déviennent peu à peu plus courts et rares, comment les arbrisseaux rampent de plus en plus à terre, et combien la vegetation dévient mesquine. Au dela de ces arbres on arrive à une colline, nommée le Waxenriegel; ici on voit s'elever au nord-ouest le sommet du Schneeberg en forme d'une masse de rocher, autour de laquelle s'étendent de grosses couches de neige; alors il faut encore une bonne heure pour monter sur le sommet même. Arrivé là, on voit dans le lointain au nord-est les monts Karpathes et Sudetes; au nord-ouest, les montagnes de la Bohème; au sud-ouest les alpes du Tirol; au sud-est les vastes plaines de la Hongrie jusqu'aux montagnes près de Raab: voilà un horizon de près de deux cent milles carrés.

D'après les observations les plus justes, il est constant, que la hauteur du Schneeberg est de 1074 toises, mesure de Vienne; mais c'est une erreur que de croire, que le Schneeberg soit un volcan éteint, il ne s'y trouve aucune trace d'un produit volcanique.

La colonne consacrée à la Ste. Trinité, qui

marque la cîme la plus élevée du Schneeberg, et qui est tombée en ruines, fut érigée par les habitans de Buchberg à l'occasion d'une peste; ils se refugierent alors sur le Schneeberg, et sauverent leur vie moyennaut l'air pur qui y domine.

Pour ceux qui se proposent de faire le voyage au Schneeberg à pied, il y a trois routes differentes, les voici:

PREMIÈRE ROUTE.

Elle est la plus longue, mais la plus interessante pour les amateurs de la technologie, de la botanique et de l'entomologie. On passe de Vienne à Altmansdorf, à Siebenhirten, Brunn, Gieshübel, Weissenbach, Gaden, Heiligen-Kreutz, Meirling, Roſsmarkt, Schwarzensee, Neuhaus, Fahrafeld, Pottenstein, Grillenberg, Neusiedel, Hoernstein, Piesting, Wopfing, Peisching, Waldeck, Pernitz, à l'Oehler, à Buchberg, et delà au Schneeberg. C'est une course de 23 heures de distance à peu près.

DEUXIÈME ROUTE.

On va de Vienne à Brunn, Moedling, Gumpoldskirchen, Baden, Gainfahren, Grossa, Bernsdorf, Veitsau, Hoernstein, Wopfing, Dreystaet-

ten, Stollhof, Mayersdorf, Zweyersdorf, Grunbach, Buchberg, et de là au Schneeberg. C'est
une course de 18 heures.

Troisième Route.

De Vienne à Neustadt, Saeuberndorf, Neusiedel, Gerasdorf, Rothengrub, Grunbach, Buchberg. Cela fait un total de 19 heures.

Pour varier la route du retour, on peut prendre le chemin suivant: de Buchberg à Stüchsen-
stein, Sirning, St. Jean, Neunkirchen, Breitenau,
Schwarzenau, Pütten, Neustadt, de Neustadt à
Vienne, ce qui fait un total de 21 heures.

Au reste tous ceux qui font l'excursion au
Schneeberg, feront fort bien de prendre pour
guide le livre de Mr. Schultes, intitulé: Ausflüge
nach dem Schneeberge in Unteroesterreich. Zwey
Theile, mit Kupfern. Ils y trouveront tous les
renseignements necessaires pour ce voyage.

FIN.

Lightning Source UK Ltd.
Milton Keynes UK
UKHW051009090123
415042UK00010B/1545